현대민속학 연구

Contemporary Folklore Studies

현대민속학 연구

Contemporary Folklore Studies

박 환 영

도서출판 역락

머리말

현대사회를 대상으로 많은 학문 분야에서 그 수를 헤아릴 수도 없는 다양한 연구가 진행되고 있다. 새로운 이론으로 무장하고 현대사회를 새로운 방법으로 접근하기도 하며, 기존의 연구방법론을 동원하여 새로운 각도에서 현대사회를 진단하기도 한다. 어떠한 학문영역이 되었던 '현대'라는 시간적인 틀을 벗어나서는 진정한 학문의 영역을 구축하기가 힘든 것도 사실이다. 오늘날 진행되고 있는 이러한 제반 여건을 고려해 본다면 민속학에서 현대라는 개념도 중요한 문제로 다루어질 수 있다. 민속학은 현재를 중심으로 과거와 미래를 연결해 주는 총체적인 학문이라서 현대라는 문제도 함께 다룰 수밖에 없다. 필자는 이러한 문제를 좀 더 구체화하고 민속학이 가지는 현재학으로서의 가치를 강조하기 위하여 현대라는 시간에 초점을 두어서 민속학을 접근하는 현대민속학의 필요성을 한번 제기해 보고자 한다.

현대라는 시간의 축에서 민속학을 접근하는 방법은 다양할 수 있지만 우선 현대민속학이라는 가능성을 찾아보기 위하여 크게 세 가지 입장에서 현대민속학을 다루어 보았다. 첫째는 현대민속학의 토대라는 관점에서 현대민속학의 의미와 정의, 현대사회에서의 민속, 그리고 도시민속을 다루어 보았다. 둘째로 현대민속학의 현재라는 측면에서 오늘날 경험할 수 있는 다채로운 문화현상을 민속학적인 잣대로 분석을 해 보았다. 셋째로 현대민속학의 과제와 미래라는 입장에서는 다문화사회를 중심으로 한국의 현대사회 속에서 보이는 아시아 문화와의 다양한 교류현상에 대하여 집중적으로 살펴보았다. 이러한 측면에서 한국의 민속학을 탐구하고 심층적으로 접근하기 위해서는 비교민속학적인 접근방법이 필요하며 이러한 비교민속학의 기초를 마련하기 위해서는 한국의 문화 및 민속과 비교해서 연구할 수 있는 아시아문화와 민속에 대한 독립적인 연구가 또한 필요하기 때문에 이러한 연구도 함께 다루어 보았다.

현대민속학은 민속학이라는 렌즈를 통하여 현대사회를 바라보는 민속학의 한 연구영역이다. 아직까지는 다소 생소한 개념이지만 빠르게 변화해 가고 있는 현대사회를 체계적으로 분석하고 연구하기 위하여 앞으로 꼭 필요한 분야이기도 하다. 온고지신(溫故知新)과 같이 하루가 다르게 변하고 있는 현대사회를 옹골차게 축적해온 민속학의 방법론을 동원하여 통시적이고도 총체적으로 분석해 봄으로써 민속학의 연구영역을 확대하고 민속학을 좀 더 체계적으로 발전시킬 수 있으리라 기대해 본다.

그동안 생각날 때마다 조금씩 집필해 놓은 글과 여러 곳에 발표한 필자의 글 중에서 현대민속학의 범주에 속하는 것을 추려서 하나의 단행본으로 만들다보니 현대민속학이라는 영역에 턱 없이 부족한 것도 사실이다. 특히 직접적으로 혹은 간접적으로 현대민속학의 범주에 속하는 다양한 논의가 민속학계에서 이미 많이 진행된 것은 물론이고 이제까지 축적되어 온 그동안의 민속학계의 연구 성과를 바라본다면 필자의 연구는 참으로 부끄러운 작업이기도 하다. 그러나 앞으로 더욱더 많은 성과를 기대하면서 용기를 내게 되었고, 서재 한구석에서 빛이 바랜 채 여러 군데 흩어져 있는 초라하기 짝이 없는 편린(片鱗)들을 모아서 나름대로 하나의 형식을 갖춘 작은 조직으로 만들 수 있었다. 이러한 과정 속에서 필자의 지나친 과욕을 너그럽게 이해하고 묵묵하게 힘을 실어준 여러분들의 도움이 있었다.

무엇보다도 먼저 여러 가지로 보잘것없는 원고임에도 불구하고 한국의 문화와 민속이 가지는 학술적인 가치를 인정하면서 흔쾌히 출판을 허락해 주신 도서출판 역락의 이대현 사장님과 여러 가지 형식이 혼재되어 있는 서툰 원고를 인내심을 가지고 깔끔한 문장으로 다듬어 주신 권분옥 선생님께 진심으로 감사의 마음을 전하고 싶다. 또한 원고를 수정하는 과정에서 다른 일을 마다하고 정성을 다해서 꼼꼼하게 수정을 해준 중앙대학교 민속학과 석사과정에 재학중인 심효윤 군, 구비성 양, 김인선 양에게도 심심한 감사의 마음을 표하고 싶다.

2009년 12월
한강과 남산이 바라다 보이는 흑석동 서재에서 박 환 영

차례

제 2 부 현대민속학의 현재

제3부 현대민속학의 과제와 미래

제1부

현대민속학의 토대

제 1 장

현대민속학의 정의와 범위

1 현대민속학의 범위

어떠한 학문분야에서 시간과 공간을 설정한다는 것은 중요한 일이다. 특히 민속학과 같이 민중들의 생활문화를 연구하는 학문분야에서 어떠한 시간과 어떠한 공간을 설정할 것인가는 중요한 문제이기도 하다. 일반적으로 민속학은 역사학과 구별할 수 있는데, 그 이유는 현재를 중심으로 현재의 전승상태를 과거와 연계해서 살펴본다는 점에서 일종의 현재학의 성격을 가지기 때문이다. 따라서 민속학에 있어서 과거의 전통은 중요하게 인식되지만 역시 학문의 성격상 우선적으로는 현재의 전승상태를 파악할 수 있는 현지조사(fieldwork)에 중점을 두며 부수적으로 역사문헌자료의 뒷받침을 받는다고 할 수 있다. 이러한 입장에서 본다면 민속학에서 현대라는 개념은 당연히 중요한 개념일 수밖에 없다. 문제는 이러한 현대의 개념을 민속학에서 어떻게 받아들일 수 있는가 하는 것이다.

경주 밀레니엄파크에 있는 처용

　현대라는 용어는 고대와 중세 그리고 좀 더 엄격한 의미에서는 근대라는 용어와 대비되는 용어로 일상적인 생활에서 혹은 여러 학문 영역에서도 자주 사용되고 있다. 현대를 영어로 표기하자면 'modern'과 'contemporary'이다. 두 용어의 차이는 아주 미미하지만 굳이 차이를 구분해서 말하자면 modern은 근대(近代)의 의미에 가깝고, contemporary는 현대(現代)의 의미가 강한 것 같다. 따라서 현대라는 용어는 근대이후부터 지속된 시간의 연장선상에서 이야기할 수 있다. 그러나 좀 더 범위를 좁힌다면 최근 특히 21세기가 시작되면서 이전의 분위기와는 다른 새로운 사회적 분위기가 조성되고 있는 시대적 상황을 잘 반영해 준다고 하겠다.

　현대는 산업혁명 이후 혹은 한국의 경우 6·25 혹은 새마을운동 이후일 수도 있다. 최근에 민속박물관 야외 전시실에 전시되어 있는 한국의 근현대 생활공간이라든지 한국 학술진흥재단(현 한국연구재단)의 지원 하에 많은 성과를 낸 "20세기 민중생활사" 연구에서 현대라는 용어는 주로 20

세기 초반을 의미하는 근대와 1960년대 이후를 잠정적으로 의미하는 현대를 각각 구분해 주지만 때로는 함께 묶어서 사용되기도 한다. 한편 역사학계[1]에서는 현대를 특히 1960년대 이후 경제개발이 시작된 이후에 초점을 두면서 전통문화를 접근하기도 한다.

특히 현대라는 개념은 21세기라는 새로운 세기가 시작되면서 좀 더 폭 넓은 용어로 사용되기도 한다. 가령 과거와 대비하여 현재의 개념이 더욱더 강조되어서 현대라는 용어가 사용되기도 한다. 또한 현대미술관은 다양한 전시를 진행하고 있지만 포스트모던(post-modern)한 가장 최신의 미술 기법을 소개하기도 한다. 사실 포스트모던에서 포스트(post)라는 의미는 '탈(脫)'이라고 번역해서 지속보다는 새로운 변화를 강조하는 듯하다. 그러나 실제로 post-modern이든 post-socialist states이든 결국은 modern과 socialist의 부분적인 지속과 그러한 분위기에 기초를 둔 변화양상을 보여 주는 경우가 많은 것이 사실이다. 그렇다면 민속학에서 '현대'라는 용어를 어떻게 받아들일 것인가? 아마도 부분적인 지속과 변화양상이라는 개념은 민속학에서 '현대'라는 용어를 어떻게 받아들일 것인가에 대해서 많은 것을 시사해 준다고 할 수 있다.

민속학은 과거의 전통문화를 현재의 입장에서 다루면서 현재의 전승양상에 많은 관심을 가져왔다. 이러한 입장에서 민속학은 현재의 학으로 대표될 수 있다. 그럼에도 불구하고 과거의 전통에 너무 집착하게 되면 현재의 입장은 잘 고려될 수 없는 것도 사실이다. 민

서울 흑석동에 있는 음식점 간판

---

1) 이기백(2002 : 38) 참조.

과거와 현재를 연결하는 난장에서(2000년 강릉단오제)

속학이 진정한 현재의 학으로 21세기에 자리매김하기 위해서 민속학은 과거의 전통문화를 현재의 입장에서 재조명하려는 본연의 학문적 색깔을 지녀야만 한다. 따라서 21세기 다양한 문화를 그것이 전통문화이던지 대중문화이던지 간에 민속학이라는 렌즈로 접근할 수 있어야 한다. 아마도 현대민속학이라는 범주도 이러한 시대적 필요성에 따라서 나름대로의 정의와 범주가 필요한 것이다.

2 현대민속학 : 전통의 규칙으로 현대를 바라보기

현대민속학을 굳이 영어로 번역하지면 Contemporary Folkloristics가 된다. 즉 현대에서 보이는 다양한 민속문화에 대한 민속학적인 연구인 셈이다. 이러한 점에서는 도시민속학과 겹치는 부분도 있기 마련이지만 도시민속학이 도시라는 공간의 설정에 못지않게 자연스럽게 현대라는 시간적인 설정을 하는 경우가 많기 때문에 현대민속학 속에 도시민속학을 함께 다룰 수도 있다. 즉, 현대라는 시간에 초점을 둔다면 현대민속학이라는 좀 더 큰 범위 속에서 현대의 도시 공간 속의 민속을 다루는 도시민속학도 아울러서 접근할 수 있는 것이다. 다시 말해서 중세나 근대에도 도시가 존재했기 때문에 이러한 공간에 대한 민속학적 접근도 도시민속학에서 다룰 수는 있지만 시간적인 구분에서 현대에 속하지 않기 때문에 현대민속학의 범주에는 포함시킬 수 없는 것이다. 좀 더 부연해서 설명하자면 한국민속학에서 과거의 읍치(邑治)라는 공간적인 개념을 중심으로 읍치에 관한 민속학적인 접근을 도시민속학의 영역에서 고찰할 수는 있지만, 시간적인 설정이 현대가 아니기 때문에 현대민속학의 범위로는 간주될 수 없는 것이다.

현대민속학은 현대라는 시간적인 공간 속에서 민속학이라는 상당히 축적된 학문적 연구방법을 동원하여 문화현상을 해석하고 분석하는 학문 영역이다. 다시 말해서 전통의 규칙으로 현대를 바라보는 현대민속학의 특징에 대하여 살펴보기 위하여 현대의 세시풍속을 예시적으로 고찰해보고자 한다.

현대민속학의 입장에서 현대의 세시풍속을 접근한다면 '현대에도 세시풍속은 유용할까?'라는 질문을 우선 던질 수 있다. 즉 '주기성과 반복성을 가진 세시풍속이 산업화와 도시화가 진행되고 있는 현대에서 어떻게 전승될 수 있을까?'라는 물음이기도 하다. 특히 21세기 현대사회는 도시라는 공간과 현대라는 시간적인 테두리 속에서 새로운 문화가 만들어지고 있기도 하다. 물론 새로운 문화현상이라도 자세히 살펴보면 과거의 전통의 한 연장선상에서 바라 볼 수 있는 경우도 많다. 여하튼 이러한 문화현상은 일종의 연중행사로 일시적인 유행처럼 지속적으로 우리 사회 곳곳에 만연하고 있다. 예를 들어서 밸런타인데이와 화이트데이는 모두 14일에 설정되어 있다. 젊은 층에서 많이 인식되고 있는 현대 도시 공간 속의 연중행사를 보면 대부분 매월 14일에 행사를 하는 경우가 많다. 다음은 오늘날 보이는 대표적인 연중행사의 내용이다.

- 1월 14일 : 다이어리데이, 헬로우데이 ……… 다이어리와 첫 인사
- 2월 14일 : 밸런타인데이 ……………………………………… 초콜릿
- 3월 14일 : 화이트데이 …………………………………………… 사탕
- 4월 14일 : 블랙데이 ……………………………… 자장면과 검은 복장
- 5월 14일 : 옐로우데이, 로즈데이 …………… 노란 옷과 카레, 장미
- 6월 14일 : 키스데이, 머그데이 ………………………… 키스와 머그잔
- 7월 14일 : 실버데이 …………………………………… 은제품과 커플링
- 8월 14일 : 그린데이, 껌데이, 달(doll)데이 ……… 삼림욕, 껌, 인형
- 9월 14일 : 뮤직데이, 포토데이 …………………… 나이트클럽, 사진
- 10월 14일 : 레드데이, 와인데이 ………………………… 붉은 와인
- 11월 11일 : 빼빼로데이 ……………………………………… 빼빼로
- 11월 14일 : 오렌지데이, 무비데이, 쿠키데이 …· 오렌지, 영화, 쿠키
- 12월 14일 : 머니데이, 허그데이, 양말데이 ……… 돈, 포옹, 양말

—천진기, 2003

위의 내용을 보면 대부분은 매월 14일에 행하여지고 있으며, 14일이 아닌 다른 날에 하는 대표적인 연중행사로 빼빼로데이가 있다. 한편 위에서는 언급되지 않았지만 현대 도시 공간 속에서 새롭게 생겨나고 있는 행사도 오이데이(5월 2일)와 유기농데이(6월 2일)2) 등이 있다.

---

2) 5월 2일을 '오이'라고 발음할 수 있고, 같은 방식으로 6월 2일을 '육이(즉 유기)'로 발음할 수 있다.

한국사회에서 1990년대에 들면서 다양한 소비문화와 청소년 문화에 편승한 일종의 연중행사가 우후죽순식으로 생겨나게 된다. 대표적인 예로는 블랙데이(Black Day)가 있으며 이후에는 옐로우데이(Yellow Day)가 생겨나기도 한다. 이러한 현대 도시 공간 속의 연중행사를 자세하게 들여다보면 나름대로의 규칙을 발견할 수 있다. 즉 마치 일시적으로 혹은 자의적으로 만들어진 듯 보이지만 짧지만 매년 반복적으로 지속되면서 나름대로의 체계와 규칙을 만들어가고 있는 것이다. 예를 들어서 서구의 밸런타인데이는 연인들끼리 초콜릿을 서로 주고받는 날인데 이러한 풍속이 조금 발전하여 밸런타인데이와 짝을 이루는 화이트데이가 생겨났다고 볼 수 있다. 화이트라는 의미는 초콜릿과 비교하여 사탕이나 특히 마시멜로를 주는 것에서 유래하여[3] 그 색깔이 흰색이라는 상징성을 내포하고 있다. 이러한 색깔상징을 분석해 보면 한국사회에서의 블랙데이와 옐로우데이도 일종의 이항대립(binary opposition) 관계로 해석할 수 있다. 좀 더 풀어서 이러한 이항대립적 관계를 설명해 보면 다음과 같다. 즉 블랙(검정색)과 이항대립적인 색깔은 화이트(흰색)일 수도 있지만 옐로우(노란색)일 수도 있다. 이러한 상호보완적인 관계는 밸런타인데이에서도 보인다. 즉 밸런타인데이에 초콜릿을 선물하는 것이 초콜릿이 가진 블랙을 상징한다면 화이트데이에서의 사탕이나 마시멜로는 화이트를 상징한다고 볼 수 있다.

같은 방식으로 정월대보름날을 현대에서는 어떻게 해석할 수 있을까? 한편으로 보면 정월대보름날에 행하였던 다양한 습속이 지금도 여전히 행하여지기도 한다. 부름이나 오곡밥 그리고 귀밝이술(耳明酒) 등은 오늘날에도 정월대보름날에 자주 언급되는 문화적인 요소이기도 하다. 그러

---

3) 임경택(2006 : 131-135) 참조.

나 다른 한편으로 보면 과연 정월대보름날이 현대사회에서 어떠한 의미를 가지고 있는가? 하는 문제와 만나게 된다. 즉 농경문화권에 기반을 둔 정월대보름날이 산업화와 도시화가 급속하게 진행된 혹은 진행되고 있는 현대사회에서 어떠한 기능을 가지고 있는가? 하는 문제이기도 하다. 따라서 현대사회에서 중요하게 다룰 수 있는 문제는 정월대보름날이 가지고 있는 시간적인 구분이 가지는 의미이다. 이러한 의미를 현대에 다시금 되새겨 보는 것도 세시풍속이 현대에서 어떻게 전승될 것인가 하는 문제와 함께 논의해 볼 수 있는 문제이기도 하다. 이러한 의미에서 정월대보름날이 가지는 현대적 의미를 살펴보면 다음과 같다.

정월대보름은 음력으로 1월 15일이 되는 날이며, 한 해가 시작된 후 처음으로 맞이하는 보름날이라서 설날과 함께 가장 큰 명절 중의 하나이다. 설날이 가족과 친척들을 중심으로 조상과 후손들의 유대를 강화시켜 주는 기능을 한다면 정월대보름은 이웃과 마을 구성원들의 화합과 결속을 단단히 하는 역할을 한다고 볼 수 있다. 한 해를 시작하면서 작은 단위의 공동체인 가족과 친척들 사이에서 그동안의 안부와 새해의 기원 등을 교환하는 시간이 좀 더 확대되어서 이웃과 마을공동체의 모든 구성원들이 새로운 한 해를 시작하면서 서로간의 화합과 조화를 이루기 위하여 하나가 되는 시간이 곧 정월대보름인 셈이다.

일 년 중 가장 큰 보름날인 정월대보름은 마을의 모든 사람들이 참여하여 단체로 즐길 수 있는 집단적인 민속놀이가 다른 명절에 비하여 많은 편이다. 예를 들어서 쥐불놀이, 달집태우기, 줄다리기, 지신밟기, 다리밟기, 고싸움, 차전놀이, 놋다리밟기 등 정말로 다양한 민속놀이가 전국적으로 행하여진다. 또한 정월대보름날에는 연날리기를 하는데 지금도 대보름날이 되면 액막이연을 만들어 날리는 모습을 자주 볼 수 있다.

정월대보름날의 대표적인 음식으로는 오곡밥과 약밥이 있으며, 귀밝이술을 마시고 부럼을 깨고, 보름날 하루 동안 여러 집에서 밥을 먹어야 한 해가 건강하다는 백가반(百家飯)의 풍속도 있다. 또한 더위팔기라고 하여 한 해의 더위를 미리 파는 풍속도 있었다. 정월대보름날에 먹는 음식과 행하여지는 풍속은 대부분 한 해의 건강을 위한 것으로 볼 수 있다. 예를 들어서 오곡밥은 찹쌀, 콩, 팥, 수수, 조 등 다섯 가지 곡식을 넣어서 만드는데, 지역에 따라서 다른 곡식도 넣기도 한다. 또한 약밥은 찹쌀에 밤, 대추, 곶감, 잣, 꿀 등을 넣어서 만든 음식으로 영양이 풍부하고 입맛을 돋우어 준다. 한편 백가반의 풍속은 편식을 예방하고 골고루 음식을 섭취하기를 권장하는 조상들의 지혜가 담긴 세시풍속으로 볼 수 있다. 이렇게 영양가 높은 균형 잡힌 음식을 먹는 것 외에도 정월대보름날에는 부럼을 깨어서 부스럼을 방지하고, 귀밝이술을 마셔서 귓병을 예방하고, 더 나아가서는 한 해의 더위를 미리 파는 더위팔기까지 더해져서 한 해의 건강을 지키려고 노력했음을 알 수 있다.

정월대보름날의 다양한 민속은 "대보름날 아침에는 귀밝이술을 먹어야 귀가 밝아진다."라든지 "개 보름 쇠듯 한다."라는 속담에서도 잘 드러나 있다. 특히 정월대보름날에는 명절날만 먹는 절식(節食)을 먹었기 때문에 개에게 남겨줄만한 음식이 부족했던 것은 분명하다. 그래서 "대보름날 개 신세다."라는 속담에서도 볼 수 있는 바와 같이 개는 정월대보름날에는 보통 때에 사람들이 먹었던 일상적인 음식물의 찌꺼기가 없어서 굶어야했던 것이다.

묵은 해를 보내고 새로운 한 해를 맞이하는 전환기의 시간에서 우리 조상들은 적절한 여유와 풍류를 즐겼던 것 같다. 쉬지 않고 달려온 지나간 한 해를 보내면서 얼마나 많은 아쉬움과 미련이 남았을까? 그리고 새로운 한 해를 맞이하면서 또 얼마나 많은 기대와 희망을 가졌을까? 설날에서 시작된 이러한 전환기적인 시간이 최절정에 이르면서 비로소 새로

21

운 한 해를 당당하게 시작할 수 있도록 해주는 시간적 장치인 정월대보름은 나와 너 그리고 우리 주변의 모든 구성원들이 하나가 되는 화합과 조화의 시간인 셈이다. 지나간 과거의 시간 속에서 일상적인 생활의 한 부분을 담당해 오면서 익숙해진 문화적인 요소는 현대라는 시간 속에서도 여전히 지속되고 있는 경우가 많다. 도시라는 공간 속에서 전승되는 양상은 조금씩 달라질 수도 있지만 기능적인 측면에서 보면 여전히 중요한 메시지를 전달하고 있는 문화코드로서 역할을 수행하고 있기도 하다. 오랜 시간 동안 축적되었던 생활의 경험과 이러한 경험을 토대로 만들어지고 다듬어진 생활의 지혜는 세상을 바라보는 그리고 세상을 접하는 지혜의 안목이기도 하다. 따라서 현대민속학은 과거의 규칙으로 혹은 과거의 경험으로 현재와 미래를 가늠할 수 있는 다양한 삶의 철학과 생활방식을 지속적으로 찾아내고 전승하기 위하여 현대사회에서 진행되고 있는 생활문화 속에 숨어 있는 문화코드를 체계적으로 연구하는 연구영역인 셈이다.

3 현대민속학의 가능성

현대는 과거라는 시간의 흔적 속에서 만들어지고 있는 즉 현재 진행 중인 시간의 한 축을 담당한다. 또한 현재는 미래를 바라보는 창(窓)의 기능을 수행하면서 지속적으로 과거와 연계해서 미래를 이어주는 다리의 역할을 하기도 한다. 이러한 긴 시간의 연장선상에서 '현대'에 초점을 두면서 문화를 바라보는 민속학적인 시각에서 현대사회를 접근한다는 것은 한편으로는 과거를 또 다른 한편으로는 미래를 모두 염두에 둔 접근방법이다. 다시 말해서 현대민속학은 현재 진행 중인 문화현상을 전통적인 방식으로 바라보는 것에서 시작하여 미래의 입장에서 다시 재점검하는 방법인 셈이다.

흔히 민속학은 민중들의 일상적인 생활문화를 연구하는 학문이라고 말한다. 그렇다 보니 인간과 자연이 조화를 이루면서 대우주의 순환원리 속에서 공존하기 위한 다양한 생활의 지혜가 많이 들어 있는 학문분야이기도 하다. 이러한 입장에서 본다면 현대민속학은 민속학의 한 분야로 현대의 다양한 문화현상을 민속학적인 잣대로 접근하는 학문 분야로 현대사회 속에서 과학이라는 합리적이고 객관적인 시각에서 해결하지 못하는 수많은 문제에 대하여 새로운 실마리를 제공해 줄 수 있다. 즉 현대사회에서도 여전히 민중들의 사소한 생활문화는 중요한 부분이며 이러한 문화를 이해하기 위해서는 과거의 전통에서부터 현재 진행 중인 사회현상은 물론이고 앞으로 진행될 미래의 문화현상까지도 함께 다룰 수 있는 총체적인 접근방법이 필요하며, 현대민속학은 이러한 문제를 본격적으로 다룰 수 있다고 볼 수 있다.

제 2 장

현대사회 속의 민속
사회민속의 동향

1 한국민속학에서 사회민속의 개념

민속학은 현지조사를 바탕으로 이루어지는 현장의 학문이다. 이렇게 현지조사를 중심으로 민속학을 다루게 될 때 주로 대상이 되는 것은 '마을'이다. 흔히 민속조사는 마을조사로 인식되어 온 것이 이러한 민속학의 특징을 잘 반영해 준다. 최근에 오면서 민속의 현장이 마을이라는 기존의 공간이 아닌 다양한 영역으로 확대되면서 마을을 포함한 현지조사의 공간이 되는 '사회'와 그곳에서 전승되는 '사회민속'에 대한 논의가 필요한 시점인 것 같다. 더욱이 농촌이 빠른 속도로 도시화되고 있는 오늘의 사회현상[1]은 민속학에서 자주 등장하는 사회를 좀 더 다각적으로 분석하

---

1) 민속학에서 자주 다루어지는 마을조사는 주로 농촌마을이거나 어촌 혹은 산촌마을인 경우가 많다. 그러나 최근에는 도시화가 진행 중인 마을과 이미 도시화가 진행된 마을을 포함한 도시 공간까지도 민속조사의 영역으로 포함시키기도 한다. 좀 더 자세한 내용은 박환영, 『도시민속학』, 역락, 2006a, 51-55쪽 참조.

청산도의 마을 풍경

태안군의 마금2리의 마을 풍경

는데 하나의 좋은 자료가 될 수 있다.

  사회민속은 1960년대까지만 해도 한국민속학에서는 다소 소홀하게 다루어진 편이었다. 예를 들어서 김택규(1982)는 1960년대까지의 한국민속학의 연구 성과를 정리하면서 민속의 기반인 마을사회집단에 대한 연구가 너무나도 미비했음을 지적하면서 민속사상(民俗事象)의 모체인 사회집단이나 사회조직 등과 연계해서 사회의 다양한 인간관계를 통한 민속의 기능이나 문화의 구조에 관한 체계적인 연구가 거의 없었음을 통감하고 있다.

  한편 1960년대에 비하여 오늘날 사회민속은 한국민속학에서 새롭게 부상하는 주요한 관심분야 중의 하나에 포함시킬 수 있다. 그럼에도 불구하고 최근까지도 한국민속학에서 다루어지는 사회민속의 명확한 개념 또는 범위가 본격적으로 논의된 바는 없는 것 같다. 다만 기존의 한국민속학과 관련된 연구 자료에서 부분적이지만 사회민속에 대하여 제법 많은 언급을 하고 있는 실정이다.

  필자는 우선 민속학에서 '사회'의 개념이 무엇이며 범위가 어디까지인지를 대략적으로 살펴본 후 한국민속학 연구사를 중심으로 사회민속에 대하여 개략적으로 살펴보고자 한다. 다시 말해서 먼저 사회민속과 관련한 기존의 민속학적인 연구에서 과연 사회민속이 어떻게 다루어졌는지를 검토하고자 한다. 이러한 연구사적 검토를 바탕으로 다음으로는 한국민속학에서 사회민속과 관련된 이제까지의 논의가 가질 수 있는 문제점과 앞으로의 전망에 대하여 살펴보고자 한다.

2 민속학에서 사회민속의 검토

  한국민속학에서 좀 더 구체적으로 사회민속을 논의하기 위해서는 사회민속의 정확한 개념을 먼저 고찰해야 하며, 다음으로는 연구영역 혹은 사회민속학의 범위에 관한 문제도 살펴보아야 한다. 우선 사회민속이라는 용어를 사용하게 된 배경과 이러한 용어를 사용하고 있는 민속학 논저(論著)를 중심으로 살펴보기로 하겠다.

우선 사회민속이라는 연구영역을 다루거나 사회민속이라는 용어를 사용하는 세계 여러 나라의 민속학에서 사회민속의 개념과 연구영역이 어떠한지를 간략하게 살펴보면 다음과 같다. 먼저 영국의 민속학자 번(Burne, 1995 : 4)은 민속학의 연구영역을 논의하면서 세 가지 주요한 연구영역을 설정하였는데, 이러한 영역은 생활 속에서 믿어지는 전통적인 믿음과 행위(Belief and Practice), 관습(Customs), 그리고 이야기, 노래, 속담(Stories, Songs and Sayings) 등이다. 이 중에서 사회민속의 영역으로 볼 수 있는 것은 관습(Customs)이라는 연구영역이다. 즉 영국의 민속학자 번(Burne, 1995)이 제시한 영국민속학의 주요한 연구영역 중에서 관습(Customs)은 다시 여러 가지 종류의 하위 영역으로 다시 나누어질 수 있는데, 여기에는 사회적이고 정치적인 단체(Social and Political Institutions), 개인의 일생의례(Rites of Individual Life), 직업과 산업(Occupations and Industries), 세시풍속과 축제(Calendar Fasts and Festivals), 놀이, 스포츠 그리고 오락(Games, Sports and Pastimes) 등이 포함된다.

다음으로 프랑스의 민속학자 쌩티브(1981)는 민간전승을 물질, 정신 그리고 사회로 세분하면서 사회는 다시 혈족관계와 가족, 지연공동체, 특수조합 등으로 나누고 있어서 사회민속의 연구영역을 제시해주고 있다. 한편 미국의 대표적인 민속학자 리처드 도슨(Richard Dorson, 1973)은 민속학의 연구영역을 열거하면서 사회적 관습(social folk custom)이라는 항목을 두고 있는데, 이것은 일종의 사회민속의 영역으로 간주될 수 있다. 그러나 리처드 도슨(Richard Dorson)의 이러한 민속학의 영역별 분류 속에는 사회민속의 영역이 거의 포함되어 있지 않다. 특히 "가족이나 친족 또는 마을과 같은 생활단위의 생활문화가 갖는 기능별 특성이 드러나지 않고 있어서 생활문화의 역사성을 밝히기 위해서는 바람직하지만, 그 생활문화의 기능이 갖는 사회성을 밝히기에는 부적절하다고 하겠다."(장철수, 2000 : 101).

또한 일본민속학에서는 사회민속은 한편으로는 '공간의 민속'이라는 대 주제 속에서 가족, 친족 그리고 촌락으로 세분화되어서 생업활동(농촌, 산촌, 어촌)과 함께 다루어지고 있기도 하며(宮田 登 外, 1983), 다른 한편으로는 '사람과 사람의 연계'라는 대 주제 속에 사회구조, 가족과 혈연, 안과 밖 그리고 여성 등으로 세분화되어서 다루어지기도 한다(佐野賢治 外, 2000). 특히 후자의 경우는 현대사회라는 항목을 별도로 두어서 도시와 이민(移民) 등의 문제도 다루고 있는 것이 특징이다. 한편 중국민속학에서는 '사회적민속(社會的民俗)'이라는 항목을 두고 가족, 친족, 향리(鄕里)사회, 도시사회, 개인생활에서의 의례적 관습, 혼인 등을 다루고 있으며(烏丙安, 1985), 또 한편에서는 사회민속이라는 독립된 항목을 설정하여 가족, 친족, 촌락, 그리고 민간조직과 민간의 직업집단 등을 다루기도 한다(陶立璠, 1997). 또한 괴대신(鄗大申 外, 1999)은 민속과 사회생활이라는 항목을 두고 여기에 농업, 어업, 광업, 은어(隱語), 장터, 가게 등을 그 세부적인 주제로 다루고 있기도 하다. 이상에서 살펴본 바와 같이 사회민속은 세계 여러 나라의 민속학에서 대부분 다루어지고 있음을 알 수 있다.

한편 사회민속이라는 용어가 한국민속학에 등장한 것은 아마도 유럽의 사회학과 인류학의 영향 때문일 것이다. 특히 민족학과 인류학에서 흔히 다루어지는 광의의 개념인 '사회'가 민속학에서도 적용된 것이 아닐까 한다. 예를 들어서 사회학에서 '사회'는 가장 기본이 되는 연구 단위로 취급되어 왔으며, 인류학 특히 유럽의 인류학에서는 '사회인류학'2)

태안군 마금2리 마을회관

이라는 용어를 사용하여 하나의 인류문화 속에서 '사회'가 어떻게 기능을 하고 또한 구조화되어 있는지에 많은 관심을 보여 왔다.

그럼에도 불구하고 한국민속학에서 다루어지는 '사회'는 그 나름대로의 의미를 또한 가지고 있는 것 같다. 가령 아키바 다카시(秋葉隆, 1993)는 민속학에서 '사회'의 넓은 의미와 좁은 의미가 가질 수 있는 전반적인 내용을 개괄하고 있다. 즉 아키바 다카시(秋葉隆)는 사회와 민속의 관계를 규정하면서 다음과 같이 기술하고 있다. "일정한 사회를 조직하고 있는 사람들의 사고방식, 행동방식이 가장 넓은 의미의 민속이지만, 좀 더 좁은 의미 또는 좀 더 적절한 의미의 민속이란 왕이나 귀족들의 사고방식, 행동방식이 아니라, 우리들 주변 가까이 즉 민간에 퍼져 있는 사고방식, 행동방식이며, 그다지 학문적이지 않는 서민들의 사고방식이나 행동방식이라 할 수 있다."(아키바 다카시, 1993 : 46)

일제시대 때 한국민속학에 대하여 많은 관심을 보였던 아키바 다카시(秋葉隆)는 당시 일본에서 다루어지던 사회민속을 소개하고 한국민속학에 적용한 대표적인 인물이다. 한편 아키바 다카시(秋葉隆, 1993)는 사회민속에서 사회의 의미에 대하여 에밀 뒤르켐(Emile Durkheim)과 같은 유럽(특히 프랑스)의 사회학자의 영향을 받은 것 같은데 이것은 뒤르켐(Durkheim)이

---

2) 미국을 비롯한 북미에서 인류학은 인류문화의 보편성을 추구하면서 '문화인류학(Cultural Anthropology)'이라고 부르는데 반하여 영국을 비롯한 유럽의 인류학은 한 문화권 집단의 사회구조나 사회조직을 밝히려는데 초점을 두면서 '사회인류학(Social Anthropology)'이라고 부르는 전통이 있었는데, 최근에는 이러한 용어의 구분이 무의미해지면서 '사회문화인류학(Social and Cultural Anthropology)'라는 용어가 사용되기도 한다.

사회학을 "일정한 사회성원의 사고방식, 행동방식, 즉 사고행위의 양식을 연구하는 학문이다."라고 정의한 것에서 많은 연관성을 찾을 수 있다.

아키바 다카시(1993) 이후 사회민속은 한국민속학에서 나름대로의 영역을 가진 셈이다. 예를 들어서 이광규(1991 : 23)는 사회민속을 정의하면서 사회의 민속은 일반인들이 행하는 사회생활의 관습을 의미하는 것으로 민속학에서 다루어지는 다른 영역과 구별되는 점은 인간의 행위를 연구한다는 것이며, 특히 대인 관계의 행위, 또는 인간 대 인간의 행동 규범이 어떤 것이냐를 고찰하는 것이라고 기술하고 있다. 예를 들어서 인간 대 인간의 관계라는 것은 사회의 각 구성원인 개인의 행위 규범임과 동시에 집단의 규범이기도 하며, 더 나아가 집단적 행위를 포함하고 집단의 조직까지도 관심의 대상으로 삼는다는 것이다. 집단행위로서의 민속을 일단 사회민속이라 규정하였을 때 사회 내에는 무수한 기능집단이 존재할 수 있는데, 즉 국가도 하나의 집단이요, 군대도 하나의 집단이요, 회사도 하나의 집단인 셈이다. 그러나 이러한 고차원적인 목적을 가진 집단은 사회과학의 여러 학문들이 이미 각기 연구의 대상으로 하기에 민속학의 입장에서는 이들을 대상으로 하지 않고, 사회생활의 기본이 되는 가족, 친족, 마을 등을 그 주된 연구대상으로 하는 것이다. 특히 마을은 민속학에서 가장 중요한 공동체 집단의 하나이다. 예를 들어서 민속학자가 민속학의 생명인 현지조사(fieldwork)를 실시하는 경우 대부분은 마을을 찾는 경우가 많다. 물론 주어진 민속현상의 주체와 민속학자의 연구 분야에 따라서 마을 외에도 다양한 민속의 현장이 있을 수도 있지만,3) 마을공동체는 가장 대표적인 민속의 현장임에는 분명하다.

다음으로 한국민속학 내에서 사회민속의 연구영역을 살펴보고자 한다.

---

3) 박환영, 「민속학과 민속의 현장」, 실천민속학회(편), 『민속문화의 자료와 현장』, 집문당, 2003, 69-87쪽.

필자가 조사한 바에 의하면 사회민속의 연구영역에 관해서 대략적으로 세 가지 입장으로 요약할 수 있을 것 같다. 첫째는 인권환(1978)과 장철수(2000)가 정리한 민속학 연구영역 중에서 사회민속에 관련된 부분인데, 여기에는 일제 강점기에 발표된 다수 일본 민속학자들의 연구가 포함되어 있는 것이 특징이다. 가령 예를 들어서 인권환(1978)은 1900년부터 1977년까지 민속학 관련 논저(論著)를 정리하였는데, 여기에 보면 생활 및 제도전승(制度傳承)이라는 항목을 두어서 의식주(衣食住)와 가족, 사회조직 등을 다루고 있으며, 장철수(2000 : 126-131)는 일제 강점기에 조선총독부가 낸 생활문화 조사보고서를 분야별로 정리하였는데 여기에는 사회민속 분야도 포함되어 있다.

두 번째로 자넬리와 임돈희(Janelli and Im, 1994)는 한국민속학에서 다루어진 사회민속 분야 중에서 주로 가족에 관한 학술논문(論文)과 저서(著書)를 다섯 가지의 세부적인 분야로 나누어서 분석하고 있다. 이러한 분야를 나열해 보면 다음과 같다.

(1) 한국 전통가족의 구조 및 기능적 연구 : 이광규(1990), 최재석(1982), Janelli and Janelli(1982), 김택규(1975 and 1979), 여중철(1977), 박부진(1987), 임돈희(1982)
(2) 한국 전통가족의 형성시기 : 김두헌(1980), 최재석(1983), 이광규(1978), Wagner(1983), Peterson(1983), 김주희(1983), 김춘동(1988)
(3) 여성학적 관점의 가족 연구 : 조혜정(1988), 임돈희(1986a), 이광규(1981), Janelli(1986), 박부진(1994), Kendall(1985)
(4) 한국, 중국, 일본의 가족 비교연구 : 이광규(1990), 최재석(1982), Janelli and Janelli(1982), 이광규(1975)
(5) 한국 가족의 변화 : 박부진(1987), 임돈희(1986b)

이상의 논의는 한국의 가족과 관련된 논저를 상세하게 분석하고는 있지만, 가족보다 좀 더 큰 사회조직인 친족과 마을공동체에 관해서는 구체적으로 다루지 못한 아쉬움을 남기고 있다. 물론 가족이 가장 기본적인 사회민속의 영역이 되겠지만 좀 더 넓은 영역에서 친족과 마을공동체와 관련된 사회민속에 대한 기존의 연구에 대한 내용별 혹은 방법론적 분석이 시급하다고 하겠다.

세 번째는 장철수(2000 : 216-217)가 정리한 자료인데 이것은 광복 후 50년 동안 한국민속학 분야에서 다루어진 다양한 주제 중에서 사회민속으로 분류할 수 있는 저서(著書)를 연도별로 나열하고 있다. 이러한 자료를 중심으로 장철수(2000)가 포함시키지 않은 사회민속 관련 연구 자료를 좀 더 덧붙여서 세부적인 내용으로 다시 분류해 보면 다음과 같다.

(1) 한국의 가족에 대한 개괄적인 연구 : 고황경 외(1963), 최재석
   (1966, 1982 그리고 1994), 이광규(1990)
(2) 한국의 가족과 사회에 대한 역사적인 연구 : 김두헌(1949), 박용
   구(1975), 이광규(1978), 임종국(1980), 최재석(1983와 1987)
(3) 한국 가족의 구조 연구 : 김택규(1964와 1979), 양희수(1967), 이
   광규(1975)
(4) 한국의 친족조직에 대한 연구 : 최재석(1979와 1988)
(5) 한국의 농촌사회에 대한 연구 : 이만갑(1981), 최재석(1975), 김동
   일 외(1982)
(6) 한국 가족의 심리와 성(性) : 이광규(1981), 조혜정(1988)

이상의 분류에서도 가족에 관한 논의가 대부분이고, 일부 마을공동체에 대한 분석도 있지만 친족에 관한 민속학적인 연구는 상대적으로 적은 편이다. 다시 말해서 위에서 장철수(2000)가 논의의 대상으로 삼은 연구 성과는 주로 가족에 초점을 두고 일부 마을공동체나 종족의 연구와 같은 넓은 의미의 사회민속을 다루고 있으며, 친족에 대한 최재석(1979와 1988)

의 연구는 별도로 필자가 덧붙여 넣은 것이다. 따라서 친족에 대한 연구는 가족에 대한 연구에 비하여 여전히 부족한 셈이다.

또한 위에서 언급한 이러한 세 가지 주된 입장 외에도 부분적이지만 한국민속학에서 사회민속과 관련된 용어의 사용 및 연구영역 등에 대하여 살펴보면 다음과 같다. 가령 인권환(1978 : 92-93)은 한국민속학의 사회학적인 연구를 열거하면서 김택규(1964)와 최재석(1966)의 연구를 중점적으로 소개하고 있다. 또한 고려대 민족문화연구소(1980)에서 간행한 『한국민속대관』에도 사회민속과 관련된 내용을 찾아볼 수 있다. 예를 들어서 고려대 민족문화연구소(1980)의 『한국민속대관』은 모두 6권인데, 제1권에 보면 사회구조 및 관혼상제(冠婚喪祭)를 다루면서 세부적인 항목으로 사회생활을 두고 여기에 신분제도, 가족생활, 친족생활 그리고 경제생활을 포함시키고 있다. 한편 고려대 민족문화연구소(1980)의 『한국민속대관』은 다시 내용이 보충되고 보완되면서 고려대 민족문화연구원(2001)에 의하여 『한국 민속의 세계』로 개정판이 나오게 되는데 모두 10권이다. 이 중에서 제1권에 생활환경과 사회생활이라는 대 주제를 설정하였는데, 사회민속은 주로 사회생활의 영역에서 다루어지고 있다. 예를 들어서 사회생활의 분야 속에 신분제도, 가족제도, 친족제도, 마을생활, 경제생활 그리고 두레를 중점적으로 살펴보고 있다. 이러한 내용은 1980년에 나온 『한국민속대관』의 내용과 거의 일치하지만 마을에서 행하여지는 공동노동인 두레가 덧붙여진 것이 조금 다를 뿐이다.

덧붙여서 사회민속의 연구영역에 대하여 위에서 살펴본 세 가지의 주요한 입장 외에도 김택규와 성병희(1982)의 연구 작업도 보충적으로 포함될 수 있다. 예를 들어서 김택규와 성병희(1982)는 대체로 1960년대까지 연구된 한국민속학 제 분야의 연구업적을 정리하면서 '사회관습'이라는 영역을 설정하여 여기에 한국의 사회구조(변시민, 1956과 1957), 혈연관습

(김택규, 1975), 가족제도(최재석, 1966a), 사회구조를 통한 문화유형분석(이광규, 1971), 씨족부락 속의 사회구조 및 경제구조(박기혁, 1965) 등을 한 분야로 묶어서 다루고 있다.

한국민속학에서 사회민속 혹은 이와 유사한 용어를 별도로 설정하여 사회민속이 좀 더 독립된 영역으로 나타나는 것은 주로 민속학 관련 개론서이다. 예를 들어서 민속학회(1994)에서 나온 민속학 개론서에는 민속사회라는 항목을 설정하여 여기에, 가족과 촌락, 생업활동, 의식주(衣食住), 세시풍속(歲時風俗) 등을 포괄하는 광범위한 영역을 함께 다루고 있으며, 김동욱 외(1994)에서는 사회와 민속이라는 독립된 영역을 두고 여기에서 마을과 도시, 나이에 의한 사회분화, 남성과 여성의 사회적 분화, 가족과 친족 등을 다루고 있다. 또한 최인학(1995)은 마을과 사회라는 항목에서 마을과 공동체, 동제(洞祭), 남(男)과 여(女)의 사회분화, 계, 장터 등을 살펴보고 있으며, 김의숙과 이창식(1998)에서도 민속사회라는 항목을 두고 혈연사회(가정, 당내, 문중), 지연사회(마을, 도시), 사회생활(계, 품앗이, 두레와 같은 협동생활, 생업활동, 신앙생활, 놀이생활) 등의 세부적인 주제를 설정하고 있다.

한편 사회민속이라는 영역이 좀 더 세분화되어서 독립적인 하나의 연구영역으로 다루어지고 있기도 하다. 예를 들어서 이광규(1991)는 마을과 가족생활이라는 항목을 설정하여 가족, 친족 그리고 마을을 사회민속으로 다루고 있으며, 홍태한(1998)은 사회민속이라는 구분보다는 좀 더 구체적인 가족과 마을생활로 다루고 있다. 이와 유사하게 김미영(2000)은 마을공동체와 친족생활이라는 항목을 설정하였고, 박환영(2002d)은 사회공동체라는 영역에서 가족, 친족 그리고 마을공동체를 다루고 있다.

위에서 정리해본 바와 같이 한국민속학에서 사회민속과 관련된 용어의 사용 및 연구영역은 다양한 편이며 대부분의 민속학 관련 개론서에서 다루어지고 있음을 알 수 있다. 다만 사회민속 혹은 이와 유사한 용어를 별도로 설정하는 경우도 있으며, 또한 사회민속이라는 일반적인 용어보다는 연구영역을 좀 더 특성화해서 가족, 친족 그리고 마을공동체를 강조하는 경우도 있다. 또한 일부 연구에서는 사회민속의 영역을 성(性), 도시, 경제생활, 신앙생활 그리고 놀이생활까지 넓게 보고 있기도 하다. 또한 안동대학교 민속학연구소에서 2002년부터 간행하고 있는 마을민속과 관련한 일련의 연구 성과4)도 기존에 진행되었던 사회민속의 연구를 좀 더 다양한 측면에서 접근할 수 있는 기회를 제공해 주고 있다.

이러한 사회민속과 관련된 최근의 연구동향 외에도 한국민속학에서 주로 다루어질 수 있는 사회민속의 한 영역인 마을민속의 조사연구 방법에 관한 임재해(2007b)의 최근 연구가 돋보이는데, 이 연구는 기존에 다루어지던 민속현상에 대한 분석적인 연구방법과는 달리 마을에서 행하여지는 민속학의 현지조사(fieldwork)를 시작하는 단계에서부터 자료의 수집과 분석 그리고 수집된 마을민속의 체계적인 전승까지도 총체적으로 다루고 있다. 또한 재외동포 사회의 민속에 대한 관심도 최근에 보이는 새로운 경향으로 취급될 수 있다. 예를 들어서 이광규(2000)는 재외동포의 사회민속에 대한 본격적인 연구에 앞서 이민사와 세계의 각 지역에 분포해 있는 재외동포들의 현황과 기본적인 생활양식을 소개하는 입장이라면 박환영(2007a)은 중국의 해외동포들의 사회민속을 좀 더 구체적으로 접근하고 있다. 또한 부분적이지만 역사문헌자료 속에서 사회민속을 찾아내려

---

4) 안동대학교 민속학연구소(편), 『마을민속조사 어떻게 할 것인가』, 민속원, 2002.
　　안동대학교 민속학연구소(편), 『마을민속보고 어떻게 할 것인가』, 민속원, 2003.
　　안동대학교 민속학연구소(편), 『마을민속전승 어떻게 할 것인가』, 민속원, 2004.
　　안동대학교 민속학연구소(편), 『마을민속연구 어떻게 할 것인가』, 민속원, 2005.
　　안동대학교 민속학연구소(편), 『마을민속비교 어떻게 할 것인가』, 민속원, 2006.
　　안동대학교 민속학연구소(편), 『마을민속자원화 어떻게 할 것인가』, 민속원, 2007.

는 접근방법5)도 시도되고 있다.

한편 지속적인 현지조사를 통하여 다양한 민속문화를 수집하여 이러한 기초자료를 역사문헌자료와 더불어서 비교분석함으로써 전통적인 민속문화의 전승양상을 탐구하는 민속학에서 사회민속은 앞으로 계속해서 중요한 연구영역의 한 부분을 차지하게 될 것은 자명한 일이다. 더욱이 산업화와 도시화가 진행되면서 민속학의 연구영역 특히 민속문화가 전승 및 계승되는 민속의 공간이 확대되면서 이제까지 다루어지던 사회민속에 대한 좀 더 본격적인 논의가 필요한 것 같다.

3 한국민속학에서 사회민속의 전망

사회민속의 개념과 연구영역에 대한 지금까지의 논의를 바탕으로 한국민속학에서 사회민속이 가질 수 있는 민속학적인 위상에 대한 고찰을 하고자 한다. 우선 이제까지 살펴본 사회민속과 관련된 논저를 보면 제각기 나름대로의 의의를 가지고 있다. 그러나 이제까지 진행되어 온 사회민속과 관련된 연구는 다음과 같은 다섯 가지의 주요한 문제를 또한 내포하고 있는 것 같다.

첫째는 민속연구사(최인학 외, 1994)와 민속사(임재해와 한양명, 1996)에서 각각 다루어질 수 있는 사회민속의 영역을 각각 구분해서 논의해 보는 것도 필요할 것 같다. 다시 말해서 최인학 외(1994)에서는 민속사회의 연구사를 고찰하면서 한국전통사회의 가족, 세시풍속, 축제 등을 다루었고, 임재해와 한양명(1996)은 민속사회의 사적(史的)인 고찰을 위하여 가족, 촌

---

5) 박환영, 「훈몽자회(訓蒙字會)에 나타나는 민속 고찰」, 『동양예학』 18, 동양예학회, 2008a, 35-37쪽.

락, 일생의례, 세시풍속, 놀이, 두레 등을 두루 다루고 있다. 전자가 사회민속에 대한 민속학적인 연구사라고 한다면 후자는 사회민속의 소재가 될 수 있는 민속의 역사인 셈이다. 좀 더 엄격히 말하면 민속사회를 가지고 다룬다고 했을 때 사회의 민속학적인 연구사에 포함될 수 있는 것은 민속학의 특징을 나타내는 현지조사에 근거한 연구의 결과여야 하는 반면에, 사회를 주제로 하는 민속의 역사라는 것은 현지조사와는 무관한 자료 중심이 될 수도 있다는 것이다. 그러므로 특히 민속사의 입장에서 사회민속을 다룬 것은 사회민속의 영역을 좀 더 확대 해석하여 접근한 것이므로 민속학의 영역이 확대될 수 있는 계기를 마련한 것으로 볼 수 있는 것이다.

둘째는 민속학연구사적인 입장에서도 '순수한' 민속학의 입장이라는 애매모호한 규정의 정확한 범위 설정에 대한 문제이다. 즉 사회민속과 관련된 다수의 논저는 민속학의 영역뿐만 아니라 인근 학문 분야에서도 많이 다루어진 것이 사실이다. 가령 사회학, 인류학, 역사학과 같은 분야

은산별신제에서는 강강술래와 같은 민속놀이도 볼 수 있다.

에서 사회민속과 관련된 내용이 많이 다루어졌다. 이러한 논저 중에서 일부는 포함시키고 또한 일부는 포함시키지 않는 것은 논리에 맞지 않는 것 같다. 엄격하게 말해서 다른 인접 학문의 분야와는 다소 구별되는 민속학적인 사회민속은 자국의 전통문화에 관심을 가지고 철저한 현지조사(fieldwork)에 기반을 둔 일련의 연구를 말한다. 그러므로 한국민속학에서 사회민속이 단단히 뿌리내리기 위해서는 기존에 나왔던 인접 학문 분야의 연구업적과 방법론을 적절히 수용하고 점검하여 비판적으로 민속학에 맞게 발전시키는 작업도 필요한 것이다.

셋째는 민속학연구사에서 사회민속과 관련된 내용 중에서 외국의 민속학자(식민지 시대의 일본 민속학자도 포함)들이 한국 사회를 다룬 것은 일부 포함시키면서 한국의 민속학자들이 동아시아의 사회를 다룬 것을 포함시키지 않은 것에 대하여 '사회'의 정의를 한국에 국한시킬 것인가 아니면 좀 더 넓은 의미에서 한국의 민속과 관련해서 비교민속학적으로 동아시아 사회까지 포함시킬 것인가에 대한 문제이다. 물론 한국민속학에서 다

기지시 줄다리기 행사장 주변에서는 윷놀이도 볼 수 있다.

현대사회 속의 민속

39

루어지는 '사회'는 당연히 한국사회임을 부정할 수 없다. 그러나 20세기 말부터 새롭게 부각되기 시작한 해외동포들(특히 중국의 조선족들과 러시아의 고려인들)의 문제가 우선 관심거리가 될 수 있다. 그네들은 전통적인 한국의 민속을 부분적으로 공유하고는 있지만 그들이 살아가고 있는 사회는 한국이 아닌 대체로 다른 아시아 지역인 것이다. 그러므로 해외동포들이 거주하고 있는 지역에 관한 사회민속과 관련되어 있는 민속학적인 연구 성과를 어떻게 분류할 것인지도 하나의 문제이다. 또한 덧붙여서 20세기 후반부터 비교민속학적인 연구 성과가 많이 진행되면서 아시아 지역의 다른 민족들의 민속에 대한 관심이 커지고 있다. 특히 한국과 역사 및 문화적으로 밀접한 관계가 있는 이웃하는 아시아 지역의 사회민속에 대한 민속학적인 연구 성과가 그것이다.

넷째로 문제될 수 있는 것은 사회의 영역을 좁은 의미에서 가족, 친족 그리고 마을공동체 집단으로만 인식할 것인가 아니면 넓은 의미에서 사

강원도 무형문화재 제5호인 강릉학산오독떼기

회공동체 집단과 관련된 세시, 의례, 민속놀이 및 축제 등을 모두 포함할 것인가에 대한 문제이다. 한국민속학에서 집단 혹은 공동체 행위로서의 민속을 사회민속이라고 규정한다면(이광규, 1991 : 23) 사회민속은 인간의 행위를 중점적으로 고찰한다고 볼 수 있다. 이제까지 한국민속학에서는 사회생활의 기본이 되는 가족, 친족 그리고 마을이 사회민속의 주된 연구대상이었고, 일부 민속학적인 연구에서는 좀 더 넓은 의미에서 이러한 집단이 가지고 있는 세시풍속, 의례, 민속놀이, 축제 등도 아울러서 사회민속의 연구영역으로 다루어 온 것이 사실이다. 그러나 분명한 것은 세시, 의례, 놀이 그리고 축제 등이 광의의 의미에서 사회민속의 한 영역으로 다루어질 수 있는 것은 그 속에 내재되어 있는 집단 행위와 그것의 전승 및 계승을 통하여 나타나는 민속현상의 전승주체로서 집단이 가지는 사회적 기능과 구조이지 민속현상 그 자체는 아닌 것이다. 예를 들어서 세시풍속과 관련된 세시음식의 경우 시식(時食)과 절식(節食)을 만드는 민속관련 지식의 전승과정 및 전승양상에 대한 연구의 경우 모녀(母女) 혹은 고부(姑婦) 사이의 관계가 중요하게 다루어지게 되어서 가족과 친족의 한 측면을 반영해 주는 사회민속의 영역이 되는 것이다.

그리고 마지막으로 문제될 수 있는 것은 장철수(2000)가 언급한 바와 같이 사회민속이라는 용어를 민속사회와 혼동하여 사용하고 있다는 것이다. 즉 장철수(2000 : 165)에 의하면 민속문학은 문학의 고유한 영역이며, 민속종교는 또한 종교학의 주된 연구 분야 이듯이 민속사회는 사회학의 고유한 연구대상으로 인식되기 쉽기 때문에 사회민속이라는 용어가 민속학에서는 더 적절한 학술용어라고 주장한다. 다시 말해서 장철수(2000)의 관점에서 보면 오늘날 민속학은 하나의 독립된 학문분야로 우뚝 서야 하기 때문에 당당히 사회민속이라는 용어를 사용해야 하며, 여전히 민속사회라는 용어로 잘못 사용하게 되면 민속학이 독립된 과학이 아닌 종속된

중국 연변의 민속촌에 전시되어 있는 장승과 솟대

학문분야임을 스스로 자인하는 것이 되는 것이다.

결국 이러한 문제들은 사회민속에 대한 본격적인 민속학적 연구를 위하여 한국민속학이 풀어야 할 과제인데 이러한 과정을 통하여 사회민속은 한국민속학에서 좀 더 확고한 영역을 차지할 수 있는 것이다. 여하튼 지금까지 언급한 사회민속에 대한 몇 가지 문제에도 불구하고 사회민속은 여전히 한국민속학에서 중심적인 연구영역의 하나로 자리매김하고 있다고 해도 과언이 아닐 것이다. 더욱이 최근에 보이고 있는 마을민속에 대한 체계적인 민속학적 접근과 마을민속을 제대로 연구하기 위한 조사방법론에 대한 연구6)는 한국민속학에 있어서 향후 사회민속에 대한 본격적인 연구의 가능성을 보여준다. 또한 현대에 도시화가 진행 중인 마을이나 도시 공간 속의 다양한 민속에 대한 연구7)와 해외동포들의 생업의

6) 임재해, 『마을민속 조사연구 방법』, 민속원, 2007b, 18-94쪽.

터전이며 거주공간인 마을을 중심으로 사회민속을 분석한 최근의 연구[8]
도 사회민속에 대한 새로운 방향을 제시해 준다고 볼 수 있다.

4 현대민속학의 보고(寶庫)인 사회민속

한국민속학에서 사회민속 분야는 풍부한 자료를 제공해주는 민속학의
보고이다. 특히 개인보다는 집단적인 의식이 강한 한국 사회에서 사회민
속은 중요하게 다루어질 수밖에 없다. 그러나 특이하게도 지난 20세기
동안 한국민속학에서 논의된 사회민속은 다른 여러 민속학 분야에 비하
여 연구업적이 미비한 편이었다. 이러한 이유는 여러 가지가 있을 수 있
겠지만 아마도 앞에서 문제를 제기했던 다섯 가지 주요한 문제와 밀접한
관련성을 가지고 있는 것 같다.

이러한 다섯 가지 문제 중에서도 우선 한국민속학에서 사회민속의 개
념과 연구영역이 명확하게 정리되어야만 한다. 한국민속학에서 사회는
어떠한 민속현상이 현재까지 전승되고 있는 마을인 경우가 대부분이다.
그리고 마을을 구성하고 있는 좀 더 작은 집단인 마을의 여러 조직, 친족
집단, 가족 등이 이러한 민속현상을 지속해 주는 원동력이 되는 것이다.
그러므로 사회민속은 한국민속학에서 가장 중요시되는 마을공동체를 이
해하는 데 가장 기초적이고 필수적인 분야이다. 다시 말해서 어떠한 민
속현상이라도 그것을 전승하는 전승주체가 있기 마련인데 그것에 대한
체계적인 분석이 없이 밖으로 드러난 민속현상만을 보는 것은 속이 비어
있는 껍데기를 살펴보는 것에 불과한 것이다. 즉 모든 민속현상의 이면

7) 박환영, 『도시민속학』, 역락, 2006a, 195-222쪽.
8) 박환영, 『한국민속학의 새로운 지평』, 역락, 2007a, 219-242쪽.

에는 민속의 주체인 어떠한 집단과 관련된 다양한 측면의 사회민속이 내재되어 있는 것이다.

또한 오늘날 한국민속학에서 사회민속은 더욱더 중요하게 다루어져야만 한다. 특히 농촌이 점차로 도시화되면서 생겨나는 도시화의 문제라든지, 댐의 건설로 인하여 마을이 없어지거나 새로 생겨나기도 하고 또한 고속도로가 생겨나면서 기존의 마을이 반영구적으로 분할되기도 한다. 민속현상을 전승하는 마을이 없어지거나 분할되게 되면 당연히 민속현상은 사라지거나 약화될 수밖에 없다. 특히 마을의 조직이나 친족 및 가족 집단도 마을을 떠나 뿔뿔이 흩어져서 민속현상을 지탱하고 있던 구속과 구조에서 벗어나게 되면 재 기능을 할 수 없는 하나의 쓸모없는 부속품에 불과한 것이다. 오늘날 한편으로는 도시화와 국토개발로 인하여 전통적인 마을에서 전해져오던 민속현상도 조금씩 약화되고 있으며, 다른 한편으로는 해외동포들에 대한 관심이 고조되면서 해외동포들이 집단으로

천년을 이어온 태안자염 공장

거주하는 중국이나 러시아에 있는 해외동포들의 마을에서 전승 및 계승되고 있는 민속현상에 대하여 민속학적인 접근이 본격적으로 진행되고 있기도 하다. 그만큼 사회민속의 연구영역이 확대된 것이며, 그러므로 오늘날 한국민속학에서 사회민속은 좀 더 독립적이고, 체계적으로 다루어져야만 할 것 같다.

　덧붙여서 조금 다른 측면에서 살펴보더라도 민속학의 여러 영역 중에서 사회민속 분야는 여전히 민속학에서 가장 핵심적이며 기초적인 영역이라고 할 수 있다. 민속학에서 현지조사는 필수적인 요소이기 때문에 현지조사를 하게 되면 민속학의 다른 영역을 조사하기 전에 현지조사지의 구성조직을 파악하기 위하여 사회민속 조사를 우선적으로 해야 하는 경우가 대부분이다. 따라서 현지조사가 존재하는 한 사회민속은 여전히 중요한 요소로 자리매김하게 된다. 다만 어디서 현지조사를 하는가에 따라서 사회민속에 대한 범위가 달라질 수 있다. 결국 마을의 민속을 다루든지 도시 공간 속의 민속을 다루든지 사회공동체가 형성되었다면 그 속에서 전승되고 있는 민속에 대한 관심은 지속될 수밖에 없는 것이다.

―『한국민속학』 47집, 한국민속학회, 2008

제 3 장

현대 도시 공간 속의 민속
도시민속학의 최근 동향

1 도시 공간 속에도 민속은 남아 있을까?

도시라는 공간은 이전에도 있었고, 지금에도 있고 미래에도 있을 것이다. 그러나 오늘날 현대사회의 도시라는 공간은 인간적인 정(情)이 없는 삭막한 공간으로 취급되는 경우가 많다. 도시가 가지고 있는 왠지 딱딱하고 인정을 느낄 수 없을 것 같은 무미한 인상을 직설적으로 보여주듯이 '도시'와 상반되는 '시골'의 이미지가 도시 공간 속에서 부각되는 경우가 많다. 예를 들어서 시골이라는 이미지를 이용하여 풋풋한 시골의 정(情)을 느끼게 하는 경우가 많은 데 '시골밥상', '시골향기', '시골맛집'과 같은 음식점도 이러한 사례에 속한다고 볼 수 있다.

그러나 다른 한편으로 보면 도시는 문화의 중심이요, 행정의 중심이요, 교육의 중심이요, 경제의 중심이기 때문에 전국의 여러 지역과 다른 나라에서 온 다양한 사람들이 모여 살게 되기 때문에 그 나름대로의 문화와

전통과 현대의 조화를 이루고 있는 경주의 양동 마을

민속이 만들어질 수도 있는 것이다. 이렇게 도시 공간 속에서 찾을 수 있는 민속은 이전부터 전해져 오는 문화와 민속이 도시라는 공간 속에서 조금의 변용을 하게 된 경우도 있을 것이고, 아니면 새롭게 도시 속에서 만들어지고 생성된 것도 있을 수 있다. 무속인들도 이제는 농촌에서보다는 도시와 도시 주변을 포함한 도시 공간 속에서 더 많이 볼 수 있으며, 심지어 오늘날 시골 사람들은 점을 보거나 무당을 만나기 위해서 도시로 와야 하는 경우가 많다(임재해, 1996 : 165). 이러한 점에서 도시라는 공간은 우리가 잘 느낄 수는 없지만 더욱더 다양한 민속 문화를 가지고 있는 셈이다.

한편 도시라는 공간은 과거 혈연공동체와 같은 끈끈한 유대가 결여되어 있으며 또한 마을 단위의 지연공동체 혹은 생업공동체와 같은 동일한 경제활동으로 인한 두레나 품앗이와 같은 노동의 협력과 노동의 교환도 약화되어 있는 개인주의가 팽배한 상업적인 공간이다. 그러나 이러한 공간에서도 이전의 전통인 민속이 피상적으로 보면 잘 보이지는 않지만 내면에는 짙게 깔려 있는 경우가 많다. 가령 새 차를 구입하면 차 고사(告祀)를 지내는 경우가 많은데 특히 택시나 버스 그리고 화물차 기사와 같이 운전을 직업으로 가진 경우에 더욱 강하게 나타난다. 또한 어떠한 사업을 시작하거나 사무실을 이전하게 되면 고사(告祀)를 지내고, 이사하는 날도 손이 없는 날인 경우 좋은 날이라고 해서 수수료가 더 비싼 경우가 많다. 또한 학교, 공동묘지, 산장, 고속도로 터널 등과 같은 도시 속의 공간을 소재로 하는 도시전설이 인터넷의 등장으로 학교의 학생들과 같은 젊은이들을 중심으로 더욱더 많은 민중들에게 전승되기도 한다.

오늘날 현대사회에서 도시는 시간적으로는 과거의 전통과 현재의 문화가 복잡하게 아우러져 있으며, 공간적으로는 도시화가 진행되고 있거나 이미 진행된 지역을 모두 포함할 수 있다. 더욱이 도시 속의 뉴타운 개발과 같은 이미 도시에 속해 있으면서도 또다시 틀에 박힌 일방적이고도 색깔이 없는 획일화된 도시화가 진행되고 있는 곳이 도시라는 공간이다. 따라서 엉성하게 보일지는 모르지만 오랜 시간 동안 만들어지고 축적된 일상적인 생활공간으로서의 도시 공간이 엄청난 개혁과 변화의 바람 앞에서 새로운 변화와 과거 전통과의 단절을 예고하고 있기도 하다. 물론 끊임없이 변화하는 도시 공간 속에서도 새로운 문화가 만들어지고 과거의 전통과의 연계성도 찾아볼 수 있겠지만 중앙정부나 지방자치단체에서 시행하고 있는 성급한 도시화 정책은 수많은 지역의 전통과 생활문화를 송두리 채 흔들고 있기도 하다. 즉 도시 속에서 느낄 수 있었던 민속문화가 이제 새로운 도전에 직면해 있다고 해도 과언이 아닐 것이다. 이러한 시점에서 도시민속학은 21세기 한국민속학에서 중요한 화두(話頭)의 하나가 될 수 있다. 본고는 한국민속학에서 이제까지 다루어진 도시민속학에 대한 관심과 논의와 연구방향 등을 점검해봄으로써 향후 한국민속학에서 도시민속학의 방향을 설정하는데 하나의 지표를 제시하고자 한다.

2 한국민속학에서 도시민속에 대한 인식의 시작

한국민속학에서 도시민속학에 대한 관심이 불기 시작한 것은 아마도 이상일(1971)의 논의에서 시작된다고 볼 수 있다. 즉 이상일은 현대 독일 어권 민속학의 연구동향을 이야기 하면서 "농경문화의 테두리 속에만 갇혀 있던 민속학이 저 리얼한 기능적 연관조직과 관련되어 도시민속학이 라는 것으로 옮겨질 수도 있는 것이다."(이상일, 1971 : 61)라고 1960년대 당시 독일어권 민속학의 연구방향에 대하여 소개하고 있다. 스위스 민속 학회의 회원으로서 이상일(1971)은 독일어권 민속학에서 다루어지고 있는 다양한 연구방향과 연구주제를 정리하면서 그동안 독일어권 민속학에서 다루어진 소위 낭만적인 과거의 경향과 대비하여 현대의 독일어권 사회 에서 보이는 다양한 민속현상도 민속학의 소중한 연구주제로 다루어질 수 있음을 강조하고 있다. 예를 들어서,

> 우리는 지금도 항상 전통, 가족, 부락, 무속 등에 대해서 말하고 있
> 으나 현대인간의 견해는 오히려 학교라든지 단체 그리고 무엇보다도
> 「매쓰·미디어」에 의해 다듬어지기 때문에 민속이라는 일상적 술어는
> 사실적 실정에 거의 맞아 떨어지지를 않고 민속학도 현실과 동떨어진
> 기속(奇俗)의 전시나 전설 속의 허구적 기능밖에 차지할 수 없는 위기
> 에 처해 있다.
>
> — 이상일, 1971 : 63

이상의 논의를 통하여 한국민속학계에서도 단편적이지만 이미 1970년 대 초반부터 현대사회의 도시민속에 대한 관심이 조금씩 제기되기 시작 했음을 알 수 있다. 특히 민속학의 연구 소재를 현대사회의 사실적 실정 에 맞아 떨어지는 학교, 현대사회의 도시 공간 속의 다양한 공동체 조직

과 단체 그리고 매스미디어 등을 연구 가능한 민속학의 주제로 포함시킨 것은 당시에 인식되었던 도시민속학의 범위를 잘 보여준다.

한편 도시민속학이라는 이론적인 문제제기라기보다는 기존에 주로 다루어졌던 민속학의 연구대상이던 농촌이나 시골지역을 탈피하여 도시지역에서 이루어진 연속적이고 지속적인 현지조사를 기초로 도시민속의 가능성을 보여준 연구 성과도 주목할 만하다. 가령 김명자(1982)의 연구는 1977년부터 1981년까지 모두 16차례에 걸쳐서 진행된 서울 송파지역의 민속조사에 기초를 두고 있다. 즉 김명자(1982)는 서울의 송파지역에서 세시풍속을 현지조사하면서 1979년 도시미화정책에 의하여 사라져버리기는 했지만 짚은사랑과 같은 전통적인 움막집이 전승되었던 송파지역 마을의 역사와 현황, 생업과 문화적 배경 그리고 계절적인 세시풍속에 이르기까지 다양한 민속자료를 수집하였다. 송파지역은 서울의 외각 지역이긴 하지만 서울과 같은 도시 공간에서도 민속문화가 여전히 전승되고 있으며, 당시에 도시화가 빠르게 진행되고 있었던 지역에서 행하였던 민속조사이기 때문에 오늘날 도시화가 진행되고 있거나 이미 진행되었던 지역의 민속을 조사하는데 하나의 선행연구로도 다루어질 수 있을 것 같다.

이상일(1971)의 연구가 1960년대 당시 독일어권 민속학에서 보였던 현대민속학과 그 속에서 다루어질 수 있었던 도시민속학에 대한 관심이었다면, 김명자(1982)의 연구는 서울의 송파지역이라는 도시에서 행하였던 현지조사에 대한 연구보고서로 볼 수 있다. 한편 임동권(1982)은 도시화와 산업화로 인하여 생활의식이 변할 수밖에 없기 때문에 도시인들의 생활과 관련된 새로

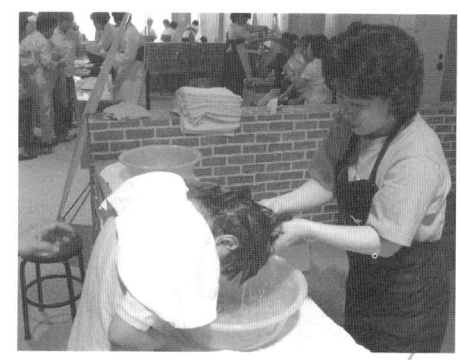

강릉단오제 때 창포물에 머리를 감는 행사

2008년 강릉단오제에서 평창군 차항리의 도암초등학교 학생들이 시연하는 황병산사냥놀이

운 민속현상에 대한 관심으로 도시민속학의 필요성을 제시하고 있기도
하다.

　도시민속학에 대한 이러한 관심은 1980년대에 들어서면서 한국민속학
계에서 조금 더 본격적으로 논의된다. 예를 들어서 박계홍(1983)은 민속
학 개론서에서 도시민속학을 하나의 독립된 민속학의 연구영역으로 설정
하기도 한다. 또한 김태곤(1984)은 '문화민속학'이라는 새로운 학술 용어
를 사용하여 전통적인 민속학의 연구영역에 사회적인 측면과 현대의 도
시와 도시주변의 공간과 같이 빠르게 변화하고 있는 지역에 대한 민속연
구를 주장하면서 도시민속학의 가능성을 제기한 바 있다.1) 한편 이두현
(1986)은 미국민속학의 연구동향을 소개하면서 미국에서 1960년대부터

---

1) 박환영, 『도시민속학』, 역락, 2006a, 83쪽.

본격적으로 제기되었던 도시민속학에 대한 관심과 민속학적 연구 성과를 자세하게 기술하고 있다.

임재해(1991)는 도시화와 전통의 문제를 도시화의 현실 문맥에 맞게 다시 구성함으로써 전통의 재창조 문제를 제기하고 있다. 다시 말해서 지나간 과거의 전통이나 아직까지도 시골에서 전승되고 있는 다양한 전통문화를 현대의 도시화 속에서도 도시의 여건에 맞게 재창조 되어야 한다는 논리를 펴고 있는 것이다. 전통문화의 계승과 도시화의 문제는 현대라는 시점과 도시화라는 공간적인 사회변화에 따라서 전통문화의 재창조라는 측면이 필요한 것은 사실이다.

여기에서 조금 더 나아간다면 도시화 속에서 전통문화의 재창조 외에도 이전의 전통이 도시라는 공간 속에서 그 나름대로의 변용과 기능을 하는 입장도 함께 다루어 볼 수도 있을 것 같다. 즉 이러한 입장은 도시와 시골이라는 그리고 현대화와 전통화라는 이중적인 구조를 가지고 있으며 또한 양쪽에 모두 속하는 중간적인 요소도 찾을 수 있다는 가능성을 내포하고 있다. 가령 예를 들어서 다양한 도시 공간 속의 축제는 전통적인 시골의 축제가 가지고 있는 생업적인 기능을 더 이상 하지는 않지만 마을공동체의 구성원을 하나로 묶어주고 지역의 정체성과 함께 구성원들의 연대감을 높여준다는 점에서 사회적 기능은 도시라는 공간 속에서도 형태와 내용은 조금 바꾸었지만 나름대로 지속된다고 볼 수 있는 것이다. 또한 도시 공간 속에서 행하여지는 축제를 보면 현대화와 도시화의 진행 속에서 정책적으로 지정되고 보존되는 중요무형문화재나 지역의 무형문화재를 시연함으로써 도시 공간 속의 축제를 통하여 과거의 전통문화를 현대 도시의 시민들이 직접 경험하고 느낄 수 있는 기회를 제공해 주고 있다.[2] 이러한 측면은 도시 공간 속의 민속을 논의할 때 전통의 재창조와는 조금 다른 측면에서 접근을 할 수 있는 문제이기도 하다.

3 최근 한국 도시민속학의 연구방향과 향후 과제

한국민속학의 연구방향도 1990년대 중반과 21세기에 접어들면서 많은 변화를 가지게 된다. 다양하고 새로운 민속학의 연구 분야가 소개되거나 생겨나게 된 것도 이러한 현상을 잘 반영해 준다.[3] 최근에 일부에서 대두되는 이러한 민속학의 연구 분야 외에도 새로운 연구방향의 하나로 도시민속학은 대표적인 경우라 하겠다.

우선 1990년대 중반에 들어서면서 한국민속학의 연구과제에 대한 새로운 인식으로 도시민속학이 본격적으로 제기된다. 가령 임재해(1996)는 당시 국내에서 조금씩 논의되었던 도시민속학에 대한 박계홍(1983a와 1983b)의 입장을 조목조목 분석하면서 한국민속학에서 어떻게 수용할 것인지와 미국에서 1970년대에 한창 진행되었던 도시민속학의 대표적인 논의 중에서 리처드 도슨(Richard Dorson, 1972와 1981)의 입장을 비교적 자세하게 소개하고 있다. 예를 들어서 리처드 도슨(Richard Dorson, 1981)은 미국 도시민속학의 연구현황을 소개하면서 미국의 한 제과회사가 제과회사의 상품을 헐뜯는 괴 소문에 대처하기 위해서 그러한 소문이 근거가 없음을 알리는 광고를 여러 신문에 실었는데 이러한 광고를 민속으로 볼 수 있다고 본 반면에, 임재해(1996 : 168)는 신문지면을 통한 이러한 광고 양식은 민속문화라 할 수 없다고 주장한다.

두 입장 모두 나름대로의 근거가 있지만 아마도 리처드 도슨(Richard Dorson)의 입장에서 제과회사가 낸 광고의 양식이 부분적인 내용이 될 수

---

2) 박환영, 위의 책, 92-94쪽.
3) 특히 주강현은 21세기 민속문화의 7가지 화두로 역사민속론, 물질민속론, 생태민속론, 해양민속론, 성(性)민속론, 민속미술론, 통일민속론 등을 제안한 바 있다(주강현, 1999, 『한국민속학의 연구방법론 비판』, 민속원).

도 있겠지만 하나의 민속문화로 간주될 수 있는 것은 도시 공간 속에서 만들어지고 생성되는 도시전설이 신문이라는 대중적인 양식을 통하여 어떻게 보면 공식적으로 그 실체와 전승력을 널리 인정받았다는 요소가 들어 있기 때문이다. 한편 리처드 도슨(Richard Dorson, 1981)이 제시했던 도시민속학을 통하여 도시민속다운 자료를 조사하고 연구할 수 있다는 점은 임재해(1996 : 174)도 동의하면서 자동차와 관련된 운전기사의 속신(특히 금기), 사고 방지 부적, 사고 처리방법 등 다양한 연구소재를 제시하고 있다. 같은 맥락으로 영국민속학에서는 이러한 전문적인 직업을 가진 사람들의 민속을 '직업적인 풍속(occupational customs)'이라고 부르면서 세시풍속(calendar customs)과 통과의례(rites of passages)와 구별해서 다루고 있기도 하다.[4]

중앙대학교 한국민속학연구소에서는 『동작구의 민속문학』이라는 주제로 민속지를 간행 하였는데 민속학의 제 분야 중에서 민요, 설화, 무가(巫歌), 속담 및 수수께끼 등에 초점을 둔 현지조사를 통하여 도시 공간 속의 민속문학을 다룬 것으로 한국도시민속학의 연구동향의 하나로 취급할만한 가치를 가지고 있다.[5]

도시민속의 가장 핵심적인 논의 대상이 될 수 있는 축제에 대한 그동안의 연구를 점검해 보고 앞으로의 방향을 모색하기 위하여 2000년에 출간된 『한국축제의 이론과 실제』[6] 중에서 서울 지역의 축제[7] 및 경기지역의 축제[8]를 개괄적이지만 폭 넓게 다루게 되면서 도시 공간 속의 축제

---

4) Simpson and Roud, *Oxford Dictionary of English Folklore*, Oxford University Press, 2000, 264쪽.
5) 김선풍 외 공저, 『동작구의 민속문화』, 한국민속문화 연구총서 7, 중앙대학교 한국민속학연구소, 민속원, 1997a.
6) 김선풍 외 공저, 『한국축제의 이론과 현장』, 월인, 2000.
7) 임장혁, 「서울지역의 축제」, 『한국축제의 이론과 현장』, 월인, 2000, 643-659쪽.
8) 박환영, 「경기지역의 축제」, 『한국축제의 이론과 현장』, 월인, 2000b, 597-615쪽.

에 대한 논의를 이끌어 내게 된다. 또한 박흥주(2001) 서울 지역의 동제를 체계적으로 조사하고 민속자료를 수집하여 『서울의 마을굿』이라는 단행본을 낸 바 있다. 이렇게 21세기에 들어서면서 그동안 내재되어 있던 도시 공간 속의 민속에 대한 이론적인 접근이 비로소 본격적인 궤도에 들어서게 된다.

박환영(2003)은 민속의 현장은 우리 주변에서도 얼마든지 발견될 수 있음을 강조하면서 도시민속학에 대해 관심을 가진 바 있다. 즉 박환영(2003)에 의하면 도시와 도시주변의 아파트 단지에서 벌어지는 차 고사(告祀)와 산에 있는 일부 약수터와 산의 정상에서 정기적으로 행하여지는 산신제(山神祭)도 민속 현장의 하나가 될 수 있으며, 또한 세시풍속을 현지 조사할 때 굳이 농촌지역에서만 가능한 것이 아니라 어촌지역, 산촌지역 그리고 도시지역에서도 얼마든지 세시풍속을 조사할 수 있음을 강조하고 있다.9) 또한 강정원(2003)은 현대사회와 도시를 중심으로 민속학의 가능성을 논의하면서 도시민속학에 대한 몇 가지 의견을 제시한 바 있다. 다시 말해서 강정원(2003)은 김태곤(1984)이 이미 제시했던 민속학에서 도시와 도시민에 대한 관심에서 독일민속학에서 현대 도시사회에 대한 관심에 이르기까지 간략 명료하게 정리하고 있다 특히 서울 경기지역의 동제와 청계천 개발로 인하여 제기되는 청계천 주변의 민속에 대한 현대적 재인식을 집중적으로 다루고 있어서 도시민속학의 구체적인 사례의 가능성을 심도 있게 검토하고 있다.

한국 민속학에서의 도시민속학에 대한 관심 외에도 영국민속학에서 진행되었던 도시민속학의 연구사례가 부분적이지만 제시되기도 한다. 예를 들어서 박환영(2004a)은 영국에서 발행되고 있는 30여 종의 민속학 관

---

9) 박환영, 「민속학과 민속의 현장」, 『민속문화의 자료와 현장』, 집문당, 2003, 71-75쪽.

2008년 서울 흑석동 산신제에 차려진 제물(祭物)

련 학술지에 실린 1980년대와 90년대 초기(1980년부터 1990년 초까지) 영국 민속학의 연구 동향을 소개하면서 주요한 10가지의 연구 분야[10]를 제시하고 있는데 그중의 한 분야가 현대 및 도시학이다. 특히 현대 도시 공간 속에서 신체장애자들의 민속을 다룬 에버리(Eberly, 1988)와 도시 주변의 공간에서 일요일에 주로 열리는 일종의 중고시장인 카붙세일(Car Boot Sales)에 반영된 민속을 다룬 몬거(Monger, 1991)의 연구를 소개하고 있다.

좀 더 구체적이고 직접적인 도시민속학의 본격적인 제안은 2005년에 비로소 시작되었다고 볼 수 있다. 즉 경희대학교 민속학연구소에서는

---

10) 1980년대 보이는 영국민속학의 주요 연구 분야는 전설과 민담, 민속예술, 민속언어, 어린이들의 민속, 다른 민족의 민속, 구술사와 지역의 전통 및 관습, 물질민속, 민간신앙 및 믿음, 현대 및 도시민속학, 민속학의 이론 및 현지조사 방법론 등이다(박환영, 「1980년대 영국민속학의 동향에 관한 연구」, 『강원민속학』 제18집, 강원도민속학회, 2004a).

2005년 '미디어와 민속학'이라는 기획주제로 드라마 왕꽃선녀님을 집중적으로 조명한 바 있다. 현대사회의 대표적인 미디어인 텔레비전의 다양한 프로그램 중에서 드라마를 연구대상으로 삼아서 무속을 주요 소재로 다루었던 왕꽃선녀님을 도시민속학의 입장에서 다각적으로 분석하고 있다.[11]

도시민속학의 한 영역으로 다루어질 수 있는 것은 도시화가 진행되었지만 여전히 그 속에서 나름대로의 전통을 이어가고 있는 다양한 민속문화이다. 이러한 민속의 대표적인 경우가 서울과 경기지역에서 전승되고 있는 동제(洞祭)이다. 서울지역의 동제에 대한 연구는 최근에 경기지역의 동제 연구와 함께 자주 다루어지고 있는 형편이다. 하지만 아마도 이러한 연구는 도시민속학의 범주로 굳이 넣을 수 있다면 도시라는 새로운 공간 속에서 새롭게 생겨나는 민속이라기보다는 과거의 전통이 도시라는 공간 속에서 미미하지만 면면히 자기 자리를 잡아가고 있는 도시 공간 속의 민속문화로 볼 수 있기 때문이다. 도시 공간 속에서 전승되고 있는 동제의 연구로 정형호(2005)는 서울지역에서 전승되고 있는 마을신앙을 집중적으로 조사한 연구결과를 도시민속학적인 입장에서 분석한 바 있다. 즉 도시 공간 속에서 면면히 전승되고 있는 서울 용산지역의 동제당이 도시화의 과정 속에서 어떠한 변모양상을 보이고 있는지를 체계적이고도 지속적인 현지조사와 민속학적인 이론을 통하여 구체적으로 살펴보

---

11) 김기태, 「드라마 "왕꽃선녀님"의 대중적 의미와 공과(功過)」, 『한국의 민속과 문화』 제10집, 경희대학교 민속학연구소, 2005 ; 박환영, 「"왕꽃선녀님"의 드라마 소재와 구성의 학문적 적확성 고찰」, 『한국의 민속과 문화』 제10집, 경희대학교 민속학연구소, 2005b ; 양종승, 「무속 소재 TV 드라마와 한국사회」, 『한국의 민속과 문화』 제10집, 경희대학교 민속학연구소, 2005 ; 박진규, 「'미디어와 종교' 관점에서 본 TV 드라마와 왕꽃선녀님」, 『한국의 민속과 문화』 제10집, 경희대학교 민속학연구소, 2005 ; 이정재, 「드라마 "왕꽃선녀님"과 현대 무속문화의 이해」, 『한국의 민속과 문화』 제10집, 경희대학교 민속학연구소, 2005a.

고 있다.

도시 공간 속의 동제(洞祭)에 대한 연구 외에도 전통적인 속신문화를 도시 공간 속에서 다룬 경우도 있다. 즉 황경숙(2005)은 부산지역의 영업용 차량의 운전사들이 가지고 있는 자동차 고사와 속신을 2004년에 행한 현지조사와 설문지 자료에 근거하여 도시 공간 속의 한 구성원인 영업용 차량의 운전사들이 가지고 있는 속신문화에 대하여 세밀한 고찰을 하였다.

한편 도시민속학에 대한 학회 차원의 논의는 2005년 열렸던 제169차 한국민속학회 학술대회에서 기획주제로 발표되었던 모두 다섯 편의 논문에 의해서 한국민속학의 새로운 연구 분야로 확고한 위치를 점하는 중요한 반석(盤石)을 마련하게 된다. 당시 발표되었던 내용은 도시생활과 세시풍속, 현대 도시 공간 속의 상장례, 도시에서 유행하는 일종의 도시설화인 <빨간 마스크>, 영국과 독일의 도시민속학의 연구경향 등이다.[12] 특히 김시덕(2005)의 연구는 광주지역의 사례를 현대 도시 공간 속의 장례문화를 다룬 박정석(2003)이 진행한 연구의 연장선상에서 볼 수 있으며 이 연구는 다시 도시 속의 장례연구라는 구체적이고도 각론적인 접근을 통하여 한국민속학의 연구방법과 대상을 모색하려는 송현동(2008)의 논의로 이어지게 된다.

도시민속학에 대한 여러 다양한 분야의 활발한 논의에 힘입어 박환영은 2006년에 『도시민속학』이라는 단행본을 내게 된다. 박환영(2006a)이 다

---

12) 2005년 당시 학술대회에서 발표되었던 도시민속학과 관련된 기획논문은 수정과 보완작업을 거쳐서 『한국민속학』 제41집에 게재된다. 예를 들어서 김명자, 「도시생활과 세시풍속」, 『한국민속학』 제41집, 한국민속학회, 2005 ; 김시덕, 「현대 도시공간의 상장례 문화」, 『한국민속학』 제41집, 한국민속학회, 2005 ; 김종대, 「도시에서 유행한 <빨간 마스크>의 변이와 속성에 대한 시론」, 『한국민속학』 제41집, 한국민속학회, 2005 ; 박환영, 「영국의 도시민속학 경향에 대한 연구」, 『한국민속학』 제41집, 한국민속학회, 2005a ; 이정재, 「독일민속학의 연구 경향」, 『한국민속학』 제41집, 한국민속학회, 2005b.

루고 있는 도시민속학의 주요한 내용은 도시화 속의 마을조사와 마을민속, 도시의 축제, 민속의 현장으로서 도시 공간, 도시화와 시간민속, 도시생활과 세시풍속, 대중매체와 민속문화, 도시화와 문화관광자원, 도시화 과정 속의 사회조직과 상장례 민속, 탈사회주의 도시화와 민속문화, 영국 도시민속학의 연구동향 등이다. 또한 박환영(2006a)은 '도시 공간 속에서 과연 민속이 존재할까?'라는 질문에 다음과 같이 나름대로의 답을 구하면서 전체적인 도시민속학에 대한 접근을 시도하고 있다. 예를 들어서,

> 도시라는 공간 속에도 민속은 존재할 수 있으며 우리는 여전히 그러한 환경 속에서 살아왔고, 현재 살고 있으며 앞으로도 살아갈 것이다. 도시민속학에 대한 가능성은 도시라는 공간 속에서 생겨나고 만들어지는 새로운 형태의 민속문화만을 의미하지는 않는다. 오히려 기존에 행하여졌던 하나의 전통문화가 도시라는 새로운 공간 속에서 변화되고 전승된 형태를 의미하기도 한다. 또한 겉으로 보기에는 과거와는 전혀 연계가 없이 현재에 생겨난 새로운 형태인 듯 하지만 그 속에 담겨 있는 핵심적인 내용은 이전에 행하여졌던 전통적인 생활문화의 연장선상에서 살펴볼 문제이기도 하다.
>
> —박환영, 2006a : 서문

이상에서 언급된 바와 같이 도시민속학은 현대사회의 도시라는 새로운 공간 속에서 만들어지고 생성되는 민속문화 만을 의미하기보다는 이전의 전통문화가 도시라는 공간 속에서 조금의 변화를 가지게 되거나 현대적인 여건에 맞게 변용되는 것도 모두 포함되는 개념으로 받아들일 수 있는 것이다. 더욱이 도시 공간 속의 민속은 밖으로 드러나 있어서 쉽게 인식할 수 있는 민속문화라기보다는 도시민들의 일상적인 생활문화 속에 녹아 있거나 도시민의 잠재적인 의식 속에 내재되어 있는 경우가 많은 것이다.

도시민속학에 대한 학회 차원의 열정과 관심은 계속해서 이어져서 2007년 제179차 동계 한국민속학회 연례학술대회에서도 도시민속학과 관련해서 네 편의 논문이 발표된다. 도시민속학과 관련한 이러한 논문의 주요 내용은 서울을 중심으로 본 도시인의 시간관과 세시, 도시 공간 속의 골목길에 대한 공간민속, 서울지역의 공동체 신앙, 도시민속조사 방법론 등이다.13)

한편 도시민속학에 대한 기존의 연구경향에 새로운 접근방식을 보여준 남근우(2008)는 그동안 논의되었던 도시민속학에 대한 입장 중에서 임재해(1996, 2005와 2007a)의 입장을 비판적으로 성찰해 보면서 향후 전개될 도시민속학에 관한 다양한 논의에 한 걸음 나아가고 있다. 두 입장이 팽팽하게 평행선을 달리고 있는데 주요한 쟁점은 첫째 현재학으로서의 도시민속학을 과거지향주의적인 민속학으로 보는 문제에 대하여 민속과 잔존문화에 대한 동일성 여부, 민족문화에 대한 정체성, 그리고 식민지 시대 민속학의 연장과 답습 문제 등으로 요약될 수 있다. 또한 둘째로 남근우(2008)는 도시민속의 진정한 전승주체에 대한 입장에 대한 차이를 보이면서 임재해(1996)가 제기한 도시 민속의 주체로 달동네의 빈민들, 노숙자들, 노점상들, 날품팔이꾼들, 접대부들 등과 같은 도시의 민중을 주목하기보다는 도시 공간 속에서 생활하는 다양한 구성원들도 도시 민속의 전승주체로 다루어져야 함을 강조하고 있다. 다시 말해서 남근우(2008)의 입장은 비록 후자의 의견이 민속주의(folklorism)에 치우쳐져 있다는 비판

---

13) 강정원, 「현대 도시인의 시간관과 세시 : 서울을 중심으로」, 『제179차 연례학술대회 발표논문집』, 한국민속학회, 2007a ; 최원오, 「살아있는 자들의 배열공간, 골목길에 대한 문화론적 접근」, 『제179차 연례학술대회 발표논문집』, 한국민속학회, 2007 ; 오문선, 「서울지역 공동체 신앙 전승과정 고찰을 위한 시론」 제179차 연례학술대회 발표논문집』, 한국민속학회, 2007 ; 이건욱, 도시민속조사 방법론과 실제」, 『제179차 연례학술대회 발표논문집』, 한국민속학회, 2007.

을 받을 수도 있지만 도시 공간 속에서 도시의 민중들을 논의할 수 있듯이 도시라는 공간을 형성하면서 나름대로의 생활문화를 전승하고 만들어 내는 다양한 구성원들에 대한 인식도 아울러서 이루어져야 한다는 입장이다.

덧붙여서 도시민속학에 대한 다양한 논의들은 도시전설이라는 하나의 장르를 도시와 학교에 한정하여 도시의 학생들 사이에서 전승되고 있는 도시괴담에 대한 연구로 발전하게 된다. 특히 김종대(2008)는 2002년에 발표된 『한국의 학교괴담』14)에서 한 걸을 나아가서 학교라는 특수한 공간 속에서 연행되고 전승되는 괴담을 이해하기 위하여 도시라는 공간을 설정하고 있다.

서울 및 경기지역의 뉴타운 정책과 각 지방에서 진행되고 있는 도시화 정책으로 인한 산업용지와 택지개발은 점차로 시골이라는 공간을 급속하게 사라지게 만들고 있다. 어떻게 보면 이제까지 우리가 가졌던 도시라는 공간은 왠지 새롭고 익숙하지 못한 공간이 아니라 이전부터 살아왔던 공간 속에 부분적인 변화와 개발이 진행되었고 계속 진행되고 있는 공간이다. 물론 개발과 변화의 속도는 빠르지만 그 속에 공존해 있는 보이지 않는 전통의 요소는 여전히 느리며 익숙해져 있는 것이기도 하다. 즉 도시라는 공간 속에는 새로운 변화와 현대적 편의를 받아들이는 부분도 있지만 또 다른 한편에서는 여전히 변화에 별 관심을 두지 않고 이제까지 살아 온 방식대로 과거를 고수하는 부분도 있는 것이다. 어떻게 보면 일상적인 생활문화 속에 이러한 양 측면이 공존하는 것은 당연한 것이다. 그런데 중앙정부나 지방자치단체가 뉴타운이라든지 도시개발이라는 명목 하에서 단편 일률적으로 현대화와 도시화를 부르짖게 되면서 이러한 도

---

14) 김종대, 『한국의 학교괴담』, 다른세상, 2002.

시 마저도 무미건조한 계획된 콘크리트 건물 속에 파묻힐 운명을 가지게 되었다. 비록 길이 좁아서 차량이 들어갈 수는 없지만 오밀 조목하게 생겨난 골목은 가장 인간적인 우리 문화를 잘 반영해 준다. 즉 도시 공간 속의 골목은 공동으로 사용하면서도 공동의 것이 아닌 그리고 자신만이 사용을 하면서도 공동의 가치를 따지는 전통적인 생활문화가 고스란히 담겨져 있는 자랑스러운 문화유산이다. 그런데 이제 뉴타운과 도시개발로 인하여 새롭게 만들어지는 도시 공간은 이웃의 살아가는 소리도 잘 들을 수 없고, 일상적인 생활 속에서 베어나는 생활철학도 없는 그냥 겉보기에는 그럴듯하지만 실제로는 무의미하고 단편적인 인위적 공간으로 바뀌어 가고 있는 셈이다.

서울 흑석동 도시 공간 속의 골목

서울 경기 지역을 중심으로 하는 뉴타운 정책과 각 지역의 일방적인 도시화 정책이라는 시대적 상황 속에서 도시민속학에 대한 관심은 관련 민속학자와 학회의 차원을 넘어서 도시지역(특히 서울지역)에 대한 민속문화의 보존과 체계적인 전승을 담당하는 박물관으로 옮겨지게 된다. 특히 서울역사박물관과 국립민속박물관에서는 서울이라는 대도시 속에서 뉴타운이라는 도시개발로 인하여 전통과 현대가 조화롭게 공존하고 서울의 일부지역에 남아 있는 민속문화를 집중적으로 조사하여 연구보고서를 2008년에 발간하였다.

우선 서울역사박물관에서는 서울 용산구 보광동을 2007년 3월부터 2007년 12월까지 현지조사하여 크게 네 부분으로 조사보고서를 작성하였다. 구체적인 내용을 보면 조사개요, 시간과 공간을 축으로 본 보광동, 보광동 사람들의 생활과 풍습, 보광동 사람들의 살아온 이야기 등이다. 특히 도시민속과 관련해서 보광동의 풍수와 지명, 마을이야기, 길과 공간, 집과 주거문화, 생업, 사회조직, 민속신앙, 평생의례, 세시풍속, 여가와 놀이 등이 집중적으로 조사되었다.

한편 국립민속박물관에서는 2007년과 2008년에 서울시 마포구 아현동 일대를 집중적으로 현지조사 했는데 연구자들이 직접 그곳에 장기간 거주하고 생활하면서 현지조사를 행하였다는 점에서 큰 의의를 가진다. 조사항목을 보면 구술사 및 생애사를 중심으로 아현동 사람들의 일상적인 생활문화인 종교와 신앙, 의생활, 식생활, 공간에 대한 이야기 등을 다루었으며 물건이야기라고 이름이 붙여진 아현동 사람들이 전승하고 있는 물질민속도 상세하게 살펴보고 있다. 또한 민속조사방법론에서도 두드러지는 점이 발견된다. 가령 민속조사의 경우 대체로 멀리 떨어져 있는 농촌이나 어촌 혹은 산촌 마을로 가기 때문에 길게는 일주일 정도 조사하고 혹시 부족하면 2차, 3차 조사를 하는 식으로 진행되는데 서울의 아현동의 경우 도심 속에 있기 때문에 오히려 오전이나 오후에 갔다가 저녁에 돌아오는 조사방법도 가능하다. 그러나 도심 속에 있는 공간이라서 언제든지 쉽게 방문할 수 있음에도 불구하고 현장에 머물면서 1년 동안 집중적으로 현지조사를 한 것은 도시민속이라는 영역이 밖으로 보기에는 쉽게 접근할 수 있을 것 같지만 오히려 그런 특수한 상황 때문에 제대로 조사를 하기가 힘든 경우가 많음을 시사해 준다. 따라서 도시민속을 조사하고 연구하는 작업은 기존에 시골에서 행하였던 민속조사에 비하여 어떻게 보면 더 많은 시간과 노력이 필요한 작업인지도 모른다.

4 21세기는 도시민속학의 시대

한국민속학에서 이제까지 다루어진 도시민속학에 대한 다양한 견해와 입장을 살펴보았다. 도시민속학에 대한 관심의 시작을 1970년대로 본다면 오늘날까지 거의 30여 년 동안 도시민속학에 대한 논의가 국내 학계에서 진행되어 온 셈이다. 그러나 본격적으로 도시민속학이 다루어진 것은 아마도 1990년대이며, 더 엄격하게 이야기 한다면 21세기에 들어오면서 시작되었다고 해도 과언이 아닐듯하다. 최근에는 민속학의 연구대상이 될 수 있는 지역이 국내의 도시 공간뿐만 아니라 재외동포들의 민속을 다루면서 해외동포들이 집단으로 거주하고 있는 해외의 도시 공간도 민속학의 연구대상이 되기도 한다.15) 또한 이미 도시화된 전형적인 도시 공간이 뉴타운 지역으로 지정되면서 획일화되고 단조로운 아파트 공간으로 대대적인 탈바꿈을 시도하게 되면서 기존의 도시 공간 속에서 남아서

---

15) 박환영, 『한국민속학의 새로운 지평』, 역락, 2007a ; 강정원, 「재미 한인사회 무속의 적응과 변화」, 『한국민속학』 제45집, 한국민속학회, 2007b.

전승되었던 도시의 민속이 큰 변화를 겪게 되었거나 민속문화의 많은 부분이 송두리 채 사라져버릴 위기에 봉착해 있기도 하다.

도시화가 진행되면서 한편에서는 시골의 도시화가 진행되고 있으며 또 다른 한편에서는 도시의 도시화도 진행되고 있다. 과거에는 환경미화정책의 하나로 진행되었던 부분적인 도시화 사업이 이제는 도심 속의 또 다른 도시화를 위한 뉴타운 개발과 도시 주변의 택지개발 사업 등이 전국 곳곳에서 대대적으로 진행되고 있다. 이러한 상황에서 도시 공간 속에서 여전히 전승되고 있는 전통적인 민속

개성의 민속여관과 민속식당

문화와 새로운 공간 속에서 변화되거나 혹은 만들어지고 생성되는 민속문화에 대한 관심이 생겨나기 마련이다. 따라서 이제까지 한국민속학에서 다루어졌던 도시민속학에 대한 논의를 넘어서 21세기의 도시 공간은 새로운 도시민속학에 대한 무한한 가능성을 가지고 있는 셈이다.

민속학을 현재의 학이라고 정의할 수 있다면 도시민속학은 오늘날 민속학이 중심에 있다고 해도 과언이 아니다. 즉 대다수 사람들의 생활공간인 현대 도시의 공간을 중심으로 과거의 전통문화와의 연계성을 살펴보고, 전통문화의 전승양상이라든지 변모양상 등을 고찰할 수 있는 분야가 바로 도시민속학이다. 삭막하고 무미건조할 것 같은 도시의 공간에서도

사람 사는 냄새를 느낄 수 있는 것은 바로 도시 공간 속에 전승되고 있거나 변화를 가지고 만들어진 나름대로의 민속문화가 있기 때문이다. 도시민들에게는 너무나도 익숙한 공간이다 보니 도시 속의 민속문화에 대한 고유의 의미와 가치를 느낄 수 없는 경우도 많지만, 도시민속학을 통하여 전통문화와의 연속성과 현대 생활문화 속에서의 의미와 가치를 만들어 갈 수 있는 것이다. 따라서 21세기 한국민속학의 미래는 도시민속학에 달려 있다고 해도 지나치지 않을 정도로 도시민속학은 중요한 연구 분야이므로 앞으로 좀 더 많은 관심과 체계적인 연구가 필요한 것 같다.

—『민속학연구』 23호, 국립민속박물관, 2008

2008년 남이흥장군문화제의 궁도대회

제 4 장

고양지역 마을의 언어생활과 민속

1 현대사회 속의 전통 마을

필자는 고양시의 언어, 친족 및 집성촌을 고찰하기 위하여 고양시의 일산구 문봉동, 덕양구 도내동, 일산구 가좌동, 성석동 등을 현지조사 하였다. 좀 더 구체적으로 조사지역을 기술하자면 문봉동의 경우 빙석촌과 안촌을 조사하였고, 도내동의 경우 서촌(西村) 마을을 조사하였다. 한편 가좌동의 경우는 중산(中山) 마을을, 성석동은 섬암(蟾岩) 마을을 현지조사 하였다. 주변 지역의 도시화와 신도시 개발의 영향으로 이들 지역에서 마을의 이름은 점차로 사라져가고 있으며 외지에서 전입(轉入)하는 인구가 늘어나면서 마을의 토박이들은 고유의 마을 이름을 아직까지도 고집하면서 사용하고 있다.

조사지역의 선정은 고양시에서 개발제한 구역으로 선정한 곳을 우선하였는데, 이것은 개발이 이미 진행된 혹은 진행되고 있는 곳에 비하여 고양지역의 민속이 아직까지도 제법 많이 남아 있을 가능성이 크기 때문이었다. 필자가 조사한 대부분의 지역은 이미 상당부분 주변의 도시화에 영향을 받고는 있었지만 여전히 이전의 전통과 생활문화를 지키려는 주민들의 의지가 강한 곳이었다.

(1) 문봉동의 빙석촌과 안촌

문봉동은 사리현동의 서쪽 일산 방향에 위치해 있고 빙석촌, 안촌, 장진네 등의 자연촌락이 있고 대부분이 농촌지역이다. 지명의 유래로 문봉은 곧 견달산으로 견달산의 모양이 마치 붓의 끝과 같다하여 문봉리라 부르게 되었다는 설 등 여러 가지가 있다. 또한 일설에 문봉동은 일대의 마을과 산들이 한곳으로 모아지는 형상이라 모은봉, 몬봉 등으로 불리다가 문봉이 되었다고 한다. 문봉동은 고양시에서도 가장 보수적인 곳으로 유명하다. 필자는 문봉동 중에서 빙석촌과 안촌을 현지조사 하였다.

빙석촌은 파주 염씨의 집성촌이고, 안촌은 순흥 안씨의 집성촌이다. 빙석촌과 안촌이 집성촌이기 때문에 최근에 고양시에 형성된 다른 신도시들과는 자못 다르다. 즉 아직까지도 마을사람들끼리의 유대가 강하고 어려운 일에 서로 상부상조하는 전통을 계속 유지해 오고 있다. 최근에 신도시가 개발되면서 외부에서 많은 사람들이 이주해 오고 있다고 한다. 따라서 새롭게 이주해 온 사람들과는 일부 의견 차이가 있기도 하다. 한편 1992년에 고양군이 고양시로 개편되면서 마을 가운데 큰 도로가 난 후 안촌과 빙석촌 사이의 교류가 이전에 비하여 활발하지는 못한 편이다. 마을주민의 대부분은 이전까지만 해도 농업을 위주로 했으나 현재는 비닐하우스를 한다고 한다. 또한 땅 1평당 10만~20만 원이었던 땅 값이 신도시가 개발되면서 엄청나게 많이 올랐다고 한다. 마을의 평균 연령은 높은 편이며, 따라서 노인 부부가 많다. 장남이 연로한 부모를 모시고 사는 경우가 많은 편이다.

빙석촌이라고 부르는 이름의 유래는 마을언덕에 있는 차돌봉 이라는 곳에서 왔다고 한다. 즉 그 차돌이 얼음과 같이 맑기 때문에 빙석촌(冰石村)이라는 이름이 나왔다고 한다. 한편 안촌의 경우 순흥 안씨의 집성촌인데 순흥 안씨는 교육자 문중으로 유명하다고 한다. 안촌은 안(內)에 있다고 해서 안촌이라고 하기도 하고, 마을이 평안하다고 해서 안촌(安村)이라는 이름이 생겼다고도 한다. 안촌의 경우 문봉슈퍼와 경일 부동산에서 자료제공자에 대한 많은 정보를 얻을 수 있었다.

(2) 도내동의 서촌(西村) 마을

도내동의 서촌 마을은 현재 고양시청이 위치해 있는 원당에 속해 있는 마을이다. 고양시청에서 마을버스로 30분쯤 가면 되는 거리에 있다. 마을 주민의 대부분은 논농사와 밭농사에 전념하며, 겨울에는 비닐하우스에서 과일과 야채, 꽃 등을 재배하기도 한다. 서촌 마을은 옛 도내 3리(里)의 옛날 이름이다. 원래는 도내 3리(里)였는데 고양시가 되면서 도내3동이라 부르게 되었다고 한다. 도내동은 원래는 도내리(道來里)였고, 이전부터 원주 원씨, 김해 김씨, 인동 장씨들이 주로 모여 사는 집성촌의 하나이다.

도내동은 크게 세 부분으로 나누어지는데 서촌, 동촌 그리고 석탄촌으로 구분할 수 있다. 서촌에는 원주 원씨들이 많이 살고, 동촌은 도내동의 가운데 지역으로 김해 김씨들이 많이 산다고 한다. 또한 도내동의 윗쪽을 석탄촌이라고 말하는데 이것은 임진왜란 때 큰공을 세웠던 이신의 장군의 호인 석탄을 따서 만든 이름이라고 한다. 석탄촌에는 인동 장씨들이 많이 살고 있다고 한다. 간접적이기는 하지만 오늘날 도내동은 일부 도시화의 영향으로 외지 사람들이 들어와서 살고는 있지만 지금도 여전히 토박이가 약 80% 정도를 차지할 만큼 고양시에서도 보수적인 지역중

의 하나이다. 이외에도 도내동에는 샛말, 윗고개, 서재동, 은못이 마을이
있다.

마을 사람들 사이가 좋고, 단결이 잘되어서 옛날부터 도내동에는 좀도
둑이 들어가지 못한다는 이야기까지 있을 정도였다고 한다. 그 이유는
한번 좀도둑이 들어오면 마을 사람들이 모두 단합해서 그 도둑을 잡아서
혼을 내기 때문이라고 한다.

(3) 가좌동의 중산 마을

가좌동의 중산(中山) 마을은 일산구청에서 버스로 30분 정도 떨어져 있
다. 송포초등학교 앞에 있는 노인정을 중심으로 200여 세대가 중산 마을
을 이루고 있는데, 지금은 가좌 7동으로 부른다. 원래는 가좌1리였는데,
고양시로 승격되면서 가좌 7동이 되었다고 한다. 중산 마을에는 노인정
이 하나 있는데, 이곳이 마을회관의 기능도 하고 있다.

마을의 이름이 중산 마을인 것은 옛날에 이곳이 옛 송포면의 중간 지
점이라서 그렇게 불리어져왔다고 한다. 지금도 마을의 토박이들은 마을
의 옛 이름을 부르기를 좋아한다. 그 예로 마을의 토박이가 운영하는 조
그만 슈퍼의 이름이 '중산슈퍼'이다. 반면에 마을에 있는 교회의 이름은
'송산교회'인데 송산이라는 이름은 이곳이 오늘날 행정구역상으로 송산
7동에 속하기 때문에 붙여진 이름이라고 한다. 또한 이곳 마을에 있는
초등학교의 이름이 '송포 초등학교'인 것은 이 지역이 시로 승격되기 이
전에는 송포면에 속하였기 때문이라고 한다. 다시 말해서 마을에 마을의
옛 이름과 현대의 이름이 모두 공존하고 있는 셈이다.

(4) 성석동의 섬암 마을

성석동의 섬암 마을은 구파발에서 버스로 40분 정도 떨어져 있는 마

을인데, 문봉동의 이웃마을이다. 섬암 마을이라는 이름을 가지게 된 것은 마을 앞산에 있는 두꺼비 모양의 바위 때문이다. 즉 문자 그대로 섬암(蟾岩) 마을은 곧 두꺼비 바위 마을이라는 뜻이다. 마을 사람들은 두꺼비의 사투리인 '두태비' 마을이라고 부르기도 한다.

80년대 초반까지만 해도 마을의 앞산에 있는 두꺼비바위에 마을 사람들이 고사를 지내기도 하였는데 지금은 그러한 전통이 거의 단절되었다고 한다. 특히 최근에 새로운 도로가 앞산을 관통하여 생기면서 마을사람들이 두꺼비바위에 쉽게 접근할 수 없게 만들었다. 또한 군부대에서 앞산을 훈련용으로 사용하면서 가끔씩 민간인들의 출입을 일부 통제하기도 하며, 산 곳곳에 참호를 만들어 놓아서 두꺼비바위에 대한 마을 사람들의 인식은 차츰 줄어들고 있는 실정이다.

두꺼비바위는 남쪽을 향하고 있는데 섬암 마을(성석 3리) 사람들에게는 꽁무니를 보이고 있는 셈이다. 그런데 두꺼비바위가 내려다보고 있는 마을사람들(진밭 마을 : 성석 1리)은 두꺼비바위를 섬암 마을 사람들만큼 신성하게 생각하지는 않는다고 한다. 그 이유는 지형조건 상으로는 섬암 마을보다도 훨씬 좋은 편인데도 항상 섬암 마을보다 가난하게 살아왔기 때문이다. 그래서 한때는 농담이긴 하지만 진밭 마을 사람들은 두꺼비 바위가 진밭 마을의 모든 재산을 먹어서 섬암 마을에 똥으로 내 놓기 때문이라고 하는 이야기를 자주 했다고 한다.

한편 섬암 마을 사람들 사이에서 전해져 오는 이야기 중에는 6·25 때 마을 사람이 두꺼비 바위 덕분에 목숨을 구한 이야기도 있다. 즉 섬암 마을에 서씨라는 사람이 있었는데 북한군을 피해서 두꺼비 바위에 숨어 있었다고 한다. 북한군이 마을에 들어와서 마을에 남아 있는 남자들을 모두 잡아가거나 죽였는데 서씨는 두꺼비 바위에 숨어 있어서 목숨을 구할 수 있었다는 것이다.

2 고양지역의 언어민속

고양시의 언어에 대한 연구는 주로 언어학적인 연구가 있는 편이다. 예를 들어서 김계곤(2001)은 고양의 원당과 일산지역의 사투리를 언어학적으로 조사한 바 있다. 즉 김계곤은 1987년에 고양의 원당을, 그리고 1992년에 일산지역을 현지조사하였다. 이러한 선행연구와 비교해서 고양지역의 지역적인 용어 혹은 표현을 민속학적으로 조사 및 연구한 경우는 거의 없는 것 같다. 특히 신도시 개발로 인하여 고양시의 전통문화가 차츰 사라져가고 있는 시점에서 다양한 측면에서 고양시의 민속을 채집하고 보전해야 할 필요성이 대두되는 것이다. 고양시의 민속을 수집하고 후대에 전승시키기 위한 노력의 일환으로 고양시민들이 사용하고 있는 토착의 언어생활도 고양시의 민속으로 충분한 가치가 있는 것이다.

(1) 고양지역과 언어공동체

고양 사람들은 흔히 고양지역이 가지는 특수성에 대하여 말하곤 하는데, 그중에서 가장 흔한 것이 고양이 가지는 의미이다. 즉 고양(高陽)은 문자 그대로 '양(陽) 혹은 태양이 높은 곳'을 뜻한다. 민속적으로 양(陽)은 오방(五方) 중에서 남쪽을 지칭하고, 색깔로는 붉은 색을 나타낸다. 그런데 이러한 양(陽)이 또한 높은 곳이 바로 고양인 셈이다. 우리 조상들이 가장 긍정적으로 여기던 '고(高)'와 '양(陽)'이 모두 포함된 이름인 셈이다. 다시 말해서 풍수지리적으로 가장 선망되는 곳이 또한 고양이라는 말이다. 그래서 고양에는 유달리 왕족의 묘뿐만 아니라 높은 벼슬을 하였던 관리들의 묘가 많은 곳이다. 조선시대에 편찬된 『경국대전』을 보면 서울에서 십리(十里) 이내와 인가(人家)에서 백보(百步) 이내에는 매장을 하지 못한다고 나와 있다. 따라서 경기도는 서울을 둘러싸고 있는 자연 지리적인 여건으로 인하여 왕실이나 사대부의 전장(田莊)과 선산이 많이 분포하고 있는 지역이다(김우림, 1998).

서울에서 일정한 거리에 떨어져서 매장을 했다고는 하지만 유독 고양에 왕실의 묘가 많은 편이며, 고려의 왕실이나 충신의 묘가 또한 많이 자리잡고 있는 것은 고양이 풍수지리적으로 경기지역에서도 손꼽히기 때문이다. 예를 들어서 고양지역은 최영 장군의 묘와 공양왕의 릉과 같은 고려시대의 무덤이 있으며, 인조의 장남인 소현세자의 셋째 아들인 경안군(慶安君)과 그의 장남인 임창군(臨昌君) 등의 묘와 조선시대의 대표적인 왕릉지인 서삼릉(西三陵), 서오릉(西五陵) 등이 위치하는 곳이기도 하다.

이렇게 고양지역은 다른 경기도 지역에서 찾아 볼 수 없는 환경 및 지리적인 특수성을 가지고 있다. 또한 이러한 특수성에 기초하여 고양 사람들은 주로 인근 고양지역 사람들과 주로 혼인을 하는 경향이 강했다고 한다. 보통 토박이들이 사용하는 사투리 속에는 타 지역에서 시집 온 사람들의 사회언어학적인 영향이 포함되어 있기도 하다. 즉 본인은 토박이지만 어머니가 타 지역에서 시집 왔다면 사투리를 채집하는데 조금의 문제가 생길 수도 있는 것이다. 오늘날과 같이 매스컴과 교통수단이 발달한 경우, 특히 주위의 신도시 개발로 직접 혹은 간접적으로 외부의 영향을 많이 받고 있는 고양지역에서 완벽한 토박이를 만난다는 것은 거의 불가능한지도 모른다. 그러나 필자가 현지조사를 하면서 발견할 수 있었던 것은 아직도 노년층에서는 고양인 이라는 하나의 언어공동체가 형성되어 있다는 사실이었다. 다시 말해서 현지에서 만났던 대부분의 노인들은 고양지역 출신인 경우였다. 그러므로 아직까지는 사투리를 잘 간직하고 있는 경우가 많았다. 즉 고양 사람들의 언어생활도 그 나름대로의 색깔을 가지고 있는 것이다.

필자가 고양지역에서의 현지조사를 통하여 일부 수집할 수 있었던 것은 고양지역의 사투리가 아니라 지역사람들이 자주 사용하는 일상적으로 사용되는 지역적인 용어 혹은 표현이다. 그 속에는 부분적으로 경기지역 사투리가 포함되어 있기도 하지만 주로 지역 주민들이 흔히 사용하는 지역적인 용어와 표현이 대부분이다. 이러한 용어 혹은 표현은 겉으로 보기에는 별로 의미가 없을 것 같지만, 좀 더 자세히 들여다보면 지역주민의 삶과 생활방식을 반영해 주고 있음을 알 수 있다.

(2) 언어생활 속에 나타난 민속

고양 사람들이 일상적으로 사용하는 언어 속에는 고양인들의 생활문화가 잘 반영되어 있다. 이렇게 언어생활 속에 반영된 고양 사람들의 민속은 여러 가지 방향에서 살펴볼 수 있지만 지역적인 용어 혹은 표현과 욕으로 크게 나누어서 살펴보고자 한다. 사실 고양지역을 포함해서 경기도 지역은 표준말권에 속해 있어서 과연 지역적인 용어 혹은 표현이 존재할까 하는 의문이 들 수 있다. 그러나 경기도 지역이라 할지라도 언어에 나타난 지역적 특색은 있기 마련인 것이다. 특히 고양 사람들이 사용하는 언어 속에 담겨져 있는 민속을 고려한다면 민속학적인 측면에서 지역적인 용어 혹은 표현과 욕을 다룬다는 것은 큰 의의가 있는 것이다.

필자는 고양 사람들의 지역적인 용어 혹은 표현과 욕을 수집하기 위하여 고양지역 사람들과 면담을 통하여 자료를 수집할 수 있었다. 또한 다른 영역(친족과 집성촌)에 대한 자료를 수집하기 위하여 고양지역의 자료제공자들과 면담을 행하였는데, 이 과정에서도 무의식적으로 사용하는 고양 사람들의 지역적인 용어 혹은 표현과 욕을 제법 많이 수집할 수 있었다.

■ 지역적인 용어 혹은 표현에 나타난 민속

고양지역의 투박한 지역적인 용어 혹은 표현 속에는 고양 사람들의 끈끈한 생활문화가 배어 있다. 비록 부분적인 자료를 수집하여 분석한 것이라서 고양지역 전체의 언어민속을 반영할 수는 없지만 부분적으로나마 고양지역의 언어민속을 엿볼 수 있다. 지역적인 용어 혹은 표현에 나타난 민속을 좀 더 세분하여 살펴보기 위하여 아래와 같이 분류해서 살펴보고자 한다.

① 생업 및 생활에 관련된 지역적인 용어 혹은 표현

생업과 생활에 관련된 용어 혹은 표현은 주로 고양 사람들의 일상적인 생활과 밀접하게 연계되어 있다. 필자가 조사한 지역이 대부분 농촌지역이라서 농사와 관련된 용어 혹은 표현이 많은 편이었다. 김치를 무우김치와 배추김치로 구분하여 각 각 부르는 이름이 있으며, 일반 김치를 속김치 혹은 속보무리 김치라고 부르는 것이 특이한 편이다. 또한 논의 크기를 이야기할 때 요즘과 같이 몇 평이라고 이야기하기도 하지만 아직도 '마지기'라는 용어를 사용한다. 한 마지기는 약 200평인데 '마지기'라는 용어의 어원을 필자의 한 자료제공자는 '가마'와 연계시켜서 이야기하였다. 즉 논 한 마지기에서 보통 쌀 한 가마가 나올 수 있기 때문에 마지기는 가마를 나타낸다는 것이다. 먼저 필자가 수집한 고양지역의 지역적인 용어 혹은 표현 중에서 생업 및 일상적인 생활과 관련된 것은 다음과 같다.

- 쌀 쭈까리 : 쌀의 알맹이가 나온 뒤 남는 껍데기
- 암반 : 떡을 만드는데 사용되는 나무로 된 도구
- 마재기(마지기) : 논의 크기를 나타내는 단위로 1 마지기는 약 200평
- 미꾸라지 털내기 : 추어탕
- 배추짠지 : 고춧가루가 없는 배추김치
- 속김치 혹은 속보무리 김치 : 일반 배추김치

- 삭장기(삭장이) : 말라죽은 나무 가지
- 아궁지(아궁이) : 불 때는 곳
- 횟대줄 : 방안에 옷을 걸어두는 줄
- 깨보세이 : 깨소금
- 온양박 : 쌀 씻는 바가지
- 소편자 박는다 혹은 소편자 신긴다 : 말 발굽식으로 소발굽 신긴다
- 재전거 : 자전거

이상의 내용을 살펴보면 '이'가 '기' 혹은 '지'로 발음되거나 '자'가 '재'로 발음되는 것이 먼저 눈에 들어온다. 미꾸라지 털내기, 배추짠지, 깨보세이 등은 고양지역에서 많이 사용되는 지역적인 용어로 볼 수 있다. 이러한 일상적인 생업과 생활에 관련된 용어는 고양지역이 가지는 지역적인 특징을 잘 반영해 주고 있다.

② 제의 및 종교에 관련된 지역적인 용어 혹은 표현

고양지역에는 아직까지도 집안의 제사나 시제뿐만 아니라 마을공동체 신앙이 많이 남아 있다. 특히 시제, 산신제나 도당굿이 고양의 여러 지역에서 오늘날에도 정기적으로 행하여지고 있다. 이러한 집안 및 마을의 제의에서 사용되는 용어는 그 지역의 민속을 잘 나타내고 있는 셈이다. 필자가 현지조사에서 수집한 제의 및 종교에 관련된 지역적인 용어 혹은 표현은 다음과 같다.

- 소두목 나눈다 : 마을 산신제에 참석한 사람들이 제에 올린 음식
  을 조금씩 나눈다
- 소찬 : 김치, 국
- 대찬 : 고기
- 굿을 드리다 : 도당굿을 지내다

- 교 믿는다 : 교회 다닌다
- 절 간다 : 불교를 믿는다

이상의 내용을 보면 집안의 시제 말고도 산신제나 도당굿에서 사용되는 지역적인 용어 혹은 표현을 제법 발견할 수 있다. 또한 어떠한 종교를 믿는다는 표현을 기독교를 믿는 경우는 경우는 '교 믿는다'라고 하는 반면에 불교를 믿는 경우에는 '절 간다'라고 표현한다.

③ 친족 및 마을공동체

고양지역에는 집성촌이 많은 편이다. 따라서 친족이나 마을공동체에 관한 지역적인 용어 혹은 표현도 일부 수집할 수 있었다. 이러한 용어들은 필자가 뒤에서 다시 살펴볼 고양의 친족 및 집성촌에서 좀 더 구체적으로 논의하겠다. 먼저 필자가 수집한 친족이나 마을공동체에 관한 지역적인 용어 혹은 표현은 다음과 같다.

- 아짐니들 : 아주머니들
- 님자님 : 화자보다 연장자의 아내를 호칭할 때 사용되는 용어
- 촌대 : 촌수를 따질 때의 지위 즉 촌대가 높다 혹은 낮다라고 한다
- 주인애비 : 중매장이
- 장개가다 : 장가(丈家)가다

이상의 지역적인 용어 혹은 표현을 보면 다른 사람의 아내를 호칭할 때 화자보다 연장자일 경우에는 '님자님'으로 부르는 것이 특징이며, 중매장이를 '주인애비'로 부르는 것도 재미있다. 또한 친척 사이의 촌수를 이야기할 때 '촌대'라는 용어가 자주 사용되는 것은 아직까지도 촌수가 중요하게 작용하고 있음을 짐작하게 한다.

④ 동·식물에 관련된 지역적인 용어 혹은 표현

동식물에 관련된 지역적인 용어 혹은 표현은 그리 많이 수집되지 않았지만 고양지역의 특성을 잘 나타내어 주고 있다. 고양지역은 농촌지역뿐만 아니라 어촌지역 그리고 산촌지역을 모두 가지고 있기 때문에 동·식물에 관한 지역적인 용어 혹은 표현을 수집 및 조사하는 것은 고양 사람들의 생활문화를 이해하는 데 큰 도움을 줄 수 있는 것이다.

- 마식리 : 늑대
- 쑤레기 : 시래기
- 콩나멀 : 콩나물
- 맹꽁이 : 맹꽁이
- 이무제 : 이무기(전설상의 동물로 용이 되지 못한 큰 구렁이)

동·식물에 대한 지역적인 용어 혹은 표현 중에서 늑대에 관한 내용이 좀 특이한 편이다. 필자가 현지조사를 하면서 고양지역에는 늑대에 대한 이야기가 많다는 것을 느낄 수 있었는데 그래서 늑대에 대한 지역적인 용어도 다른 지역에 비하여 많은 것 같다. 늑대에 관한 지역적인 용어는 '마식리' 외에도 개승냥이, 말승냥이도 간혹 사용되기도 하였다.

⑤ 기타 지역적인 용어 혹은 표현

필자가 고양지역에서 수집한 지역적인 용어 혹은 표현 중에는 특별히 어떤 한 유형으로 묶을 수 없는 것도 많은 편이다. 이러한 지역적인 용어 혹은 표현 속에는 고양 사람들의 혼을 느낄 수 있는 풋풋한 향기가 배이져 있다.

- (벼슬이) 얕다 : 낮다

- 행길 : 신작로
- 맞조하다 : 서로 만나게 하다
- 싸움박질 : 싸움
- 눈도 코도 없이 : 눈치도 없이
- 날기가 나다 : 난리가 나다
- 설반을 하다 : 야단법석을 떤다

고양지역에서 수집한 기타 지역적인 용어 혹은 표현을 살펴보면 재미있는 내용이 몇몇 보인다. 예를 들어보면, 눈도 코도 없다(눈치도 없다), 날기가 난다(난리가 난다), 설반을 하다(야단법석을 떤다) 등인데, 이러한 예는 고양지역이 가지는 특유한 언어적인 표현을 잘 보여준다.

⑥ 자연 및 환경에 관련된 지역적인 표현

이제까지 살펴본 내용 말고도 고양지역에서 자주 사용되는 지역적인 표현은 그 종류가 많다. 그중에서도 고양 사람들이 항상 호흡하는 자연과 환경에 대한 지역적인 표현을 살펴보면 다음과 같다.

- 저녁노을 선다
  해가 지고 저녁이 올 무렵 하늘이 빨갛게 되는 자연현상을 나타낼 때 고양 사람들은 흔히 "저녁노을 선다."라고 표현한다.
- 해가 꼴딱 넘어갔다
  해가 지고 밤이 오는 자연현상을 이렇게 표현한다. 다시 말해서 해가 넘어가는 모습이 마치 목구멍에서 음식이 넘어가는 모습과 같이 빨리 진행되는 것을 의미한다. 의성어인 '꼴딱'을 사용함으로써 해가 넘어가는 생동감을 더해주고 있다.
- 여우비 온다
  비의 종류는 다양하다. 그중에서 천둥치기 전에 빛이 비치고 비가 오는 비를 고양 사람들은 "여우비 온다."고 한다. 짐승인 여우가 가지고 있는 속성은 영리하고 간사한 성격인데 이것을 비에 비유하고 있다.

일부분이긴 하지만 자연 및 환경과 관련된 지역적인 표현을 통하여 고양사람들이 가지고 있는 주어진 자연과 환경에 순응하고 조화를 이루려는 생활자세를 읽을 수 있다. 즉 자연과 환경이 가지고 있는 습성을 예리하게 분석하여 일상적인 대화 속에서 사용함으로써 자연과 하나되려는 순박한 마음을 엿볼 수 있는 것이다.

▌욕에 나타난 민속

고양시에서 민속조사를 하면서 욕을 수집하기는 무척 힘이 들었다. 욕은 민속에 관련되는 다른 언어영역과는 달리 개인적이고 비밀스러운 것이 많았다. 한편 욕 잘하는 사람을 고양지역에서는 '개걸스런' 사람이라고도 말한다. 필자가 만났던 고양지역의 자료제공자들은 대부분 이렇게 쓸데없는 욕을 수집해서 무엇을 할 것인지 자주 반문하면서도 하루가 다르게 사라져 가는 고양지역의 언어민속 중에서 욕이 가지는 가치에 대해서는 모두 동감하는 눈치였다. 예를 들어서 고양지역의 한 자료제공자는 필자에게 욕이 없는 것이 아니라 안 좋은 것이니까 이야기 안 한다고 이야기했다. 즉 흔히 알고 있는 '개자식'의 경우는 그 자체가 말이 안되기 때문에 욕이라는 것이다. 다시 말해서 사람의 자식이지 어떻게 개자식이 될 수 있느냐는 것이다.

고양지역의 자료제공자에 의하면 다른 사람의 별명을 가지고 욕을 하는 경우가 있다고 한다. 즉 사람마다 특이한 것이 있기 마련이고, 따라서 사람마다 공통된 것은 아니고 누구든지 그 사람의 성격상 특이한 것이 하나 나타나는 것이 있다는 것이다. 그것을 가지고 어떤 사람이 별명을 붙이게 된다는 것이다. 그런데 마을 사람들 사이에서 이러한 생각이 싸움할 때나 말다툼할 때에 나쁜 말(욕)로 바뀌어서 자꾸 나온다는 것이다. 맨정신으로는 생각지도 않았던 말이 자꾸 나오는 것이 바로 욕이라는 것이다. 그러므로 어떤 사람을 불러 놓고 욕을 좀 하라고 하면 맨 정신에서 욕을 하는 사람은 아마도 없다는 것이다. 현지조사에서 욕을 수집하는 것이 이렇게 힘이 들었지만 필자는 부족하나마 몇몇 욕을 수집할 수 있었다. 빙산의 일각이긴 하지만 수집된 욕을 토대로 고양사람들이 사용하는 욕의 특징을 살펴보기로 하겠다.

먼저 필자가 고양지역에서 수집한 욕 중에서 가장 눈에 띄는 것은 병에 관한 욕이다. 특히 염병(일명 장질부사 혹은 장티푸스)에 관한 욕이 많은 편이었다. 최근에 들어오면서 의학이 발달하면서 염병에 대한 공포가 거의 사라져 버렸지만 이전에 염병은 가장 두려운 질병중의 하나였다. 그래서 그러한 질병에 걸려 버려라 하고 욕하는 것은 아주 나쁜 욕이었다. 또한 염병에 걸리면 땀이 많이 나는데 이러한 상태를 묘사해서 욕을 하면서 욕의 강도를 높이기도 하였다. 이러한 욕의 예는 다음과 같다.

- 염병할 놈/년 : 염병당할 놈
- 땀을 낼 놈
- 염병하고 땀을 낼 놈/년
- 염병 잡놈/년

한편 신체에 물리적인 힘을 가하는 것을 나타내는 욕이 있다. 이러한 욕 중에는 '우라지다'는 표현이 들어가는데, 우라지다의 뜻을 모르면서 욕을 하는 경우도 있지만 주로 두 가지 뜻을 가지고 있다고 한다. 첫째는 '오그라지다'에서 우라지다가 나왔다고 생각하면서 욕을 하는 경우이다. 즉 몸이 마치 오징어가 불에 오그라지듯이 오그라지라는 의미를 내포하

83

고 있는 것이다. 두 번째는 이전에 죄인들을 묶는 오라줄에서 오라지다 가 왔다고 생각하면서 욕을 하는 경우이다. 즉 죄인처럼 오라줄에 묶여서 끌려갈 사람을 나타내는 욕이다. 덧붙여서 신체에 물리적인 힘을 가하는 것에 관련된 욕 중에는 몸이 여러 부분으로 나누어지라는 욕도 있다. 예를 들어서 육실하다는 '육신(六身)하다'에서 왔다고 볼 수 있는데, 즉 몸이 여섯 동강 날 것을 빗대어서 욕을 하는 경우이다. 한편 '육시(六屍)하다'에서 육실하다는 욕이 나왔다고 보는 견해도 있다. 이러한 욕의 사례는 다음과 같다.

- 우라질 놈/년
- 육실할 놈/년/자식

다음으로 고양지역에서 흔한 욕은 상대방이 나쁜 운명을 가지라는 의미를 내포하고 있는 욕이다. 예를 들어서 남에게 빌려서 먹게 될 운명을 가진 사람, 굿을 해서 입에 풀칠할 사람, 아주 못되게 될 사람 등을 나타내는 욕이다. 이러한 욕의 예는 다음과 같다.

- 베라먹을 놈/년
- 굿해 먹을 놈/년
- 애이 못될 놈아/년아

마지막으로 고양지역 사람들이 사용하는 욕의 특징은 동물에 빗대어서 상대방의 습성을 비꼬는 욕이다. 이러한 욕에 등장하는 동물은 개, 여우, 곰, 소 등이다. 개는 부도덕하고 행실이 난잡함을 나타내고, 여우는 아주 영특하고 간사함을, 곰은 둔하고 미련함을 소는 느리고 고집이 센 것을 적나라하게 나타내는 데 흔히 등장한다. 이러한 예의 욕은 다음과 같다.

- 개가 파먹을 놈/년
- 개지랄하네
- 여우같은 놈/년 : 꼬리가 아홉 달린 여우같은 년
- 곰 같은 자식/년
- 개자식/년
- 고집통이 쇠고집 : 똥고집

이상에서 살펴본 고양 사람들의 욕은 남녀에 제한을 두지 않고 고루 분포하고 있는 것이 특징이다. 그러나 현지조사를 하면서 필자가 발견한 것은 부분적이긴 하지만 남성에 비하여 여성들이 욕에 대하여 많은 자료를 제공해 주었다. 특히 남성 자료제공자들의 경우 욕을 알고는 있지만 그 종류가 제한되었고, 또한 그것을 아무런 이유 없이 공개적으로 이야기하는 것을 무척 꺼렸던 반면에 여성들은 알고 있는 욕의 종류도 많았거니와 비교적 솔직히 욕에 대하여 이야기를 해 주었다. 처음에는 욕쟁이 할망구(욕을 잘하는 할머니)를 찾아가야지 왜 여기에 왔는지 반문을 하면서도 할머니들의 욕에 대한 관심은 대단히 높은 편이었다.

간혹 고양의 여성 자료제공자들이 욕에 대하여 이야기하면서 어려웠던 시집살이를 함께 이야기하곤 하였는데 이것은 욕이 그만큼 고양지역의 여성들의 생활과 밀접한 연관성을 가지고 있음을 잘 반영해 준다. 다시 말해서 욕은 비록 천하고 상대방에게 불쾌감을 제공해 주지만 엄격한 시집살이에서 축적된 심적 고통을 언어적으로나마 완화시켜 주는 하나의 탈출구로 작용하지 않았나 짐작할 수 있다.

한편 남자들이 사용하는 욕 중에는 군대용어를 사용한 욕이 있었는데 그중의 하나가 '고문관'이라는 욕이다. 고문관은 바보라는 의미로 사용되는 욕인데 지리적인 여건상 고양에는 군부대가 많은 편이라서 군대용어가 욕으로 쉽게 사용될 수도 있는 것 같다. 예를 들어서 고양사람들은 흔히 '저놈은 고문관 같다'라고 이야기한다고 한다. 고문관은 미군부대에서 일하는 사람을 말하는데 일반인들이 듣고 이해하기는 바보로 생각을 하는 경우가 많다고 한다. 다시 말해서 말 자체는 나쁜 말이 아닌데 듣는 사람은 자신을 바보로 취급한다고 듣는다는 것이다. 따라서 어떻게 보면 좋은 말이기도 하고 또 한쪽으로 생각하면 나쁜 말이기도 한 것이다.

한편 고양지역의 한 자료제공자는 군대에서 욕을 많이 사용했는데 사회에서는 별로 사용하지 않는다고 한다. 그 이유로 군대에서는 아무리 가까운 친구라고 해도 한번 헤어지면 끝이라서 마음대로 욕을 할 수 있다는 것이다. 물론 다시 만날 수도 있지만, 제주도에서 하나, 경기도에서 하나, 부산에서 하나 등 전국 팔도에서 모이다 보니까 단체가 되었는데 그 사람들은 제대하고 나면 그만이다는 것이다. 그러니까 군대에서는 막이야기할 수 있는데 마을공동체 특히 집성촌과 같이 보수적이고 오랜 시간 동안 같이 지내는 곳에서 죽일 놈 살릴 놈과 같은 욕을 사용할 수 없다는 것이다. 다시 말해서 서로가 너무나도 잘 알고 지내는 사이에서는 욕을 잘 사용할 수 없다는 것이다. 특히 고양지역에서 욕을 많이 발견할 수 없었던 것도 친족과 마을공동체 의식이 강한 고양 사람들의 또 다른 일면을 조명해 준다.

▌친족호칭

고양 사람들이 사용하는 친족용어는 크게 세 가지 측면에서 살펴볼 수 있을 것 같다. 첫째는 앞에서 언어생활에 나타난 민속을 이야기하면서 조금 언급한 지역적인 용어 혹은 표현이다. 둘째는 고양 사람들이 사용하는 나름대로의 친족호칭이다. 셋째는 직접 호칭과 간접 호칭에 따른 다양한 호칭체계이다. 먼저 고양지역에서 수집한 일부 친족용어를 열거하고 그 특징을 기술하면 다음과 같다.

- 빙장어른 : 장인어른
- 사둔 : 사돈
- 메느리 : 며느리
- 동상 : 동생(同生)
- 손주 : 손자(孫子)
- 징손 : 증손(曾孫)
- 징조부 : 증조부(曾組父)
- 아부지 : 아버지
- 삼춘 : 삼촌
- 외삼춘 : 외삼촌
- 외사춘 : 외삼촌의 자식들
- 이종사춘 : 이모의 자식들
- 조카며느리 : 조카의 며느리
- 당질 조카며느리 : 당질(사촌형제의 아들)
- 당숙 : 아버지의 사촌형제
- 애 할아버지 : 할머니의 입장에서 손주의 이름을 통한 테크노니미
  (종자명제 : 從子名制)
- 처동생 : 처제
- 처이모 : 아내의 어머니의 자매들
- 처이종가 : 처이모의 자녀들
- 숙행 : 삼촌항렬
- 아재비 : 아저씨
- 선친(先親) : 돌아가신 아버지
- 자당(慈堂) : 남의 어머니를 높이는 말
- 자부(子婦) : 며느리
- 시머니 : 시어머니
- 매형들 : 매재와 매형을 통 틀어서 말할 때
- 대부(大父) : 문중의 웃어른

선친(先親)이나 선고(先考)와 같이 죽은 조상을 가리키는 용어도 흔히 사

용되고 있는 것을 보면 고양지역에서는 조상에 대한 의례가 잘 정착되어 있으며, 그러한 의례를 잘 보존하고 있는 것을 알 수 있다. 그러나 한편으로는 남의 어머니를 높여 부르는 자당(慈堂)이라는 용어가 돌아가신 어머니를 나타내는 선비(先妣)의 뜻으로 잘못 쓰이고 있는 경우도 자주 발견할 수 있었다. 이것은 아마도 조상에 대한 의례가 주로 남성 중심이기 때문에 모셔지는 쪽도 그리고 모시는 쪽도 모두 남성이 주도하는데서 오는 하나의 친족호칭에 대한 혼란이 아닐까 한다.

또한 당질 조카며느리와 같은 친족호칭이 자주 사용되는 것으로 보아서 친족의 범위가 10촌까지인 것이 당연해 보인다. 예를 들어서 염진섭 할아버지의 경우 친족호칭에 대하여, 형님 혹은 동생이 낳은 자식들을 4촌으로 보고 그 자손들은 6촌, 8촌 10촌 등으로 보면서 이렇게 5대까지를 아주 가까운 '울타리'로 보고 제사도 같이 지내고 음식도 함께 나누어 먹는 관계가 된다. 따라서 10촌까지는 친족호칭이 잘 발달해 있다고 볼 수 있다.

또한 자료제공자들 중에서 할머니들은 친족용어에 대하여 잘 알지 못하는 경우가 많았다. 특히 고조 이상의 조상들은 잘 알지 못하는 경우가 대부분이었다. 친족용어뿐만 아니라 제례 특히 시제에 대하여 잘 모르기 때문에 영감들(할아버지들)에게 물어보라고 할 정도로 친족의 일부 영역은 여성보다는 남성에 의하여 주로 행하여졌음을 발견할 수 있었다.

한편 염진섭 할아버지에 따르면 집안끼리 대화할 때는 친족호칭의 쓰임도 조금씩 다름을 알 수 있다. 즉 숙행되는 사람에게 아재비(아저씨)로 부른다. 그런데 숙행이 여러 가지라서 즉 홀수 행은 숙행이고, 짝수 행은 중행이 되는 것이다. 즉 홀수 행은 아재비 행이고 짝수 행은 형제간 계열이다. 숙행들은 집안끼리 이야기할 때 모두 '삼촌'으로 부른다고 한다. 특히 5촌 당숙의 경우는 삼촌 위에 5촌 당숙인데 그래서 '당숙' 하고 부를 수가 없어서 그냥 '아저씨'로 부른다고 한다. 즉 '당숙 아저씨'로 부르기도 어색하기 때문에 그냥 '아저씨'로 부른다는 것이다.

고양지역의 할아버지들은 흔히 할머니를 직접 호칭할 때는 '여보'로 부르고, 간접 호칭할 때는 '우리 마누라'라고 부른다. 한 할아버지(자료제공자)의 아내의 형제는 5남 3녀인데 할아버지 부인의 어머니의 여자형제를 처이모라 부르고, 그의 자녀들은 처이종가라 부른다고 한다. 또한 할아버지 부인의 남자 형제는 모두 처남이고, 여자 형제는 처제(아내의 여동생), 윗사람이면 처형(아내의 언니)이라고 부른다. 반면에 결혼한 남동생이 있는 경우에 '아무개 아범'으로 부른다고 한다.

또한 죽은 조상에 대하여 선친은 아버지를 이야기하는데, 돌아가신 할아버지는 그냥 할아버지라고 하던지 조부님이라고 부른다. 남에게 이야기할 때는 조부님이라고 하고 그냥 평범하게 이야기할 때는 할아버지라고 한다. 같은 방식으로 할머니는 조모님이다. 때로는 며느리를 '자부'라고 부르기도 한다.

▌속담

고양 사람들이 사용하는 일부 속담 속에는 고양 사람들이 생각하는 친족 혹은 마을공동체를 반영해 주는 것이 제법 있다. 즉 친족과 마을공동체에 관한 속담이 그것이다. 필자가 현지조사를 하면서 수집할 수 있었던 이러한 종류의 속담은 다음과 같다.

① 시집가서 3일 안에는 땅을 밟지 않는다

이 속담은 주로 신부에 해당되는 내용을 담고 있다. 이전에는 화장실이 보통 밖에 있어서 요강을 방안에 두어서 신부가 볼일을 해결하곤 했다고 한다. 특히 신부가 시집을 가게 되면 처음 3일 간은 문 밖에 나오지 않았다고 한다. 그래서 어떤 경우에는 밖에 있는 화장실에 가는 것조차도 조심스러웠기 때문에 음식을 아예 조금밖에 먹지 않는다든지, 부득이한 경우에는 요강에서 볼일을 보기도 하였다고 한다. 이것은 시집살이를 시작하는 신부가 처음 3일간은 문밖 출입을 삼가면서 정숙한 자세를 보여주는 사례라고 할 수 있다.

② 귀, 눈, 입 석삼년을 살면 미나리 꽃이 핀다

옛날에는 미나리 꽃이 잘 피지 않는데 시집와서 귀머거리로 1년, 장님으로 1년 그리고 벙어리로 1년을 살고 나면 미나리 꽃이 필 정도로 시집살이가 어렵다는 뜻이다. 또한 이렇게 시집살이를 하다보면 머리가 미나리 꽃과 같이 하얗게 변한다는 뜻도 함께 담고 있다.

③ 계수하고 살 수는 있지만 형수하고는 살지 못한다

이 속담 속에는 시동생이 생각할 때 형수님은 반(半) 부모와 같다는 내용을 담고 있다. 계수(季嫂)는 아우의 아내로 제수(弟嫂)와 같은 의미로 사용된다. 전통적으로 몽골의 경우도 시동생과 형수간의 관계는 마치 부모와 자식간의 관계처럼 친근한 반면에 시아주버니와 제수 사이의 관계는 아주 조심스러웠음을 알 수 있다(박환영, 2000a). 이러한 사실은 역사적인 기록에 나타난 고구려와 부여에서 보이는 형사취수제와 같은 우리의 옛 풍속을 오늘날 어떻게 해석해야 될지에 대하여 많은 숙제를 남기고 있다. 따라서 형제와 형제들의 배우자간의 관계에 대한 연구가 좀 더 깊이 있게 연구되어야 할 필요성을 제기하는 속담이다.

④ 며느리 사랑은 시아버지로부터 시작된다

고양지역 사람들은 며느리는 시아버지의 사랑 덕분에 엄격한 시어머니의 시집살이를 잘 견딜 수 있다고 이야기한다. 즉 시집살이에서 시아버지의 사랑은 며느리에게 가장 소중한 힘이 되었던 것이다.

⑤ 시집가면 그 집 울타리 밑에서 죽어라

여필종부(女必從夫)로 대표되는 조선시대의 사회상이 그대로 반영된 속담이다. 보수적인 고양지역에서 지금도 이러한 속담이 공공연히 사용되고 있다. 즉 여성들이 한번 시집을 가면 남편의 집 귀신이 되어야 하기 때문에 시댁의 전통에 맞추어 살아가야 함을 강조하는 속담이다.

⑥ 장사를 모셨다가 화장을 잡순다

이 속담은 최근에 고양지역에서 신도시가 개발되면서 나온 속담이다. 즉 신도시 개발로 인하여 조상들의 산소가 개발지역에 포함된 경우 부득이 이장(移葬)을 해야 하는데 이러한 상황을 잘 반영해 주는 속담이라고 할 수 있다. 또한 옛날에는 산을 사다가 산소를 썼는데 경제적인 여건이 안 좋으니까 그 산을 팔았을 경우에 산을 산 사람은 남의 조상 산소를 보관하려고 하지 않는다는 것이다. 그러니까 남의 산이 되었지만 할아버지는 여전히 그곳 산에 계시게 되는 것이다. 이러한 이유로 해서 분산(墳山) 즉 (조상들의) 무덤이 있는 산이 있다가 없어지게 되는 것이다. 잡수다는 표현을 사용하는 것은 조상님들한테 먹었다는 표현을 사용할 수 없기 때문에 존대해서 하는 말이다. 즉 '화장을 하다'라는 표현 대신에 '화장을 잡수신다'라는 표현을 사용하는 것은 조상님에 대한 예의인 셈이다. 즉 '–을 한다'라고 직접적으로 표현하는 것보다는 '–을 잡수신다'라고 우회적으로 표현하는 것이 조상님들을 존대하는 것이 된다고 한다.

⑦ 시머니[시어머니] 어쩌니 해도 부모밖에 없다

시집살이가 힘들기 때문에 아무리 시어머니가 잘 해주어도 친정의 부모밖에 없다는 의미이다. 즉 여성이 시집을 가게 되면 친정부모의 생각이 나는 것은 당연한 일이며 역시 친정부모밖에 없다는 의미를 담고 있는 속담이다.

⑧ 딸은 밉지 않는 도둑이다

시집 간 딸이 친정에 와서 필요한 것이면 모두 가져가기 때문에 도둑이긴 하지만 그렇게 하는 것이 또한 밉지도 않다는 의미를 담고 있다.

⑨ 띠가 얕다

이 속담은 나이가 많아도 조카가 될 수도 있다는 의미를 나타낸다. 즉 손이 늦다 보니 나이는 많은데도 문중에서는 조카로서 취급된다는 뜻이다.

⑩ 때리러 갔다가 맞을 수도 있다

꼭 이기는 법은 없다는 뜻이다. 즉 무엇인가를 주도적으로 하려고 했는데 오히려 상대방에게 기선을 제압 당하고 말았다는 의미를 나타낸다. 다시 말해서 이긴다고 생각했지만 질 수도 있다는 표현이며, 따라서 항상 겸손하고 조심스럽게 행동하라는 내용을 담고 있는 속담이다.

⑪ 망태 할아버지가 잡아간다

고양지역에서 아이가 울 때 흔히 사용하는 표현이다. 아이가 울 때 곳감을 주지 않고 '망태 할아버지'를 사용한 것은 특이하다. 망태는 망태기의 준말로 산에 갈 때 가지고 가는 새끼나 노를 엮어서 만든 도구이다.

⑫ 굴러온 돌이 박힌 돌을 쳐낸다

고양지역에서 발견할 수 있는 이와 유사한 속담은 '굴러들어 온 돌이

배킨 돌을 빼낸다[밀어낸다]'이다. 즉 원래는 본토박이인데 딴 곳에서 들어 온 사람이 그를 밖으로 밀어낸다는 말이다. 특히 이러한 속담은 최근에 고양지역에 신도시가 개발되면서 유입되는 외부인들에 대한 고양 사람들의 입장을 잘 반영해 주고 있는 속담이다.

⑬ 똥 싸고 일이나 하면 된다

세상물정 모르고 일이나 하면 된다는 뜻의 속담이다. 즉 다른 것에 너무 관여하지 말고 자신이 맡은 일에 열중하면 된다는 내용이 담겨져 있다. 한 마을에서 남이 하는 일에 너무 간섭하지 말고 자기 자신의 일에 열중하면 된다는 표현이기도 하다.

⑭ 가을 아욱국은 소첩도 내쫓고 혼자 먹는다

다리에 피가 오르내리는 것과 같은 피오름에 가을 아욱국을 먹으면 낫기 때문에 약이 된다는 의미로 맛이 있고 몸에 이로운 것을 먹는 데는 아무리 가까운 사이라도 남이라는 뜻이다. 다시 말해서 너무 맛이 있어서 남을 주기가 아깝다는 의미이다. 이와 비슷한 속담으로 "가을 아욱국은 대문을 닫아 놓고 먹는다."도 수집할 수 있었다. 한편 아래에서 살펴볼 "궂은일은 집안이요 먹는 데는 남이다."는 속담에도 '먹는 일'에는 남이다라는 의미가 담겨져 있다.

⑮ 굼벵이도 밟으면 꿈틀한다

사람마다 무엇이든지 특이한 것은 한가지식 다 있다는 뜻이다. 어떤 사람은 뭐 같이 생겼지만 속담, 수수께끼 등을 잘 알고 있듯이 미천한 굼벵이도 밟으면 꿈틀하는 것이다. 즉 사람마다 다 장기가 있기 때문에 사람을 존중해야 한다는 뜻이다.

93

⑯ 한 마을은 한 집 식구와 같다

고양지역에서 흔히 들을 수 있는 속담이다. 즉 고양지역의 마을공동체는 다른 지역에 비하여 결속이 잘되는 편이라서 마치 가족과 같다는 의미이다.

⑰ 너 사면 나 사고, 너 사면 나 사고 한다

문봉동의 빙석촌에서 수집한 속담이다. 특히 이 속담은 빙석촌 사람들 사이에서 통용되는 속담이다. 빙석촌 사람들은 남에게 지는 것을 싫어하기 때문에 남이 무엇을 하면 자신도 똑같이 해야 한다는 의식이 강하다는 것을 반영해 주는 속담이다. 예를 들어서 빙석촌의 경우 염씨와 이씨가 이웃하면서 아래 혹은 윗집에 사는 경우가 많아서 어떤 말들이 오고 가는지 서로 잘 알 수 있다고 한다. 그래서 남에 대하여 잘 알고 있는데 저녁 먹고 나면 집에 와서 "우리는 자전거 샀어요."라고 말할 수도 있어서 네가 샀으니 나도 내일 사지 하는 식이 되기 쉽다는 것이다. 결국에는 너 사면 나 사고, 너 사면 나 사고 하는 식이 된다는 것이다.

⑱ 네냐 나냐 하고 지낸다

'아주 친하게 지내는 사이'라는 뜻이다. 즉 마을 사람들끼리 서로 친하다 보니 마치 가까운 친척 혹은 친구와 같이 너, 나하고 지낸다는 말이다. 예를 들어서 빙석촌의 염진섭 할아버지는 요즘도 안촌의 안종배 할아버지와 친하게 지낸다고 한다. 즉 두 할아버지는 한 동네에서 나서 그곳에서 계속해서 같이 자랐는데 한 사람은 안촌이고 다른 사람은 빙석촌에 있을 뿐이지 아주 친한 사이이라는 뜻이다.

⑲ 궂은일은 집안이요 먹는 데는 남이다

문봉동의 안촌에서 수집한 속담으로 궂은일에는 한 집안과 같이 서로 도와가며 먹을 일이 있으면 남처럼 생각한다는 뜻의 속담이다. 즉 어려운 일에는 반드시 도와야 하는 것이 집성촌 사람들의 의무인 반면에 먹는 것과 같은 좋은 일에는 그냥 남처럼 먹어도 된다는 의미를 담고 있다. 다시 말해서 고양지역의 집성촌 사람들은 평상시에는 그냥 남처럼 생활할지 모르겠지만 어려운 일이 생기면 가까운 친척으로 서로 돕고 사는 특징을 가지고 있음을 잘 나타내 주는 속담인 것이다.

3 현대사회의 신도시 개발과 민속의 보존

시대가 바뀌면 전통문화도 조금씩 바뀌기 마련이다. 그러나 전통문화는 변모할 수 있지만 결코 완전히 없어지지는 않는다. 농촌사회가 도시화되고, 우리네 생활이 점차로 산업화되면 마치 이전의 미풍양속이 송두리 채 사라지는 것처럼 보일 수도 있다. 사실 하늘 높은 줄 모르고 올라가는 콘크리트 빌딩 속에서 민속을 찾는다는 것이 조금 어려울 수도 있다. 그럼에도 불구하고 이전의 전통은 여전히 대다수 민중들의 생활 속에 깊이 뿌리내리고 있다. 단지 그러한 전통이 밖으로 표출될 수 있는 공간이 줄어든 것뿐이다. 필자가 현지조사를 했던 경기도 고양지역의 경우도 예외는 아닌 것 같다. 먼저 고양지역이 가지는 언어민속, 친족 그리고 집성촌이 가지는 특징을 간략하게 기술하면 다음과 같다.

고양지역의 언어민속은 지역적인 용어 혹은 표현과 욕으로 크게 이분하여 살펴보았다. 먼저 고양 사람들이 사용하는 지역적인 용어 혹은 표현 속에는 고양 사람들의 일상적인 생활과 관련되는 것이 많았다. 이러한 요소에는 생업, 제의, 친족, 마을공동체, 동물, 식물, 자연환경 등 다양하였고, 그 속에는 고양 사람들의 진솔한 생활문화가 담겨져 있는 경우가 많았다. 언어민속의 두 번째 항목은 고양 사람들이 사용하는 욕이었다. 고양지역에서 필자가 수집할 수 있었던 욕 중에서 돋보이는 것은 병에 관한 욕이다. 특히 염병(장질부사 혹은 장티푸스)에 관한 욕이 많은 편이었고, 신체에 물리적인 힘을 가하거나 나쁜 운명을 바라는 욕도 있었다. 또한 개, 여우, 곰, 소 등의 동물에 비유한 욕도 많은 편이었다.

고양지역은 다른 지역에 비하여 자신들의 정체성이 강한 곳이다. 즉 고양 사람들은 '본토인' 혹은 '토박이'라는 용어를 자주 사용한다. 예를 들어서 일상적인 이야기 속에도 '우리네 사람'이라든지 혹은 '우리 집안'이라고 표현한다. 한편 다른 지역에서 온 사람들을 흔히 '딴 사람', '딴 집안네들'이라는 용어를 사용하여 표현하기도 한다. 물론 딴 사람 혹은 딴 집안네들이라는 용어 속에는 동일한 집성촌에 속하지 않는 사람들을 나타내는 경우도 종종 있지만 좀 더 포괄적인 의미에서는 고양지역의 사람들을 나타내기도 한다. 가까운 고양지역 사람들과 혼인을 고집해 온 고양사람들의 혼인전통이 이러한 공동체 의식을 만들어 낸 것이다.

고양지역에서는 '촌내'라는 용어가 친족을 나타내는 용어로 사용되는데, 즉 형님하고 동생하고 낳은 자식들이 4촌이고, 그 자식들이 낳은 자식이 6촌, 또 그 자식이 낳은 그 아래가 8촌이고, 그 아래가 10촌이라서 모두 5대가 되는데 그것이 아주 '가까운 울타리'이다. 예를 들어서 같이 제사도 같이 지내고, 음식도 해도 같이 나누어 먹고 물론 이웃간에도 그렇게 해야 하겠지만 친족끼리는 특히 상호부조의 의식이 강한 편이다. 즉 한 집에서 불상사가 있으면 다른 집에서 도와줄 수 있는 것이다. 또한 집성촌에서의 친족호칭으로 숙행은 삼촌, 5촌, 7촌, 9촌인데, 삼촌에게 나이가 작다고 하대를 할 수는 없다고 한다.

이러한 민속이 얼마나 지속될지는 의문이다. 특히 신도시 개발의 여파로 외지에서 유입되는 사람들이 늘어나고, 기존에 있던 사람들이 고향을 떠나가기도 한다는 현실을 감안해 보면 더욱더 그러하다. 특히 마을공동체가 약화되면서 집성촌, 친족과 같은 유대관계도 약화되고 있는 것 같다.

고양시의 경우 신도시 개발과 연계되어서 이전의 전통문화가 위기에 처해 있는 것이 사실이다. 피상적이고 인공적인 건물이 급속도로 팽창되면서 농부들의 생업터전인 농촌지역이 자꾸 줄어들고 있다. 이전의 생업터전 속에서 생활하면서 그 속에서 만들어진 고양사람들만의 생활문화도 사라져가고 있으며 더욱이 민속의 주체인 지역의 토박이들이 다른 지역으로 이주해 가거나 다른 지역에서 고양지역으로 이주해 오는 인구가 늘어나면서 고양지역 특유의 전통문화를 찾기가 힘들어지고 있는 것도 사실이다.

앞으로 신도시 개발이 계속해서 진행된다면 이전에 남아 전하던 고양지역의 민속은 흔적도 남아 있지 않을 수도 있다. 과거가 없다면 현재도 미래도 없는 것이다. 현재의 고양지역이 있기까지 과거의 고양지역의 문화가 있었던 것이고, 그것을 토대로 하여 미래의 고양지역이 존재할 수 있는 것이다. 아마도 고양시에서 신도시 개발과 연계해서 고양의 민속을 발굴하고 보존 및 육성하는 것은 향후 농촌사회가 도시화 및 산업화 될 때 밟아야 할 하나의 모델을 제시할 수도 있는 것이다. 민속은 도시화 혹은 산업화에 의하여 그 영역이 축소될 수는 있어도 영원히 사라지지는 않는다. 신도시 개발과 도시화 속에서도 고양시가 다른 지역과 구별되는 정체성을 가지는 것도 바로 고양지역에서 이전부터 계속해서 전승유지 되고 있는 민속이 남아 있기 때문인 것이다. 이러한 민속문화를 수집 발굴하고 후대에 남겨줄 문화유산으로 발전 및 육성시킨다면 선조들이 가지고 있던 고양지역의 민속문화는 미래에도 계속해서 꽃을 활짝 피울 것이다.

—『고양시 민속대관』, 고양시 고양문화원, 2006

제2부

현대민속학의 현재

제 5 장

현대 어린이들을 위한 전통교육의 민속학적 입장

1 민속학으로 어린이들을 위한 전통문화교육하기

국제간의 다양한 물적 교류뿐만 아니라 인적 교류도 많아지면서 지구촌은 이제는 옆집의 이웃 마냥 너무나 가까워졌고, 한국의 전통문화는 국내라는 울타리를 넘어서 세계 속에 널리 알려지게 되었다. 한국을 찾아오는 수많은 외국인들에게 한국을 이해하는데 전통문화는 가장 중요한 부분이 되고 있다. 이와 더불어서 컴퓨터 게임과 인스턴트 음식에 익숙해져 있는 청소년들 사이에서도 우리의 민속놀이와 민속음식과 같은 전통문화에 대한 관심이 점점 증가하고 있으며 학교에서뿐만 아니라 박물관이나 각 지역에서 운영하고 있는 문화센터에서도 전통문화에 대한 관심은 꾸준하게 늘어나고 있는 것 같다.

한편 매스미디어와 인터넷과 같은 대중매체가 급속도로 확산되면서 이제는 언제, 어디에서든지 필요로 하는 정보를 쉽게 얻을 수 있게 되었지만 전통문화에 대한 올바르고 제대로 된 정보는 아직까지는 만족스럽지 못한 것 같다. 이러한 이유는 우선 전통문화에 대한 인식이 제대로 되지 못한 것도 있지만 전통문화에 대한 체계적인 이해도 없이 피상적이고 부분적인 측면에서 한 부분만 보고 전체의 전통문화를 쉽게 해석하려는 무책임한 접근방식도 문제가 될 수 있는 것이다. 특히 전통문화의 교육이라는 입장에서는 좀 더 체계적이고 총체적인 입장에서 한국의 전통문화에 대한 접근이 이루어져야 하고 또한 민속학과 같은 학문적 입장에서 제대로 된 해석이 이루어져야 할 것 같다. 다시 말해서 민속학적인 입장에서 전통문화를 접근한다면 과거와 현재 그리고 미래를 한데 아울러서 접근하는 것을 말한다. 즉 민속학자는 과거의 다양한 역사적인 문헌자료 및 일반 문헌자료를 통하여 지나간 전통문화에 대하여 살펴보고 현재의 입장에서는 지속적인 현지조사(fieldwork)를 통하여 자료제공자와 라포(rapport) 형성[1]을 통하여 참여관찰(participant observation)과 심층적인 인터뷰를 하여 얻어낸 현지의 민속자료를 수집하고 발굴한다. 이러한 과거와 현재의 자료를 중심으로 현재 전승되고 있는 민속문화의 정확한 내용과 상징 그리고 민속학적 의의를 통하여 미래에는 어떻게 계승되고 전승될 것인가를 총체적으로 분석하는 것이 바로 민속학적 입장에서 전통문화를 접근하는 것이다.[2]

전통문화 속에서도 민속은 한국인들의 의식과 사고관을 형성하는데 깊이 관여하고 있는 우리의 뿌리이며 가장 기초적인 정신문화이다. 오늘날 청소년들은 미래의 얼굴이며 한국의 내일을 이끌어 갈 소중한 인적자

---

1) 박환영(2002e : 511) 참조.
2) 한국의 전통문화를 접근하는 방법은 여러 가지가 있다. 즉 민속학을 비롯하여 고고학, 인류학, 역사학, 국문학, 불교학, 문화재학, 유교문화, 미술사 등의 영역에서 접근할 수 있다(김기덕 외 공저, 2006). 그중에서도 민속학은 가장 총체적인 학문영역으로 한국의 전통문화를 이해하는 데 가장 핵심적인 영역인 것은 분명한 것 같다.

2003년 청도국제소싸움대회

관광객을 위하여 설치된 전통생활문화 공간(2003년 청도국제소싸움대회)

103

산이다. 그러나 오늘날 청소년들이 느끼고 있는 사회적인 가치관과 도덕성에 대한 혼란은 결국 교육 속에 그러한 문화교육 특히 전통문화 교육이 부재하기 때문에 생겨난 결과로 볼 수도 있다. 다시 말해서 청소년들이 전통적인 한국의 정신세계를 인식하지 못한 상태에서 무절제한 서구의 온갖 문화를 접하다 보니 스스로 구분하고 구별하여 외래의 문화를 인식하는데 어려움이 생기는 것은 당연한 것이다. 무조건적으로 전통적인 것은 지루하고 현실에 맞지 않는다는 선입관을 가지기보다는 온고지신(溫故知新)과 같이 전통문화 속에서 새로운 지혜를 찾으려고 노력하는 과정을 통하여 좀 더 보람된 오늘을 생활하고 내일을 설계할 수 있는 것

이다. 이러한 전통문화 중에서 민속은 민중들이 느끼지 못하는 일상적인 생활문화 속에 여전히 남아 있는 한국인의 삶의 철학이요 삶의 지혜인 셈이다.

따라서 민속학은 한국의 전통문화를 과거와 연계하여 현재의 전승여부를 탐구하고 이것을 현재의 생동하는 민속문화와 연계하여 앞으로 계승될 한국문화에 대한 미래의 방향을 제시할 수 있는 총체적이고도 포괄적인 안목을 가진 학문분야로 21세기 문화의 시대에 한국의 전통문화를 이해하고 교육하는데 중심이 되어야 할 것 같다. 문화의 시대에 있어서 전통문화의

현대인들에게도 인기가 많은 무언극인 강릉의 관노가면극

중요성이 증가하면서 특히 청소년의 교육과 연계한 전통문화 교육의 필요성이 절실히 요구되고 있는 실정이다. 따라서 이 글에서는 이러한 사회적인 분위기 속에서 민속이 가지는 가치와 이러한 전통문화 교육을 제대로 실시하기 위한 민속학적인 시각과 발전방안을 제시해보고자 한다.

2 문화의 시대와 전통문화로서 민속의 가치

21세기는 문화의 시대이다. 20세기가 정치 및 경제력에 의해서 선진국과 후진국으로 분류되었다면 21세기는 자국의 문화에 의하여 문화국과 비문화국으로 분류될 수 있는 시대이다. 즉 이제는 이전의 정치 및 경제의 식민지가 아니라 문화의 식민지 시대가 도래 하고 있다고 해도 과언이 아니다. 한 민족의 전통문화는 오랜 시간을 통하여 전승 및 계승되어 왔다. 이러한 전통문화를 잃기는 쉽지만 다시 되찾거나 복원하기는 쉽지 않다. 특히 민속과 같은 우리의 고유한 전통과 습속을 기반으로 하는 정신문화는 한번 잃게 되면 영원히 복원이 불가능할 수도 있다. 새로운 건물을 세우기는 쉽지만 대다수의 민중들이 공유하고 있는 정신문화는 시대의 분위기나 상황에 따라서 바뀔 수도 있으며 다시 원상태로 되돌리는 것은 대다수 민중들의 공감대를 형성할 수 있는 여건을 조성해야 하기 때문에 시간도 많이 걸리고 어려운 일이다. 따라서 한번 민중들의 관심에서 벗어나서 민중들에게 공감대를 형성하지 못하면 전통문화의 전승은 약화되고 결국 계승되지 못한 채 우리의 기억 속에서 사라지게 되는 것이다.

전통문화를 포함해서 문화에 대한 관심이 증가하면서 교육내용으로서의 문화는 지식의 대상으로 판에 박히고 고리타분하고, 죽어 있는 고정

2008년 경주의 보문호반축제에서 한지뜨기와 한지공예 체험

적인 내용이 아니라 사람들과 만나고 접촉하고 상호작용하면서 서로의 감정을 소통하면서 새로운 삶의 세계를 구성하는 교육현상의 한 부분이라고 보는 문화관[3]이 대두되고 있다. 살아 있는 문화 그 자체로서의 전통문화는 일상적인 생활 속에 그대로 녹아 있는 경우가 많다. 따라서 전통문화의 상당 부분은 항상 무의식적으로 행하여 지다보니 당연한 것처럼 생각하는 경우가 많다. 더욱이 전통문화를 이해한다면서 전문적인 책을 그냥 읽어 보거나 아니면 박물관이나 역사적인 유적지를 방문해서 지나간 전통을 느낄 수 있다고 인식하는 경우가 많다. 이와는 반대로 멀리 가지 않고서도 주변에서 쉽게 볼 수 있는 우리 사회 곳곳에 내재되어 있는 고사(告祀)나 금줄이나 팥죽과 같은 민속상징과 세시풍속 그리고 민속축제와 민속놀이 등 좀 더 살아 있는 현장 속에 담겨져 있는 전통문화는 잘 인식하지 못하는 것 같다. 아마도 이러한 사회적인 인식은 제도권에서도 똑같이 나타나서 오늘날까지 전통문화의 핵심인 민속 교육에 대한 관심과 사회적인 인프라가 여전히 잘 구축되어 있지 않은 것이다. 이러한 실정을 잘 반영해 주듯이 김인회(2003)는 다음과 같이 기술하고 있다.

우리나라에서는 고고학, 미술사학 말고는 박물관 관련 학과가 있어 본적이 없다는 사실이 의미하는 바 문화 교육적 문제는 어떤 것일까, 민속학과가 있는 대학이 불과 한 두 곳뿐이라는 현실의 문화교육 전략

---

3) 김인회(2003 : 23).

적 의미는 무엇일까 같은 주제들에 대한 반성적 성찰을 위한 담론이 필요하지 않을까 싶다. 두말할 나위도 없이 우리의 전통문화라고 할 때 그 핵심은 민속이다. 그런데 우리 교육에서는 우리의 민속에 대해 관심을 길러 오지 못했던 것이다.[4]

결국 전통문화 교육을 활성화 하고 좀 더 체계적이고 또한 좀 더 효율적으로 전통문화 교육을 행하기 위해서는 우선 구조적으로 전통문화와 관련한 특히 민속과 관련해서 더 많은 지원과 관심이 있어야 한다. 민속은 민중들의 일상적인 생활문화로 우리 주변에 항상 존재하고 있지만 관심과 지원이 없으면 또한 한 순간에도 금방 사라질 수도 있는 산소(酸素)와 같이 가장 필요하면서도 정작 찾으려고 하면 눈에 보이지 않는 것이다. 보기에는 투박할 수도 있지만 관심을 가지고 잘 관리하면 엄청난 가치를 가지고 있는 골동품과 같이 민속은 겉으로 보기에는 보잘것없어도 그 속에는 어디에서도 찾을 수 없는 소중한 지혜와 철학이 담겨져 있는 것이다.

민속학에서 다루어지는 전통문화의 범위와 영역은 한국인의 일상적인 생활문화 전반을 다룬다고 할 정도로 꽤 넓은 영역을 아우르고 있다. 좀 더 구체적으로 주요한 민속학의 연구영역에 대하여 예를 들어보면 다음과 같다. 첫째로 나, 너 그리고 우리와 같은 공동체 문화와 민속이 있다. 여기에는 기본적으로 가족, 친족 그리고 마을공동체가 포함된다. 둘째로는 우리가 입고, 먹고, 생활하는 집의 이야기와 같은 의식주(衣食住) 문화가 있다. 셋째로는 해(日)

평창군 대관령면의 차항1리는 수레 마을이며 평창 체험 마을이다.

4) 김인회, 앞의 책, 26-27쪽.

와 달(月)이 낮과 밤을 교대로 지키면서 만들어 낸 시간과 계절 이야기인 세시풍속이 있으며, 넷째로는 민속언어전승 분야로 지식의 보물창고인 속담 및 속신어 그리고 은유와 싱징으로 가득찬 아리송한 수수께끼도 있다. 다섯 번째는 살아가는 생산활동의 문화와 민속인 생업민속이 있으며 이 속에는 농기구, 어구, 민구 등과 같은 물질민속도 포함될 수 있다. 한편 여섯 번째는 줄다리기, 팽이치기, 윷놀이, 제기차기, 연날리기 등과 같은 민속놀이가 있고, 일곱 번째는 덩더구나 하고 춤추고 노래하는 민요도 포함된다. 또한 여덟 번째는 일상적인 생활에서 구비전승되는 신화, 전설, 민담과 같은 설화가 있으며 아홉 번째는 도깨비 신앙, 집과 마을에서 믿어지는 가신신앙과 마을신앙, 무속신앙에 이르는 다양한 민간신앙이 있다. 열 번째는 주로 탈춤과 인형극을 다루는 민속극이 있고, 열한 번째는 죽공예, 한지공예, 목공예, 왕골(혹은 완초)공예 등과 같은 조상들의 은은한 삶의 향기가 배어 있는 민속공예가 있고, 열두 번째는 과거의

2008년 제20회 남이흥장군문화제의 어린이씨름대회

생활문화가 보이는 민속 그림인 민화가 포함될 수 있다. 열세 번째는 태어나서 죽을 때까지 사람들은 어떠한 의례를 행하는지를 탐구하는 통과의례가 있고, 열다섯 번째는 방향과 색깔 그리고 12띠 동물과 같은 민속상징이 있다. 열여섯 번째는 남성과 여성의 사회적인 지위와 역할 그리고 문화적인 성(性)을 다루는 성(性) 민속도 있다.

이상에서 언급한 민속학의 주요한 영역 외에도 민속학에서 다루어지는 영역은 많은 편이다. 그만큼 민속학은 민중들의 일상적인 생활문화를 총체적으로 다루는 학문 분야로 한국인의 전통문화를 교육하는데 가장 핵심적인 분야인 것이다. 한편 전통문화 속에서 민속문화는 오늘날에도 중요하게 인식되고 있다. 가령 예를 들어서 매년 해가 바뀌면 신문이나 TV 등과 같은 대중매체와 미디어에서는 한 해의 전망을 내어 놓는다. 이러한 내용 중에서 빠지지 않고 여전히 많은 사람들이 관심을 가지고 있는 것은 한 해의 운수와 관련한 동물의 상징을 통한 한 해의 민속학적 해석이다. 또한 전통적인 시간의 구분에 의한 세시풍속과 공동체 구성원들 사이의 단합과 결속을 가져오는 민속놀이도 전통문화의 하나로 여전히 우리 사회 속에 뿌리내리고 있다.

산업화가 가속화되고 과학적인 사고가 사회를 지배하고 물질문명이 발달하면서 지나간 전통문화는 한 때의 추억으로 치부할 수도 있다. 그러나 현대의 도시 공간에서 조차도 조상들의 삶의 지혜와 철학이 담겨 있는 전통문화가 그리운 실정이다. 특히 청소년 문제와 더불어서 학교교육이 제대로 기능을 하지 못하고 학교간의 경쟁을 부추기고 있는 현실에서 보면 전통문화를 학교교육과 연계하여 좀 더 인간다운 청소년을 만들어야 하는 사회적인 책임감이 대두된다고 하겠다. 따라서 전통문화 교육을 제대로 실천하기 위한 발전방안을 민속학적인 시각에서 한번 제시해 볼 수 있을 것 같다.

3 민속학적인 시각에서 전통문화 교육의 실천과 발전방안

교육에 대한 여러 가지 영역 중에서 전통문화에 대한 교육은 이론적인 부분과 실질적으로 행하여지는 문화의 현장성도 중요하게 다루어져야 한다. 다시 말해서 전통문화 교육은 몸과 마음으로 느낄 수 있어야 하기 때문에 교실에서의 교육뿐만 아니라 교실 밖에서의 교육도 필요한 것이다. 문제는 전통문화에 대한 교육이 교실 안에서 행하여지든 교실 밖에서 행하여지든 전통문화가 가지고 있는 특수한 여건과 상황을 인식할 필요성이 있다. 먼저 교실 안에서 행하여지는 전통문화 교육의 경우 어떠한 영역에서 어떠한 내용을 전달할 것인가가 중요한 문제인 것 같고 교실 밖에서 행하여지는 전통문화 교육은 전통문화가 실제로 어떻게 실행되는가에 대한 현장성이 있어야 하고 그러한 의미와 상징에 대한 포괄적인 이해가 선행되어야 한다. 더욱이 전통문화 중에서 민속 분야의 교육을 위해서는 민속문화에 접근하려는 총체적인 안목[5]이 있어야 하고 그것을 기초로 민속문화를 이해하고 다양한 민중들의 생활문화를 보고 느낄 수 있는 분위기가 조성되어야 한다. 그런 이후에 비로소 그 속에 담겨 있는 진솔한 민중들의 생활문화를 체계적으로 이해할 수 있는 것이다.

민속학적인 입장에서 전통문화 교육을 어떻게 진행할 것인가에 대하여 여러 가지 사례를 제시할 수 있겠지만 이 글에서는 동물상징, 세시풍속을 중심으로 몇 가지 가능성에 대하여 살펴보고자 한다.

(1) 동물상징

여러 가지 종류의 동물은 민속문화 속에 투영되어서 그 나름대로의 상

---

5) 총체적인 시각(holistic perspective)은 비교적인 시각(comparative perspective)과 상대적인 시각(relative perspective)과 함께 문화를 보는 세 가지 입장 중의 하나이다.

징을 가지고 있는 경우가 많다. 이러한 동물상징을 이해하는 것도 수많은 시간을 통하여 다듬어지고 압축되어서 내려온 우리의 민속문화를 제대로 이해할 수 있는 하나의 방법인 셈이다.

한국의 전통문화 속에 내재되어 있는 동물은 다양한 편이다. 상상의 동물인 용에서부터 설화에 자주 등장하는 호랑이, 토끼, 거북이 등도 있다. 그리고 불교민속을 보면 원숭이와 코끼리도 등장한다. 이러한 동물 중에서 한국인들에게 가장 친근한 동물은 역시 12띠 동물이다. 한국인이라면 누구나 자신이 태어난 해의 동물을 알고 있을 정도이며, 이러한 동물이 가지는 상징은 매년 해가 바뀌고 새해가 시작되면서 더 가까이서 민중들과 호흡하고 있다. 황금돼지띠로 어느 해보다도 여론의 관심을 많이 받았던 지난 2007년은 정해년(丁亥年)이며 돼지해였는데 특히 행운(幸運)과 재운(財運)이 가득한 붉은 돼지의 해였다.

보편적 형식은 세 마리의 오리나 기러기를 장식해서 세우는 형태이다. 오늘날에도 이러한 전통은 그대로 지속되고 있다.

우리는 이렇게 해가 바뀌면 그 해에 대한 다양한 상징과 의미를 부여하게 된다. 오늘날에는 과학문명이 발달하여 음력보다는 양력이 중요하게 인식되면서 이전부터 행하여져 오던 전통적인 시간의 개념도 많이 바뀌었다. 그럼에도 불구하고 매년 새해가 시작되면 새로운 해에 대한 다양한 전통에 대하여 여전히 많은 관심을 가지게 된다. 지나간 과거의 전통문화에 대한 현대적 의미와 계승에 대하여 체계적으로 연구하는 민속학의 입장에서 보면 전통문화를 제대로 해석하고 이해해야 하는 과정이 중요하게 받아들여져야 하는 것이다. 특히 전통문화를 제대로 교육하기 위해서는 전통문화에 대한 올바른 해석과 이해가 필수적인 요소인 셈이다.

우선 지난 2007년 정해년에 대하여 우리가 얼마나 제대로 된 전통문화를 잘 알고 있으며 오늘날 그것을 어떻게 전승하고 있는지를 살펴보기 위하여 정해년에 가지는 민속문화적인 의미와 가치에 대하여 기술해 보면 다음과 같다.

정해년(丁亥年)은 천간(天干)인 십간(十干)과 지지(地支)인 12지(支)가 조합되어서 이루어진 육십갑자의 하나로 십간의 네 번째인 정(丁)과 12지의 열두 번째인 해(亥)가 합해져서 이루어진 해(年)이다. 정해년은 60년마다 다시 돌아오는데 따라서 매년 연이어서 진행되는 육십갑자는 60년을 주기로 돌고 도는 하나의 인생주기를 나타내기도 한다. 정(丁)과 해(亥)는 십간과 십이지 모두 우수(偶數)에 해당되므로 여성의 성격을 가지고 있는 셈이다. 같은 방식으로 티베트에서도 흰색, 검은색, 푸른색, 붉은색, 노랑색 등의 오방색을 사용하여 각 색이 남성과 여성의 두 가지 성격을 가진 것으로 인식하여 십간을 다섯 개의 색을 기초로 하여 열 가지의 요소로 표기하기도 하는데 돼지는 여성의 성격을 가진 동물로 여겨진다. 이러한 경우 2007년 정해년은 붉은색이면서 여성의 요소를 가진 해(年)에 해당되며 붉은색은 방향으로는 남쪽을 상징하며 활동적이고 생기가 넘치는 활력을 상징한다. 여기에 돼지가 가지고 있는 복(福)과 재운 그리고 풍족함을 더하여 다른 해(年)에 비하여 좀 더 활동적이고 길(吉)한 기운이 충만한 한 해(年)이기도 하다.

돼지는 전통적인 한국 농가(農家)의 대표적인 육축(六畜) 중의 하나로 한국인에게는 가장 친근한 가축 중의 하나이다. 정초(正初)의 대표적인 민속놀이인 윷놀이에서 도, 개, 걸, 윷, 모 중에서 첫 번째인 '도'는 돼지를 상징한다고 민간에서는 믿어질 정도로 돼지는 한국인의 생활 전반에 스며들어 있다. 열두 띠 동물 중에서도 특히 돼지는 두드러지게도 일상적인 생활에서뿐만 아니라 개인적인 고사(告祀)에서부터 사회공동체의 다양한 종교적인 제의에 이르기까지 자주 등장하는 동물이다. 그리고 '돼지 코'와 '돼지꿈' 그리고 '돼지 띠' 등에서 잘 반영되어 있듯이 행운과 재복을 가져다주는 것으로 여겨지기도 한다. 또한 돼지는 집안에서 모셔지는 가신(家神) 중에서 재물을 담당하는 업신(業神)으로 여겨지는 경우가 많아서 민가에서는 귀중한 동물로 다루어지기도 하였다. 이러한 민속전통은 현대에 와서도 보이고 있어서 장사하는 사람들 사이에서 새해 첫 돼지날인 상해일(上亥日)에 문(門)을 열어서 영업을 시작하면 한 해 동안의 장사가 잘 된다는 속신(俗信)이 전해지고 있기도 하다. 돼지가 재물과 관련된 것은 돼지의 돈(豚)자가 금전이나 돈을 나타내는 금(金)자와 동음이의어(同音異義語)인 까닭이다.

돼지는 풍족한 부의 상징인데 때로는 적극적이고 활동적인 측면이 있기도 하다. 특히 멧돼지는 상당히 활동적인 편이어서 한번 성이 나면 상대에게 달려드는 도전적인 투지와 민첩성은 '저돌적(猪突的)'이라는 한자어에서 멧돼지를 나타내는 저(猪)자가 들어간 것에서 잘 반영되어 있다. 한편 돼지는 한번 임신하면 새끼를 보통 5~8마리 정도 낳기 때문에 다산(多産)을 상징하는 동물이기도 하다. 또한 돼지는 기후나 풍토에 적응력이 강하고 코끝에 촉각이 발달되어 있어서 땅 속의 풀뿌리와 벌레뿐만 아니라 뱀까지 먹어 치우며 농가에서는 음식물 찌꺼기 등을 먹어치우는 잡식성 동물이기 때문에 식복(食福)을 가져다주는 것으로 믿어지기도 한다. 한편 부정적인 측면으로 돼지가 탐욕스럽고 우둔하게 비추어지는 이유 중의 하나가 이러한 돼지의 좋은 식성을 빗대어서 표현한다고 해도 과언이 아닐 것이다. 따라서 정해년(丁亥年)은 이러한 민속상징을 가진 해로 다복(多福)과 풍족함 그리고 재운이 가득한 한 해로 해석할 수 있는 것이다.

(2) 세시풍속

세시풍속은 한 해를 단위로 일정한 시기에 관습적, 주기적, 전승적, 반복적, 의례적으로 거행되는 행동양식 또는 생활행위다. 세시풍속은 여러 갈래로 논할 수 있다. 예를 들어서 지역별로 나누어 다룬다든지, 비교민속학적인 방법으로 여러 나라를 비교하여 우리나라 세시풍속의 특성을 이해하든지, 역사민속학적인 방법론을 이용하여 기원을 탐색하거나 변화해 나가는 세시풍속을 오늘의 시점에서 조명해 보는 태도 등이 있을 수 있다.

당진군 도이리의 입춘방(立春榜)

한편 교육이라는 화두를 통해 세시풍속에 접근하는 시각을 편의상 두 가지로 나누어 생각해 볼 수 있다. 하나는 세시풍속의 내용을 통해 교육적인 의의를 찾아보는 것이며 다른 하나는 세시풍속의 실천화 방안을 모색하는 것이다. 전자는 세시풍속의 내용을 교육적으로 파악하는 작업이라면 후자는 세시풍속의 내용을 교육적으로 실천화하는 작업이라 할 수 있다.[6] 즉 전통문화의 교육에서 다루어질 수 있는 교육의 내용적인 측면과 그것을 실천하고 현장에서 느낄 수 있는 현장성의 측면이 세시풍속에서도 보이는 것이다.

세시풍속 중에는 설날이나 추석과 같이 잘 알려진 명절도 있는 반면에 상대적으로는 적게 알려져 있지만 여전히 많은 사람들에게 중요하게 여겨지는 전통적인 명절이 있다. 이러한 명절로는 아마도 백중이 대표적인 것 같다. 백중은 음력으로 7월 15일에 해당한다. 이는 일단 더위가 물러갔지만 늦더위가 조금 기승을 부리는 시기이기도 하다. 『농가월령가』의 7월령에 보면 "칠월이라 맹추(孟秋)되니 입추(立秋), 처서(處署) 절기로다." −"늦더위 있다 한들 절서(節序)야 속일소냐."라는 구절이 나오는 것을 보아도 7월은 가을의 시작이요 또한 더위가 물러가는 계절이지만 여전히 늦더위가 남아 있음을 알 수 있다. 7월의 백중은 5월의 단오, 6월의 소서, 대서, 초복, 중복, 말복이 지난 후 찾아오는 늦더위의 계절인 것이다.

백중은 흔히 백종, 중원(中元), 망혼일(亡魂日)이라고도 부른다. 한편 제주도의 백중은 육지와 달리 음력으로 7월 14일인데 여기에는 백중(百中)이라는 목동에 관련된 설화가 전해져 내려온다.

> 오랜 옛날 차귓뱅 뒤에 백중(百中)이라는 목동이 살았는데, 바닷가에서 소와 말을 먹이고 있던 어느날 하늘에서 옥황상제가 내려왔다. 백중이 그 광경을 가만히 보고 있는 가운데 옥황상제가 바다를 향하여 거북이를 부르자 커다란 바다 거북이 물위로 떠올랐다. 호기심이 생긴 백중이 가까이 다가가 숨어서 엿들으니 옥황상제가 거북이에게 이르기를 "거북아, 오늘밤 석 자 다섯 치의 큰 비를 내리게 하고 풍우대작케 하라"고 이르고는 하늘로 올라갔다. 옥황상제의 말씀대로 석 자 다섯 치나 되는 비와 폭풍이 휘몰아치면 홍수로 말미암아 성한 곡식이 없을

6) 김명자(2003 : 159).

것은 물론이고 가축도 무사할 리가 없다. 닥쳐올 재난을 어떻게 막을
까 궁리하던 백중은 마침내 거짓 옥황상제의 목소리로 바다를 향하여
거북아! 하고 불렀다. 잠시 후 거북이 물위로 나타나자 "생각해 보니
아까는 말을 잘못했는데, 오늘밤에 비는 다섯 치만 내리게 하고 바람
은 불지 않도록 하라"고 일렀다. 백중의 말대로 그 날 밤에 비는 다섯
치만 내렸고 바람도 불지 않았다. 자기의 명령대로 되지 않은 것을 하
늘에서 내려다 본 옥황상제는 대노(大怒)하여 칙사(勅使)에게 백중을 잡
아들이게 하였다. 그러나, 큰 벌을 면하기 어려울 것을 알고 있던 백중
은 스스로 죽기를 결심하고 바다에 뛰어 들어 목숨을 끊고 말았다. 이
러한 백중의 지혜와 용기의 덕택으로 그 해 농사는 대풍작이었음은 물
론이다. 백중이 죽은 날이 바로 7월 14일로, 이 날을 백중일이라 하고
농민들은 매년 제사를 지내어 그의 넋을 위로하게 되었다고 한다.[7]

위에서 기술한 백중과 관련된 제주도의 설화를 분석해 보면 제주도의
백중은 농신(農神)으로 볼 수도 있다. 즉 농사와 관련하여 농작물의 성장
에 필수적인 요소인 비와 바람을 다스릴 수 있는 존재로 부각되고 있는
것이다. 이와 같이 전국적으로 백중과 관련된 다양한 민속문화가 남아
있는데 백중의 유래에 대하여 먼저 살펴보면 다음과 같다.

백중의 유래에 관한 첫 번째 입장은 백중은 백종(百種) 혹은 백종(白踵)
이라고도 부르는데 백종(百種)은 백가지 곡식의 종자(種子)를 다 갖추어 놓
았다는 의미로, 이 무렵이면 각종 과일과 채소가 많이 나오기 때문이다.
한편 7월 15일 절(寺)에서 열리는 우란분회(盂蘭盆會)에 참여하는 승려들이
발을 닦아 발뒤꿈치가 하얗게 되어 백종(白踵)이 되었다거나 7월에 논과
밭매기를 끝낸 농부들이 호미씻이(洗鋤宴)를 하고 나면 발뒤꿈치가 하얗게
되어 백종(白踵)이라 하게 되었다는 민간어원설도 있다.

---

7) 임동권 외 공저(2000 : 191-192) 참조.

두 번째로 백중은 중원(中元)이라고도 알려져 있는데 중원은 도가(道家)에서 사용하는 용어로, 도교(道敎)에서는 하늘의 선관(仙官)이 인간의 선악(善惡)을 일 년에 3번 매긴다고 하는데 그 시기를 원(元)이라고 하여 첫 번째가 상원(上元 : 정월 대보름), 두 번째가 중원(中元 : 음력 7월 15일), 세 번째가 하원(下元 : 음력 10월 15일)이며 이날에는 초제(醮祭 : 성신(星辰)에 지내는 제사)를 지냈다고 한다. 따라서 백중은 세 개의 원(元) 중에서 가운데에 해당하는 중원(中元)인 셈이다.

세 번째로는 백중을 망혼일(亡魂日)이라고 부르기도 하는데 이것은 돌아가신 부모님에게 천신(薦新)하는 풍습에서 유래한 말이며 『동국세시기』에 보면 이 날 저녁에 달이 뜨면 채소, 과일, 술, 밥을 차려 놓고 죽은 어버이의 혼(魂)을 부른다는 기록이 남아 있다. 특히 불교에서는 백중날 절에서 우란분회(盂蘭盆會)를 열어 재(齋)를 올리고 불공을 드리는 큰 명절로 여겨 왔다. 우란분회와 관련해서 다음과 같은 불교 설화가 전해져 내려오고 있다. 가령 석가모니의 제자인 목련비구(目蓮比丘)의 어머니가 생전에 죄를 지어 저승의 아귀도(餓鬼道 : 목마름과 배고픔의 고통으로 가득찬 세상으로 불교 6도 중의 하나)에서 고통을 받을 때, 어머니의 영혼을 구하고자 석가모니에게 애원한 목련존자가 석가모니의 가르침에 따라 7월 15일에 오미백과를 쟁반(盆)에 받들어 시방대덕(十方大德 : 온 세상의 부처)에게 공양하여 어머니의 영혼을 구하였다는 설화가 지금도 남아 있다. 한편 우란분(盂蘭盆)은 '거꾸로 매달리다'는 뜻의 산스크리트어 avalambana에 어원을 둔 ullambana의 한자역어(漢字譯語)이다. 이 뜻이 의미하는 것은 자손이 끊겨 공양을 받지 못하는 죽은 자의 혼(魂)은 저승에서도 나쁜 곳에 떨어져 거꾸로 매달리는 고통을 받는데 이러한 혼(魂)들에게 음식을 바쳐 고통에서 구원한다는 민간신앙의 전통이 불교와 합쳐진 것으로 여겨지기도 한다.

네 번째로 백중은 머슴날 혹은 노비일(奴婢日)로 여겨지기도 하였다. 원래 머슴날은 음력으로 2월 1일인데 일명 노비일(奴婢日)이라고 부른다. 이 날은 가을 추수가 끝난 후 오랫동안 쉬던 머슴들이 2월이 되면서 농사 준비를 해야 하므로 그들을 위로하는 날이다. 즉 그들로 하여금 하루를 즐겁게 쉬게 하며, 주인은 술과 음식을 한턱내고 머슴들은 농악을 울리고 노래와 춤으로 하루를 즐긴다. 이에 반하여 7월의 머슴날인 백중일은 그 반대의 의미를 가지고 있다. 즉 백중은 농사일이 거의 끝나가는 시기에 행하여지는 머슴들의 잔치였던 것이다. 다시 말해서 우리 조상들은 농사일을 시작할 때와 끝나갈 때를 맞이하여 잔치를 벌였는데 특히 농사가 끝날 때가 되면 주된 노동력을 제공했던 머슴들에게 힘을 북돋아 주고 또한 그동안의 노고에 감사하기 위하여 잔치를 베풀었던 것이다.

농가에서도 백중 혹은 백종이 되면 하루는 일손을 쉬고 머슴에게 휴가를 주고 돈을 주어 시장에 가서 하루를 즐기도록 하는데, 이 때의 장을 백중장 혹은 백종장(百種場)이라고 한다. 따라서 백중장에는 집집마다 머슴들이 용돈을 타 가지고 와서 술을 마시고 물건을 사므로 장사꾼들은 대목을 보게 되며, 시장은 인파를 이루고 평상시보다 큰 장(場)이 서게 된다. 이렇게 백중은 머슴들의 명일(名日)이었으므로 '머슴의 생일'이라고도 불렀다. 백중에 주는 돈을 '백중돈'이라 하며, 백중돈은 집안의 장정과 아이들에게도 주었다. 따라서 백중장은 먹고 마시고 구경하러 나온 사람들로 성시를 이루었고 갖가지 흥행이 벌어졌다.

한편 '어정 7월 동동 8월'이라는 말이 있듯이, 7월이면 농촌에서는 밭매기와 논매기가 거의 끝나고 바쁜 일이 없을 때이므로 대부분의 지방에서는 백중 때에는 '호미씻이'(세서연 洗鋤宴)를 하며 마을 사람들이 춤추고 먹고 마시며 즐겼다. 여름농사가 거의 끝나면 논이나 밭을 매는 호미가 필요없게 되므로 깨끗이 씻어 둔다고 해서 생긴 이름이다. 그러나 강원도 지방에서는 써레를 씻어 둔다고 해서 '써레씻이'라고도 한다.

또한 백중은 늦더위가 남아 있는 계절이라서 이때의 시절 음식은 주로 몸을 보양하는 음식이 많다. 백중에 경상도 지방에서는 백가지(百種) 나물을 해 먹는다고 하는데, 백가지나 되는 나물을 장만할 수 없으므로 가지의 껍질을 벗겨 희게 만든 백가지(白茄子) 나물을 만들어 먹는다. 한편 전라도 지방에서는 이때에 소라와 다슬기가 제철이므로 이를 시식으로 먹기도 한다. 이외의 백중음식은 따로 없고 대개 여름철을 대표하는 음식을 시식으로 먹는데, 이러한 여름철 음식은 더위를 견딜 수 있도록 기를 돋우고 몸을 보하게 하는 것이 특징이다. 특히 무주의 전통향토 음식인 어죽은 민물고기에다 쌀을 곁들인 백중날의 특별음식 이다. 이와 비슷하게 서울의 장안 사람들은 여름날 보양음식으로 민어탕을 만들어 먹었다. 즉 제철에 생산된 민어를 손질하여 토막을 내고 고추장으로 간을 하여 도톰하게 썬 애호박을 넣고 파, 마늘, 생강 등으로 양념하여 자극성 있게 끓인 탕이다.8) 이상에서 살펴본 바와 같이 백중은 우리의 농가(農家)의 대표적인 명절이었고, 일상적인 생활 속에서 중요한 기능을 하였으며 백중과 관련해서 다양한 민속문화가 지금까지도 전해지고 있음을 알 수 있다.

4 어린이들을 위한 전통문화교육의 진정한 가치

오늘날 국가의 경쟁력은 최첨단 과학기술과 산업자원에 못지않게 문화자원과 문화정보 그리고 문화콘텐츠 자원이 중요하게 인식되고 있다. 이러한 입장에서 보면 우리의 전통문화 속에 녹아들어 있는 엄청난 양의 문화정보는 중요한 경제적인 자원이 될 수 있다. 그러나 더 중요한 것은

---

8) 임동권 외 공저, 앞의 책, 203-204쪽.

테크놀로지에 근간을 둔 기술력이든지 문화정보와 콘텐츠와 관련해서 경쟁력이 뛰어나다고 해도 이러한 자원을 지속적으로 개발하고 이러한 자원이 미래의 사회를 위하여 유용하게 이용되기 위해서는 기술력이 우수한 인적 자원뿐만 아니라 공동체와 사회에 헌신할 수 있는 내면적으로 성숙된 인적 자원도 또한 필요한 것이다.

전통문화 그리고 좀 더 구체적으로 민속문화는 이러한 시대적인 분위기 속에서 한편으로는 문화콘텐츠의 핵심적인 보고(寶庫)로 중요한 기능을 담당하고 있으며 다른 한편으로는 청소년과 같은 미래의 사회구성원들에게 자신들의 정체성과 사회에 대한 책임감을 함양시켜줄 수 있는 전통적인 정신문화의 본산(本山)이 되기도 한다.

또한 전통문화에 대한 교육은 다른 교육과는 달리 우선 전통문화를 볼 수 있는 안목을 가지고 접근을 해야 할 것 같다. 피상적으로 드러난 문화만을 보고 전체를 해석하기보다는 문화를 보는 다각적인 시각에서 전통문화를 접근함으로써 좀 더 본질적으로 그리고 체계적으로 전통문화 특히 민속문화를 제대로 이해할 수 있다. 그리고 민속문화 속에는 책이나 박물관에서는 결코 느낄 수 없는 살아서 움직이고 생동하고 그래서 몸과 마음으로 느낄 수 있는 민속의 '현장성'이 들어 있다. 따라서 교실 안에서 문화적인 시각을 가지고 전통문화를 체계적으로 접근하면서 교실 밖에서는 민속의 현장성을 고려한 교육 프로그램이 만들어진다면 청소년들에게 전통문화를 통하여 그 속에 담겨 있는 남을 배려하는 일상적인 생활, 공동체의식, 권선징악의 마음가짐, 대승적인 삶의 가치 등과 같은 전통적인 삶의 지혜와 철학을 진진하게 느끼고 직접 실천할 수 있는 기회를 제공해 줄 것이다.

―『일산 박상규 교수 회갑기념논문집』, 역락, 2008

제 6 장

현대 청소년을 위한 효(孝)와 민속

1 현대 한국사회와 효(孝)

한국문화가 가지고 있는 특징 중의 하나를 말한다면 여러 가지가 있겠지만 효(孝)가 가장 대표적인 것 중의 하나가 될 것이다. 그러나 이러한 효의 문제도 인류문화라는 좀 더 큰 틀에서 보면 그렇게 특별하게 보이지 않을 수도 있다. 가령 '사람이 어디에서 와서 어떻게 살아가고 어디로 가는가?'라는 보통 사람이라면 한번쯤 가져봄직한 일반적인 질문에 다양한 해답을 인류문화 속에서 찾아볼 수 있다. 비록 이러한 질문에 대한 해답이 인류문화에 따라서 완전하지는 못하지만 종교, 다양한 의례, 친족조직, 생업활동, 설화, 민요 등에 투영되어 있기도 하다. 한국문화에서 볼 수 있는 효(孝) 문화는 한편으로는 인류문화의 보편적인 특성을 가지고 있기도 하지만 다른 한편으로는 한국문화 속에서 더 체계화되고 다듬어져서 한국인이 가지는 특수하고 독창적인 문화이기도 하다.

효(孝)라는 것은 인간이 가져야 하는 당연한 의무요 책임이라고 이야기할 수도 있지만 문화에 따라서 받아들이는 입장이 다를 수도 있는 것이다. 한국문화의 정수라고도 할 수 있는 효 문화를 좀 더 구체적으로 살펴보기 위해서 다양한 측면에서 효 문화를 접근해 보려고 한다. 우선 한국문화의 근간을 이루는 불교문화와 관련해서 효 문화를 살펴볼 수 있다. 또한 설화, 속담 그리고 동물상징을 중심으로 한 일상적인 생활문화 속에 나타난 효 문화를 고찰해 볼 수 있는데 민중들의 삶 속에 깊숙하게 투영되어 있는 전반적인 한국의 효 문화를 이해하는데 많은 자료를 제공해준다. 마지막으로는 유교문화 속에서 집중적으로 조명을 받고 있는 충(忠)과 효(孝) 사상 속에서 효를 집중적으로 살펴보고자 한다.

효(孝)의 기본이 되는 충(忠)의 정신을 고취하는 제20회 남이흥장군문화제

2 불교문화 속의 효

한국문화 속에서 불교문화는 겉으로 보면 잘 느낄 수 없을 수도 있지만 한국문화의 곳곳에 영향을 미치지 않는 곳이 없을 정도로 지대한 영향을 가져다 준 종교이며 생활철학이다. 특히 오늘날 전해지는 삼국시대와 고려시대 관련 자료와 기록을 보면 불교의 영향이 두드러진다. 효(孝)라는 개념도 어떻게 보면 인간이 살아가면서 행하여야 할 가장 근본이되는 실천 도덕이면서 또한 이상적인 인간의 삶을 위한 철학이기도 하기 때문에 불교문화와 많은 연관성을 가지고 있다. 고려시대의 대표적인 문헌자료이면서 단군에서부터 삼국시대까지의 전반적인 역사 이야기인 『삼국유사』에도 효(孝)는 중요한 주제로 다루어지고 있다.

예를 들어서 『삼국유사』의 「효선」 편에 보면 삼국시대에 만연했던 불교문화 속에 내재되어 있는 효와 관련된 모두 다섯 편의 이야기가 기록되어 있다. 다섯 편의 대략적인 내용을 살펴보면, 첫 번째는 진정사(眞定師)가 노모를 정성으로 공양하다가 현세의 공양보다는 내세의 공양을 위하여 출가한다는 내용이고, 두 번째 이야기는 현세의 부모를 위하여 불국사를 세우고 전생의 부모를 위하여 석불사를 세우게 되는 김대성에 대한 이야기이며, 세 번째 이야기는 흉년이 들어서 굶어죽게 되자 자신의 허벅지살을 베어 부모를 공양한 향득사지(向得舍知)의 이야기이며, 네 번째는 어려운 살림에 노모를 봉양하면서 노모의 밥을 어린 자식이 빼앗아 먹자 노모가 배불리 먹을 수 있게 하기 위해서 어린 자식을 땅에 묻기 위해서 산에 갔다가 석종(石鐘)을 발견한다는 이야기이며, 다섯 번째는 어머니를 정성으로 봉양한 가난한 딸에 대한 이야기이다. 이중에서 네 번째 이야기의 내용을 좀 더 자세하게 기술해 보면 다음과 같다.

손순(孫順)은 모량리 사람으로서 아버지는 학산(鶴山)이다. 아버지가 죽자 손순은 아내와 함께 남의 집에서 품을 팔아 곡식을 얻고 노모를 봉양하였으며, 어머니의 이름은 운오(運烏)라고 하였다. 손순에게는 어린 아들이 있었는데 매양 어머니의 밥을 빼앗아 먹자 손순이 딱하게 여겨서 그의 아내에게 말하기를 "아이는 또 얻을 수 있지만 어머니는 다시 모실 수가 없소. 아이가 그 밥을 빼앗아 먹으니 어머니가 얼마나 배가 고프시겠소. 그러니 이 아이를 땅에 묻어서 어머니가 배불리 드시도록 해야겠소."라고 하였다. 그리고 아이를 등에 업고 취산(醉山) 북교(北郊)로 가서 땅을 파자 갑자기 석종(石鐘)이 나왔는데, 매우 기이하여 부부가 놀라고 괴이하게 여겼다. 잠시 나무 위에 걸고 시험 삼아 쳐보니 그 소리가 은은하여 듣기가 좋았다. 아내가 말하기를, "이상한 물건을 얻음은 아마 아이의 복인듯 하니 묻어서는 안됩니다."라고 하자, 남편 또한 그렇게 여겨서 아이를 종과 함께 업고 집으로 돌아와서 들보에 매달고 쳤다. 그 소리가 대궐까지 들려 흥덕왕이 듣고 신하들에게 말하기를, "서쪽 교외에서 이상한 종소리가 들리는데 그 청아함이 이를 데 없으니 속히 가서 조사해 보라."고 하였다. 왕의 사신이 와서 그의 집을 조사하고 사유를 갖추어 아뢰니, 왕이 말하기를, "옛날 곽거(郭巨)가 아들을 묻으려고 하자 하늘이 금부(金釜)를 내려주었는데, 이제 손순이 아이를 묻으려고 하자 땅에서 석종이 솟았으니 곽거의 효와 손순의 효는 천지 사이의 거울이 된다."라고 하며, 집 한 채를 하사하고 해마다 멥쌀 50석을 주어서 지극한 효를 기렸다.

이상의 내용을 보면 먹을 것이 턱없이 부족한 어려운 살림에 노모(老母)를 제대로 봉양하기 위하여 어린 자식을 땅에 묻어버리려고 하는 효자 부부의 효성이 하늘을 감동시켜서 석종(石鐘)을 얻게 되며, 이러한 사실을 안 나라의 왕이 집과 상을 내려서 어린 자식을 버릴 필요도 없게 되었고, 노모도 넉넉하게 봉양할 수 있게 되었다는 이야기이다.

한편 전국에 흩어져서 전승되고 있는 불교설화 중에도 효와 관련된 내용이 많은 편이다. 옷깃만 스쳐도 인연이라고 생각하는 불교적인 사고관에서 보면 부모와 자식 사이의 인연은 정말로 엄청난 인연이요, 과거는 물론이고 현재와 미래가 촘촘하게 엮어져 있는 인연의 끈에서 가장 단단하게 묶여져 있는 인연인지도 모른다. 그러므로 부모에게 효성을 다 하는 것은 전생에서 받았던 은혜를 갚는 것이기도 하면서 앞으로 경험하게 될 내세에서도 좋은 인연을 가질 수 있는 선(善)한 업(業)을 가지는 것이기도 하다. 아래에서 이러한 불교설화 중의 하나를 소개하면 다음과 같다.

> 김신이라는 자는 원나라 조정을 섬기고 있었다. 그런데 그의 어머니가 왜구들에 의해 살해당하였다는 사실을 어느 정도 세월이 흘러서야 알았다. 그리하여 황급히 그곳(으로) 가보았다. 살해당한 사람이 그의 어머니 혼자가 아니었기 때문에 여러 백골이 뒹굴고 있었다. 그리하여 어느 것이 그의 어머니의 것인지 분간하기가 어려웠다. 그럼에도 불구하고 열심히 찾아 자신의 모친의 것으로 생각되는 백골을 주웠다. 그러나 확실한 근거가 없기 때문에 김신은 하늘을 우러러 보고 통곡을 하였다. 그리고 그 백골이 분명히 자신의 모친의 것이라면 색깔을 변해 보이도록 기원을 했다. 그 기도 소리가 채 끝나기 전에 그 백골은 푸른 색깔로 변하였으며 이를 보고 있는 동안 갑자기 하늘이 어둡고 큰 비가 내렸다. 이는 김신의 효심에 감탄한 죽은 모친의 영혼이 감응을 나타낸 것이었다. 이 사실을 들은 임금은 명을 내려 그의 모친을 위해 사당을 지어 모시게 했다 한다.
>
> — 한정섭, 2003a : 838-839

위의 설화는 『부모은중경(父母恩重經)』에 나오는 부모님의 뼈를 소중하게 취급해야 한다는 내용과 관련지어서 논의해 볼 수 있으며, 또한 부모님의 뼈를 소중하게 여기는 한국의 전통적인 효(孝) 문화를 간접적으로 제시하고 있다. 특히 어머니의 뼈와 효의 관계를 나타내는 부분과 밀접한 관련성이 있어 보인다. 가령 예를 들어서 『부모은중경(父母恩重經)』에 보면 다음과 같은 내용이 들어 있다.

> … 生男養女 一廻生箇孩兒 流出三斗三勝凝血 飲孃八斛四斗白乳 所以骨頭黑了又輕 …
>
> … 아들을 낳고 딸을 기르는 데 있어 한번 아이를 낳으려 하면 엉긴 피를 서말 석 되나 흘리고, 어머니는 여덟 섬 여덟 말의 흰 젖을 먹여야 하는 까닭에 머리뼈가 검고 또한 가벼운 것이다. …
>
> ― 권오석, 1994 : 48-49

한국의 민속문화를 보면 부모에게 살아생전에 효(孝)를 다하는 것도 중요하지만 부모님이 돌아가신 후에도 부모의 제사를 소홀히 할 수 없다. 이러한 문화는 관례(冠禮), 혼례(婚禮), 상례(喪禮), 제례(祭禮)와 같은 관혼상제(冠婚喪祭)를 소중하게 여겼던 유교의 영향으로도 볼 수 있다. 특히 제례에서 볼 수 있는 복잡한 제의(祭儀)의 절차는 유교문화의 특징이기도 하다. 그러나 뼈를 소중하게 다루는 전통은 『부모은중경(父母恩重經)』의 내용에서나 불교설화에서 볼 수 있는 바와 같이 불교문화 속에도 들어 있음을 알 수 있다. 따라서 불교의 교리와 함께 민중들에게 전해진 『부모은중경(父母恩重經)』은 한국의 효(孝) 문화를 형성하는 데 기초가 되었을 가능성을 배제할 수 없다.

한편 『부모은중경(父母恩重經)』의 주요 내용은 부모의 은혜를 크게 열 가지[1]로 나누어서 기술하고 있으며 또한 생전에 부모의 은혜를 등한시하

---

1) 『부모은중경』에 나오는 부모의 은혜 열 가지는 다음과 같다. 첫 번째 자식을 잉태하고 지켜준 은혜, 두 번째 해산할 때 고통을 받는 은혜, 세 번째 자식을 낳고서 근심을 잊는 은혜, 네 번째 자식을 위하여 쓴 것도 삼키고 단 것도 뱉어 먹여주신 은혜, 다섯 번째 자식을 위하여 진자리 마른자리를 가려 뉘어주신 은혜, 여섯 번째 젖을 먹여주고 키워주신 은혜, 일곱 번째 깨끗하지 않은 것을 씻어주신 은혜, 여덟 번째 자식이 멀리 여행함을 걱정해 주시는 은혜, 아홉 번째 자식을 위해서 악업을 거듭하

여 불효를 하게 되면 죽어서 지옥에 떨어져서 엄청난 고통과 벌을 받는다는 내용도 들어 있다. 이러한 내용은 현세에서 선한 업을 쌓아야 하는데 그중에서도 가장 중요한 것이 효행을 실천하는 것임을 강조하고 있다. 또한 이러한 덕목의 실천을 통하여 내세에서도 좋은 복을 받을 수 있다는 불교의 사상과 철학이 밑바탕에 짙게 내재되어 있는 것이다.

3 일상적인 생활문화 속의 효

효(孝)는 가장 기본적인 인간의 도리이면서 또한 가장 실천하기 힘든 생활의 덕목이기도 하다. 오늘날에도 효행상을 제정하고, 효자와 효부를 선발하여 표창(表彰)하기도 하는 것을 보면 시대는 바뀌었지만 효(孝)는 현대사회에서도 가장 중요한 실천덕목의 하나로 한국사회에서 기능을 하고 있음을 알 수 있다. 오늘날 한국문화가 다른 외국의 문화와 비교해서 가질 수 있는 독창성 중의 하나가 바로 효 문화일 것이다. 효가 만연한 한국사회에서 아직까지도 효가 중요한 생활덕목이 되고 있는 것은 일상적인 생활문화 속에 녹아 있는 효(孝) 문화가 여전히 전승되고 있기 때문이다. 이러한 생활문화 속의 효 문화를 살펴보기 위하여 효와 관련된 설화, 속담, 동물상징 등을 중심으로 고찰하고자 한다.

(1) 효 설화

효와 관련된 설화는 전국에서 다양하게 전승되고 있다. 효와 관련된 설화는 주로 전설과 민담이 주축을 이루고 있다고 해도 과언이 아니

시는 은혜, 열 번째 끝까지 자식을 불쌍히 여기는 은혜 등이다.

다. 전국에서 전승되고 있는 수많은 전설 중에서 효성의 상징이 되고 있는 경북 예천군의 느티나무와 관련된 전설의 내용을 소개하면 아래와 같다.

… 지금으로부터 약 60여 년 전 남씨(南氏) 가문에 영필(永弼)이라는 마음씨 착하고 어버이 섬기기에 게을리 하지 않은 사람이 있었다. 영필은 어려서부터 아버지를 도와 나무팔이를 하여 의식(衣食)을 근근히 해결하면서도 조금도 짜증을 내지 않는 효자였다. 어느날 나무를 하여 집에 돌아오니 그의 아버지는 병환으로 누워 있었다. 그날부터 그는 원근(遠近)을 무릅쓰고 약을 구하여 아버지를 간호하였으나 차도는 없고 점점 악화되기만 하여 낮으로는 나무하기를 계속하고 밤으로는 칠성단에서 천신에 기도(祈禱)를 드리기 시작했다. 드디어 99일째 되는 날 밤 흰옷을 입고 수염이 길다란 한 노인이 나타나더니 "네 아버지의 병은 남쪽으로 가서 약을 구하면 고칠 수 있으리라" 하고는 자취를 감추어 버렸다. 영필은 날이 밝기가 무섭게 행장을 꾸려 약을 구하려고 30여리를 갔더니 길 옆 큰 느티나무 아래에 약의 행방을 알려준 흰옷을 입고 수염이 길다란 그 노인이 있기에 공손(恭遜)히 절을 하고 사정을 이야기한 다음 약을 구하여줄 수 없는가를 물었더니 노인이 이르는 말이 "나는 약국도 아니요, 의원도 아니니 아무것도 모른다."고 하였다. 다시 백 번 절하고 간청(懇請)하였더니 노인은 웃으면서 혁대에 찬 주머니 끈을 풀어 환약(丸藥)을 세 알 내어 주며 이것도 약이 될지 모르지만 한번 사용해 보라 하기에 영필은 감사히 받아 들고 집에 돌아오려고 몇 발자국을 옮긴 후에 돌아다보니 노인은 온데간데 없이 사라지고 큰 느티나무만 우뚝 서 있을 뿐이었다. 약을 쓴 그의 아버지는 점차 차도를 보이더니 수일 후에는 완쾌되어 오래도록 살았다. 이러한 소문이 원근(遠近)없이 피지니 모두들 영필의 갸륵한 효성을 친앙(讚揚)하였으며 지금도 그의 효자비(孝子碑)가 서 있어 그 앞을 오가는 사람들의 발걸음을 멈추게 하고 있다.

—산림청 임업연수원, 1988 : 175-176

128

위에서 기술한 전설의 소재가 된 경상북도 예천군(醴泉郡) 보문면(普門面) 작곡동(鵲谷洞)에 있는 느티나무는 효성(孝誠)의 상징으로 비추어지기도 하는데, 이것은 "지성이면 감천이라."는 옛말과 같이 효심이 지극하면 하늘이 감응하듯이 나무도 감응을 해서 효자를 도와준다는 의미를 내포하고 있다.

한편 효(孝)와 관련된 전설은 구비전승되는 이야기와 관련하여 시대가 분명하고 일종의 증거가 되는 자연물이나 인공물이 존재하고 또한 전설이 전승되는 구체적이고도 정확한 지역이 남아 있는 경우가 대부분이다. 이러한 전설에 비하여 민담은 구체적인 시대를 알 수 없고 이야기가 구비전승되는 구체적인 지역도 알 수 없는 경우가 대부분이지만 민중들의 생활공간에서 입에서 입으로 전승되어 온 소중한 문화유산으로 역시 가치를 가지고 있는 것이다. 아래의 내용은 고려장과 관련된 전국적으로 전승되고 있는 민담으로 그 속에는 부모에 대한 효가 강조되어 있다.

어떤 아들이 늙은 아버지를 모시고 있었다. 그 당시에는 노인이 일흔 살이 넘으면 깊은 산속에 버리도록 나라의 법으로 정해져 있었다. 이윽고 아버지가 일흔 살을 넘기자 아들은 국법에 따라 아버지를 버리기로 작정했다. 아버지를 버리기로 한 날, 아들은 아버지를 지게에 싣고 깊은 산속으로 향했다. 그때 어린 아들이 아버지가 할아버지를 버리려는 것을 알아채고 가만히 뒤쫓아갔다. 깊은 산속에 이르자 아들은 아버지를 내려놓은 후 눈물을 흘리며 말했다. "자식으로 면목이 없습니다. 하지만 나라의 법으로 정해져 있는 일이니 전들 어찌하겠습니까? 여기 얼마간 드실 양식과 물을 놓고 갈 터이니 부디 저희를 원망하지 마시고 편히 가십시오." 아들은 아버지 앞에 무릎을 꿇고 정중히 절을 올린 후 이내 등을 돌려 걸음을 옮겼다. 그가 뒤를 돌아보지 않은 채 한참을 내려가자 뒤에서 어린 아들이 낑낑대며 지게를 메고 오는 모습이 보였다. 그는 버럭 화를 내며 아들에게 소리쳤다. "아버님을 버리고 오는 것도 마음이 아픈데, 너는 어찌하여 그런 흉한 물건을 다시 가져오는 게냐?" 그러자 어린 아들이 이마에 맺힌 땀방울을 손등으로 닦으며 대답했다. "나중에 쓸 데가 있어서 되가져오는 것입니다." "그런 물건을 어디에다 다시 쓴단 말이냐?" "왜 없겠습니까? 지금 아버님의 연세는 적지 않습니다. 나중에 아버님의 연세가 일흔 살이 되면 저도 이 지게에 아버님을 싣고 이곳에 와야 하지 않겠습니까?" 어린 아들의 말을 들은 아버지는 잠시 넋이 나간 모습으로 아들의 얼굴을 바라보았다. 멀거니 아들을 바라보던 아버지는 잠시 고개를 떨구더니 이내 걸음을 되돌려 산을 오르기 시작했다. "어디 가십니까?" "다시 아버님을 모셔 와야겠다." 마침내 그는 깊이 깨우친 바가 있어 다시 늙은 아버지를 지성으로 봉양하였으며, 이후로는 나라에서 노인을 버리는 풍습이 없어졌다고 한다.

— 이용범, 2004 : 287-288

이상의 내용은 고려장과 관련된 이야기인데 자신이 부모에게 한만큼 자신도 자식들에게 똑같이 받는다는 교훈을 일깨워준다. 따라서 살아생전에 부모를 잘 공양하고 효도를 드리면 이러한 선행을 자식들이 본받게 되며, 반대로 부모를 잘 공양하지 못하면 자식들도 나중에 불효를 하게 된다는 내용을 담고 있다. 한편 또 다른 유형의 고려장 이야기는 한편으로는 효(孝)의 중요성을 강조하고 있으며, 다른 한편으로는 노인들을 존경해야 함을 강조하고 있다. 특히 나이가 든다는 것은 신체적으로는 젊은이에게 의지해야 하는 나약한 존재인지 모르지만, 정신적으로 보면 인생의 경험이 풍부한 생활문화의 수수께끼를 풀 수 있는 현명한 철학자로서 높은 위치에 있음을 강조하고 있다. 이러한 고려장의 이야기는 다음과 같다.

고려시대 때, 한 정승이 있었는데 청렴결백한 성품으로 백성들로부터 신망을 받았을 뿐만 아니라 부모에 대한 효성도 지극했다. 하지만 당시에는 부모의 나이가 예순 살이 넘으면 산에 버리게 하는 국법이 있었다. 정승에게는 늙은 아버지가 있었다. 아버지는 예순 살이 되자 아들의 부담을 덜어주기 위해 스스로 산에 들어가고자 하였다. "얘야, 이제 내 나이 예순이 넘었으니 산으로 떠나야겠다. 너무 마음 아파할 것 없다. 나라의 법이란 모든 백성에게 골고루 적용되는 것이 아니냐". 아버지가 그런 말을 할 때마다 정승은 펄쩍 뛰며 눈물을 흘렸다. 그러나 정승으로서 반드시 나라의 법을 지켜야 할 처지였다. 생각 끝에 그는 뒷마당에 깊은 구덩이를 파고 아버지를 숨겨놓았다. 그러고는 매일 먹을 것과 입을 것을 넣어주고, 밤이 되면 몰래 찾아가 문안을 올렸다. 그 때 중국 사신이 고려 조정에 도착하여 거만을 떨었다. "고려에 인재가 많다고 들었는데, 우리 황제께서 친히 시험을 하시고자 세 가지 수수께끼를 내셨소. 만일 세 가지 수수께끼를 모두 풀면 그냥 물러갈 것이로되, 풀지 못하면 고려를 영원한 속국으로 삼겠소". 그러면서 중국 사신은 세 가지 수수께끼를 냈다. "첫 번째 수수께끼를 말하겠소. 호두 알만한 구슬이 하나 있는데, 그 속이 구불구불한 구멍으로 뚫려 있소. 가는 명주실로 한쪽 구멍에서 꿰어 맞은편 구멍으로 나오게 하시오". "두 번째 수수께끼를 내겠소. 생김새와 크기가 똑같은 말이 있는데, 하나는 어미이고 하나는 새끼요. 손을 대지 않고 어미와 새끼를 가려내는 방법을 말하시오". "세 번째 수수께끼는 나뭇가지 하나로 백 가지 나물을 만들라는 것이오". 난감해진 조정의 대신들은 모두 정승을 바라보았다. 조정에서 가장 현명한 신하로 이름이 나 있었기 때문이었다. 하지만 정승도 세 가지 수수께끼의 정답을 알아낼 도리가 없었다. 결국 그는 근심을 안은 채 집으로 돌아와 구덩이 속에 숨어 있는 아버지를 찾아갔다. "네 얼굴이 어두운 것을 보니 나라에 무슨 일이 있는 게로구나". 정승은 중국 사신이 도착한 사실과 세 가지 수수께끼에 대해 자세히 설명했다. 아버지는 한참 동안 생각에 잠기더니 이내 정승에게 말했다. "어려운 것 같지만 잘 생각하면 어려운 수수께끼가 아니다. 먼저 구슬 속의 구불구불한 구멍에 실을 꿰려면 개미의 허리에 실을 매고 맞은편 구멍에 꿀을 발라놓으면 된단다. 그러면 개미가 꿀을 찾아 구멍을 지나게 되지". 그 말을 들은 아들은 무릎을 내리쳤다. "그리고 말은 이빨을 보면 나이를 알 수 있다. 하지만 손가락 하나 대지 못한다

131

니 두 마리에게 꿀을 주어보면 어미와 새끼를 알 수 있다. 어미는 먼저 그 새끼에게 먹을 것을 밀어주는 법이다." 이번에도 아들은 아버지의 말이 옳다고 여겼다. 아버지는 세 번째 수수께끼에도 명확한 답을 일러주었다. 이튿날 정승은 가벼운 마음으로 궁궐에 들어갔다. 수수께끼를 풀기 위해 밤새 잠을 이루지 못한 대신들과 임금은 여전히 풀이 죽어 있었다. 이윽고 중국 사신이 들어오며 거드름을 피웠다. "오늘 아침까지 시간을 주었으니 수수께끼를 모두 풀었겠지요?" 정승이 어깨를 펴고 앞으로 나서며 대답했다. "그렇습니다. 세 가지 수수께끼를 모두 풀었습니다." 정승은 간밤에 아버지가 일러준 두 가지 수수께끼의 답을 말했다. 깜짝 놀란 중국 사신이 정승을 노려보며 말했다. "그럼 마지막 수수께끼의 정답은 무엇이오?" 문득 정승은 보자기 하나를 꺼내 펼쳤다. 그 안에는 흰 나뭇가지가 들어 있었다. 정승은 흰 나뭇가지를 꺼내더니 갖은 양념을 뿌려 가며 손으로 서걱서걱 무치기 시작했다. "다 되었습니다. 이것이 백 가지 나물입니다." 중국 사신이 어이없다는 표정으로 정승에게 말했다. "이것이 어째서 백 가지 나물이란 말이오?" 정승이 가만히 미소를 떠올리며 대꾸했다. "이것이 흰(白) 나뭇가지로 무친 나물입니다. 그러니 백(白) 가지 나물이 아니고 무엇입니까?" 그리하여 중국 사신은 창피만 당한 채 서둘러 중국으로 돌아갔다. 임금이 탄복하며 정승에게 말했다. "그대의 지혜는 따를 자가 없을 것이오!" "황송하오나 수수께끼를 푼 것은 신이 아니라 신의 아비입니다." "그렇다면 그대의 아비에게 상을 내려야겠구려." 그 때 정승은 임금 앞에 무릎을 꿇고 눈물을 흘리며 말했다. "사실 신의 아비는 올해 예순 살을 넘겼습니다. 이 나라의 법에 따르면 벌써 고려장을 당했어야 하는 나이입니다. 그러나 신은 차마 아비를 버릴 수 없어 몰래 숨겨놓았습니다. 만일 신의 아비가 없었다면 수수께끼를 풀 수 없었을 것입니다. 하지만 이번 일로 인해 아비의 존재가 세상에 드러났으니 다시 산 속에 버려야 합니다." 임금은 정승의 얼굴을 한참 동안 바라보다가 가만히 그를 일으켜 세우며 말했다. "그렇게 지혜로운 이를 버린다는 것은 어리석은 짓이오. 앞으로는 나이 든 사람을 내다버리는 일이 없도록 하겠소." 그리하여 정승의 아버지는 무사히 살아나고, 고려장이라는

132

국법은 사라지고 말았다.

— 이용범, 2004 : 291-294

　수수께끼는 고도로 압축되어 있는 생활의 지혜이며, 일상적인 생활문화 전반에서 조금씩 축적되어서 오랜 시간 동안 구비전승 되어 온 구비단문이기 때문에 잔머리를 굴려서 풀 수 있는 성격의 단순한 물음이 아니다. 생활문화 속에서 잔뼈가 단단해져야 풀 수 있는 그러한 살아 있는 인생이요, 삶 자체인 것이다. 따라서 나이가 든 연장자는 생업의 현장에서 젊은이들에 비하여 다소 떨어지지만 생활문화 속에 축적되어서 전해져 오는 삶의 지혜와 철학을 전달해 주는 인생의 조언자요, 삶의 나침반 역할을 할 수 있는 소중한 존재로 존경의 대상이 될 수 있는 것이다. 한편 다음에 소개하는 효와 관련된 민담은 한국문화 속에 들어 있는 효의 극치를 보여준다.

　　옛날 어느 마을에 늙은 홀아비와 아들, 며느리 모두 세 식구가 살고 있었다. 조석의 끼니를 대기가 어려운 형편인데 아버지의 환갑날이 닥쳐왔다. 아들과 며느리는 아무리 궁리를 해도 아버지 환갑잔치를 할 도리가 없었다. 그러나 홀로 계신 아버지의 환갑날에 아무것도 없으면 얼마나 섭섭할 것이며 아들, 며느리로서도 죄송스러운 일이 아닐 수 없었다. 며느리는 생각 끝에 소담한 자기의 머리를 잘라 팔아서 그 돈으로 쌀을 사고 반찬을 마련하여 정성껏 상을 마련했다. 저녁이 되었다. 저녁상을 올리고 홀아비를 위로하기 위해서 아들은 화로를 두드리며 장단을 치고 며느리는 장단에 맞춰 춤을 추자 아버지는 기가 막혀 울고 있었다. 밤에 원님이 민정을 살피고자 순찰을 도는데, 어느 집엘 가니 봉창문에 그림자가 비치는데 춤추는 모습이 보이고 장단소리, 울음소리가 나므로 수상히 여겨 문을 열고 그 까닭을 물었다. 노인은 사정 이야기를 했다. 가난해서 며느리가 제 머리를 잘라 팔아서 환갑상을 차려 나를 위로하기 위해서 장단치고 춤을 춘다는 것이었다. 원님은 가족의 딱한 사정과 아들, 며느리의 효성에 감동되어 쌀과 옷감을 상으로 후하게 주어 위로했다고 한다.

—임동권, 1996 : 191-192²⁾

자신의 편의와 안락만을 생각하는 현대의 젊은이들에게 이러한 옛날 이야기가 어떠한 의미가 있을까? 더욱이 위에서 기술한 민담의 이야기 속에 나오는 효자뿐만 아니라 효부의 행동도 요즘 같으면 생각을 하기 힘든 경우이다. 자신의 외모에 관심이 있는 여성의 입장에서 매일 손질을 하여 가꾸어 온 자신의 머리를 시아버지의 환갑잔치를 위하여 머리를 손질할 필요도 없이 잘라서 볼품없이 생활한다고 과연 상상이나 할 수 있을까? 따라서 현대인들은 민담을 통하여 잠시나마 이전에 가졌던 효의 중요성을 다시 되새김질할 수 있는 것이다.

(2) 효와 관련된 속담

속담은 구비전승되는 구비단문으로 민중들의 생활문화를 잘 반영해 준다. 특히 압축되고 간결한 형식을 가지고 있어서 진솔한 민중들의 삶을 내포하고 있는 경우가 대부분이다. 효와 관련된 속담은 양적으로 그렇게 많은 편은 아니지만 한국의 효 문화와 민속을 보여주는 속담이 제법 많이 발견된다. 효와 관련된 이러한 속담을 구체적으로 살펴보면 다음과 같다.

- 효성(孝誠)이 지극하면 돌 위에 풀이난다.
- 효자(孝子) 끝에 불효. 나고 불효(不孝) 끝에 효자난다.
- 효자 효녀가 나면 집안이 망한다.

---

2) 이 민담은 1958년 8월 13일 경기도 여주군 당양리 노성진(당시 65세)으로부터 채록하였다고 한다.

- 나갔던 며느리 효도(孝道) 한다.
- 병신 자식이 효도 한다.
- 눈 먼 자식이 효자 노릇 한다.
- 버리댁3)이 효자 노릇 한다 .
- 발이 효도 자식보다 낫다.
- 긴 병(病)에 효자 없다.
- 잔 병(病)에 효자 없다.
- 삼년 구병(救病)에 불효 난다.
- 부모가 온 효자가 되어야 자식이 반 효자.
- 부모가 착해야 효자가 난다.
- 외아들이 효자 없다.

— 이기문, 『속담사전』

- 효부(孝婦) 없는 효자(孝子) 없다.
- 효성(孝誠)이 지극하면 돌 위에도 꽃이 핀다.
- 효성(孝誠)이 지극하면 하늘도 움직인다.
- 효자(孝子)가 불여악처(不女惡妻).
- 효 끝에 효자 난다.
- 효자 노릇을 할래도 부모(父母)가 받아 줘야 한다.
- 까마귀도 반포(反哺)의 효도(孝道)가 있고, 비둘기도 예절(禮節)을 안다.
- 매로 키운 자식이 효성(孝誠) 있다.
- 부모가 효자가 되어야 자식이 효자 된다.
- 자식이 부모 사랑 절반만 해도 효자다.
- 자식이 부모의 맘 반이면 효자 된다.
- 제 발이 효자보다 낫다.
- 집이 가난하면 효자(孝子)가 나고, 나라가 어지러우면 충신(忠臣)이 난다.

— 원영섭, 『우리속담사전』

---

3) 지지리 못나서 버리려고 했던 자식을 의미함.

- 효는 만선(萬善)의 근본이다.
- 효는 백행의 근본이다(孝百行之本). (『후한서(後漢書)』 나옴)
- 효는 부모를 섬기는 일로 시작해서 임금을 섬기고 입신하는 데서 끝난다(孝 始於事親 中於事君 終於立身). (『소학(小學)』에 나옴)
- 효는 세 가지로 구분되는데 가장 큰 효도는 부모를 존경하는 것이며 그 다음은 치욕되지 않게 하는 것이며 끝으로는 봉양하는 것이다(孝有三 大孝尊親 其次弗辱 其下能養). (『예기(禮記)』에 나옴)
- 효로써 임금을 섬기면 그것이 충이 된다(以孝事君則忠). (『효경(孝經)』에 나옴)
- 효성이 못 효성이다(以孝傷孝).
- 효성이 지극하면 돌 위에서도 풀이 난다.
- 효자가 악처만 못하다(孝子不如惡妻).
- 효자가 있어야 효부도 있다.
- 효자 끝에 불효나고 불효 끝에 효자 난다.
- 효자 끝에 효자 난다.
- 효자는 아버지의 좋은 점을 높이 찬양하고 아버지의 나쁜 점은 찬양하지 않는다(孝子揚父之美 不揚父之惡). (『곡양전(穀梁傳)』에 나옴)
- 효자 집에 효자 난다.
- 효자 효녀가 나면 집안이 망한다.

—송재선 『우리말 속담 큰사전』

- 효자는 하늘이 알아본다.

—심후섭, 『한국의 속담』

　　위에서 살펴본 바와 같이 효와 관련된 속담은 효자, 효녀, 효부(孝婦)와 같은 바람직한 인간상을 보여주거나 가정에서의 효는 국가에서는 충(忠)으로 연계시켜서 효를 가장 기본이 되는 덕목으로 인식하고 있었음을 보여준다. 또한 병신자식이나 눈 먼 자식 그리고 지지리 못나서 버리려고 했던 자식인 버리댁이 오히려 효자가 될 수 있음을 강조하는 속담도 두

드러진다. 효성이 지극하면 하늘도 감동한다는 종류의 속담은 효와 관련한 설화 속에서도 자주 등장하는 내용이기도 하다. 그 외에도 유교와 관련된 문헌이나 역사적인 문헌에 나오는 효(孝) 관련 내용이 인용되어서 속담으로 전승되는 경우도 발견된다.

(3) 효와 관련된 동물상징과 민속

효에 대한 민중들의 생활문화는 동물에 투영되고 빗대어져서 표현되기도 한다. 이러한 동물상징을 통한 효(孝) 문화에 등장하는 동물로는 까마귀, 원숭이, 호랑이, 비둘기, 솔개(또는 독수리), 사슴, 지네, 구렁이, 말, 게, 자라 등 다양한 편이다. 이렇게 동물에 빗대어서 효를 나타내는 방식으로는 고사성어(故事成語), 속담, 설화 등이 대표적이다. 먼저 고사성어(故事成語)를 통하여 동물의 습성을 인간의 효와 연관 짓고 있는 경우를 살펴보면 무엇보다도 반포지효(反哺之孝)가 대표적인 예가 될 것이다. 반포지효(反哺之孝)가 가지는 문자그대로의 의미는 "까마귀 새끼가 자라서 늙은 어미에게 먹이를 물어다 주는 효성이라는 뜻으로, 자식이 자라서 어버이를 봉양하며 길러 주신 은혜를 갚는 효행을 이르는 말"(차종환, 2003 : 188)이다. 원래 반포(反哺)는 자식이 커서 부모를 봉양함을 의미하며, 따라서 반포조(反哺鳥)는 반포하는 새라는 뜻으로 까마귀를 상징한다(이종택, 2005 : 102). 효와 관련해서 까마귀가 가지는 이러한 속성은 속담에도 잘 반영되어 있는데 가령 "까마귀도 반포(反哺)의 효도(孝道)가 있고, 비둘기도 예절(禮節)을 안다."라는 속담은 까마귀와 비둘기는 비록 동물이지만 자기를 낳아준 어미를 봉양하고, 자기들끼리는 질서가 있음을 강조하고 있다.

다음으로 민간에 전승되고 있는 구비문학 중에서 특히 민담을 보면 효성이 지극하면 동물이 도와주는 경우가 많다. 이러한 종류의 민담에 등장하는 동물로는 호랑이, 솔개(또는 독수리), 사슴, 지네, 구렁이, 말, 게, 자라 등이다(지교헌, 1997 : 31). 효자와 효부 그리고 효녀는 효성이 지극하여 동물의 도움을 받게 되는 민담이 많은데 이러한 동물로 가장 많이 등장하는 동물은 호랑이이다. 아래에서 호랑이가 도움을 주는 효와 관련된 민담 두 가지를 소개하면 다음과 같다.

한 가난한 효자가 있었는데 멀리 떨어진 남의 집에 머슴을 살면서 아침저녁으로 부모에게 음식을 가져가서 봉양하였다. 하루는 저녁 늦도록 일을 하다 보니 시간이 너무 늦어서 한밤중에 길을 걷게 되었다. 도중에 호랑이가 나타나서 그 효자를 등에 태우고는 순식간에 집까지 데려다 주었다. 효자는 계속하여 호랑이의 도움을 받아 부모를 봉양하였다.

— 지교헌, 1997 : 30

어느 산골에 장님 시아버지를 모신 젊은 홀며느리가 있었다. 어느날 친정에서 다녀가라는 기별을 받고 친정엘 갔더니 그의 친아버지가 재가하기를 권하므로, "앞 못 보는 시아버지를 두고 가면 그 죄를 다 어찌하겠습니까?"고 뿌리치고 그 밤으로 시집엘 가려고 나섰다. 산모퉁이를 돌아서는데 커다란 호랑이가 길을 막아서서 입을 딱 벌리고 있는 것이 아닌가. 한편 놀라면서도 침착하게, "나를 잡아먹으려면 어서 잡아먹어라. 그렇잖으면 나는 빨리 돌아가서 홀로 계신 아버님께 진지를 지어 드려야겠다."고 말했다. 그랬더니 고개짓을 하면서 등에 업히라는 시늉을 했다. 무서움을 참고 호랑이 등에 업혔더니 쏜살같이 집까지 업어다 주었다. 그래 하도 고마워서 강아지 한 마리를 주어 보냈다. 그런데 이상하게도 그날 밤에 그 호랑이가 함정에 빠져서 허덕이는 꿈을 꾸었다. 자리를 걷어차고 나와 부랴부랴 동리 사람들이 파놓은 함정엘 가보니까 정말 그 속에 호랑이가 들어 있었다. 산으로 돌아가다가 그곳에 빠진 것이었는데, 그 여인은 곧 집으로 가서 장대를 갖다 놓아 꺼내 주었다. 날이 밝고 이 일을 안 마을 사람들은 여인이 일을 그르쳤다고 관가에 고발했다. 이에 격분한 원님은 그 여인을 곧 불러들여 왜 그런 무모한 짓을 했느냐고 다그쳤다. 그 여인은 서슴치 않고 호랑이의 이야기를 했더니 반신반의하면서, 그렇다면 그 호랑이를 타고 오라는 명령을 했다. 할 수 없이 관가를 나온 여인은 다시 산을 찾아가게 되었다. 그랬더니 마침 기다렸다는 듯이 호랑이가 지키고 있었다. 그래서 사정을 이야기했더니 또 등에 업히라고 해서 다시 호랑이 등에 업혀 관가에 들어가 원님 앞에 나타나니, 그 광경을 본 원님과 마을 사람들은 감탄하여 많은 상금으로 효성을 칭찬했다고 한다.

— 임동권, 1996 : 188-190[4]

이상의 민담은 인간이 가져야 하는 덕목 중에서 가장 기본이 되며 또한 가장 중요한 덕목인 효를 잘 실천하면 비록 동물이라도 이러한 효성에 감복하여 도와준다는 내용을 담고 있다. 특히 호랑이는 산신각에 모셔져 있는 산신과 함께 나타나는 영물(靈物)로 인간의 됨됨이를 파악할 수 있는 능력을 가진 것으로 믿어진다. 따라서 효성이 지극한 사람과 그렇지 못한 사람을 구별하여 효성이 지극한 사람을 도와준다고 여겨지는 것이다.

호랑이 외에도 효와 관련된 동물은 많은데 『부모은중경(父母恩重經)』에 보면 부모의 은혜를 이야기 하면서 원숭이에 빗대어서 표현하는 구절이 나온다. 특히 불교적인 교리를 효와 연계해서 기술하고 있는 『부모은중경(父母恩重經)』에서 자식에 대한 부모의 사랑을 원숭이가 제 새끼를 사랑하여 울부짖는 것으로 비유하는 부분이 재미있다. 예를 들어서,

第八 遠行憶念恩 頌日 死別誠難忘 生離實悲傷 子出關山外 母意在他鄕 日夜心相逐 流淚數千行 如猿泣愛子 憶念斷肝腸 (여덟 번째로 자식이 멀리 갔을 때 걱정하시는 은혜를 노래하리라. 죽어 이별하는 것도 참으로 잊기가 어렵지만 살아 이별함도 실로 슬픈 상처를 준다네. 자식이

4) 이 민담은 경기도 안성 지역에서 수집한 것이라고 임동권(1996)은 밝히고 있다.

집을 떠나 관산 밖으로 나가면 어머니의 마음은 타향에 머물러 있네. 낮이고 밤이고 마음이 자식을 따라가 흐르는 눈물이 몇 천 줄이나 된다네. 원숭이가 제 새끼 사랑하여 울듯이 자식 생각에 애간장이 다 끊어지네)

— 권오석, 1994 : 100-102

인간은 만물의 영장인데 어떻게 동물과 비교할 수 있겠는가? 하지만 어떤 경우에는 동물만도 못한 인간들도 참으로 많은 것이 현실이다. 예나 지금이나 부모의 은혜를 모르는 배은망덕(背恩忘德)한 사람은 인간으로 취급하지 않는다. 인간의 탈을 쓰고는 동물보다도 못한 그러한 부류로 여겼던 것이다. 그만큼 효는 인간이 인간이기 위해서 최소한 가져야 하는 가장 기초적인 소양이라고도 할 수 있다. 일부 동물에서도 어미를 봉양하는 경우가 많은데 하물며 인간이 그러한 효를 져버린다면 정말로 동물만도 못한 존재가 될 수밖에 없는 것이다.

4 유교문화와 효

유교문화와 관련한 효(孝) 사상은 중국을 거쳐서 한국으로 들어오면서 지속적으로 더욱더 체계화되고 정격화되어서 오히려 중국의 유교문화가 제시했던 효 사상보다도 더 본격적인 효 문화로 발전하게 된다.

유교문화 속에 담겨져 있는 효 사상을 살펴보기 위하여 우선 유교문화를 대표하는 『논어』에 보면 효제자위인지본(孝悌者爲仁之本)이라는 구절이 나오는데 이 문장은 부모를 정성으로 공양하는 효(孝)와 형을 잘 섬기는 제(悌)는 인(仁)의 근본이라는 뜻을 담고 있다. 또한 『예기』에 보면 혼정신성(昏定晨省)이라는 구절이 나오는데 이는 저녁에는 부모님의 이부자리를 퍼드리고 아침에는 다시 부모님의 잠자리를 살핀다는 뜻인데 즉 아침과 저녁으로 부모님께 문안을 올리고 효도를 한다는 뜻을 담고 있다. 한편 『孔子家語(공자가어)』에 나오는 공자(孔子)가 그의 제자인 증자(曾子)를 통하여 효(孝) 사상을 일깨워 준 이야기를 하나 소개 하면 다음과 같다.

　　증자가 침외밭을 매다가 잘못하여 참외 뿌리를 베어 버렸는데, 증석 (曾晳 : 증자의 아버지)이 화가 나서 큰 막대기를 들고 증자의 등줄기를 마구 쳤다. 증자가 까무러쳐서 땅에 엎어져, 사람도 알아보지 못한 채 긴 시간이 흘렀다. 시간이 어느 정도 흐른 후 비로소 깨어나더니 기쁜 표정으로 일어나 증석에게 나아가 말하였다. "아까 제가 아버님께 잘못을 했을 때 아버님께서 힘들여 저를 훈계하셨으니 혹 병환이나 나지 않으셨습니까?" 그리고는 물러나 자기 방으로 가서는 거문고를 타며 노래를 하였으니 이는 증석이 그 노랫소리를 듣고 자기의 몸이 아무렇지도 않다는 사실을 알게 하기 위해서였다. 공자께서 그 이야기를 듣고는 화를 내시면서 제자들에게 말씀하시기를, "이제부터는 증삼(증자의 다른 이름)이 오더라도 받아들이지 마라!" 하셨다. 증삼은 스스로 잘못한 일이 없다고 여겼으므로 사람을 시켜 공자를 뵙기를 청하였는데, 공자께서 여러 제자들을 모아 놓고 말씀하셨다. "너희들은 듣지 못하였느냐? 옛날에 고수에게 순이라는 아들이 있었느니라. 순이 고수를 섬기는데 심부름을 시키고자 할 때에는 곁에 있지 않은 적이 없었지만 찾아서 죽이려고 할 때에는 아무리 찾아도 나타나지 않았다고 한다. 또한 작은 회초리로 때릴 때는 그대로 맞고 있다가도 큰 몽둥이로 때리려고 하면 도망쳐 버렸다는 것이다. 그래서 고수는 아비 노릇을 못하는 죄까지는 범하지 않았고 순도 또한 지극한 효도를 잃지 않은 것이다. 그러나 지금 증삼은 아버지를 섬기면서 그 몸을 내맡겨 마음대로 때리도록 하고 거의 죽음에 이르러도 피하지 않았으니 만약 자기가 죽어서 그 아버지를 불의에 빠지게 하였다면 그 불효가 이보다 더 큰 것이 어디 있겠느냐? 너희들은 천자의 백성이 아니더냐? 천자의 백성을 죽이게 되면 그 죄가 어찌 되겠느냐?" 증삼이 이 말을 듣고는 말하였다. "저의 죄가 큽니다." 드디어 공자님께 나아가 잘못을 빌었다.
—조경구, 2007 : 83-93

이상의 내용은 유교문화 속에 내재되어 있는 효의 본질을 잘 보여주고 있다. 순간적으로 화가 나서 자식을 때리는 부모에게 어떻게 하는 것이 적절한 행동인지를 세심하게 묘사하고 있다. 결국 당장은 부모에게 거슬리는 행동이 될지언정 멀리 바라보면 오히려 부모를 위한 행동을 하도록 인도하는 공자의 가르침을 통하여 효의 진실을 일깨워주고 있다.

한편 유교문화는 불교문화에 비하여 상대적으로 한국문화에 영향을 준 역사는 짧지만 고려 말부터 조금씩 영향을 주기 시작하였고, 조선시대에는 거의 모든 영역에서 유교문화의 영향을 지대하게 받게 되면서 한국문화 속에서 중요한 기능을 담당하기도 하였다. 따라서 조선시대의 효(孝)와 관련된 자료는 대부분 유교문화와 밀접하게 연관되어 있다고 해도 과언이 아닐 것이다. 이러한 자료 중에서 당시 어린이들의 교육에 있어서 가장 기초가 되었던 교과서의 하나인 조선 명종 때 유학자(儒學者)인 박세무(朴世茂)가 지은 『동몽선습(童蒙先習)』에 보면 효(孝)와 관련해서 다음과 같은 구절이 나온다.

噫 孝於親然後 忠於君 弟於兄然後 敬于長 以此觀之 五倫之中 孝悌爲善 (부모님께 효도한 이후에 임금님께 충성하고 형을 받들은 연후에 어른들게 공경하니 이것을 통하여 본다면 오륜 가운데 효제(孝悌)가 으뜸이다).

父子 天性之親 生而育之 愛而教之 奉而承之 孝而養之 (어버이와 자식은 그 친애함이 타고난 성품이니 어버이는 자식을 낳아서 기르고 사랑하며 가르치며, 자식은 어버이의 뜻을 받들어서 순종하고 효도하여 봉양한다)

孔子曰 五刑之屬 三千 而罪 莫大於不孝 (공자가 말하기를 오형에 속하는 죄가 3000여 가지이지만 그 죄가 불효보다도 큰 것이 없다)

此五品子 天叙之典 而人理之所固有者 人之行 不外乎五者而唯孝爲百行之源 (이 다섯 가지 윤리는 하늘이 마련한 법칙이요, 사람의 도리로써 본디부터 가지고 있는 것이다. 사람의 행실은 이 다섯 가지에서 벗어나지 않으나 오직 효도가 모든 행실의 근원이 된다)

이러한 교육을 통하여 조선시대의 어린이들은 학문을 시작하면서 인간의 참된 도리인 효(孝)를 자연스럽게 배울 수 있었던 것이다. 이러한 유교문화에서 강조되었던 효(孝) 사상의 전통은 계속해서 이어져서 근대 초기에 나왔던 소학교용 교과서에서도 중요하게 다루어졌다. 예를 들어서 1909년에 간행된 소학교의 교과서에서 효(孝)는 첫 번째 윤리항목으로 제시되어 있다. 이러한 내용을 기술하면 아래와 같다.

부모는 나를 낳아 기르시니, 이는 천지가 만물을 생성함과 같은지라. 그러므로 아버지를 하늘이라 하며, 어머니를 땅이라 하나니, 한편으로 아버지가 이끌고 다른 한편으로는 어머니가 이끌어 신체를 보호하시며, 당연한 도리와 바르고 크신 언행으로 훈도하시어 덕행을 가르치시며, 밝은 행위와 특이한 사적을 지시하시어 지혜를 발육하심으로 내가 세상에 서서 만반의 사업을 할 수 있게 하시나니, 은혜가 이보다 큼이 없도다. 대저 천지가 만물을 낳음에, 금수에게도 호랑이는 부자의 정이 있고, 새는 반포의 효가 있나니, 사람이 부모를 효로 봉양하지 아니하면, 금수에도 미치지 못할지라. 이런 까닭으로 효는 모든 행동의 근원이 되느니라.

─ 최기숙, 2007 : 305

효를 만물의 생성과 비유해서 모든 행동의 근본으로 본 것은 유교문화 속에서 강조되었던 삼강오륜(三綱五倫)에 근거한 내용이라고 볼 수 있다. 더욱이 앞에서도 언급된 바와 같이 동물에 빗대어서 효를 돋보이게 한 점은 인간으로서 가져야 할 최소한의 덕목으로 효는 가장 기본적인 행동의 근원임을 제시한 것이다. 또한 유교적인 효 사상은 교육의 덕목으로만 나타나는 것이 아니라 현대사회의 대표적인 대중문화인 영화 속에서도 투영되어서 현대인들의 생활문화 속에서 잔잔한 자극을 주기도 한다. 하나의 예로 임권택 감독의 영화 『축제』 속에는 유교문화와 효의 관계를 다음과 같이 기술하고 있다.

> 유교는 다분히 현세적인 종교야. 아니 종교라기보다는 말야, 하나의 생활 계율이자 학문인 셈이지. 그 유교적인 세계관에서 유일하게 인정되는 신이 죽은 조상이야. 살아서의 효의 계율이지만 죽어서의 효는 종교적 개념이 되는 거지. 그러니까 그 효가 얼마나 크고 엄숙한 것이야. 유교가 종교가 될 수 있는 것도 바로 그 점 때문이야… 그렇지, 예전에는 삼년 시묘살이까지 해야 끝났던 우리 장례의 복잡한 의식, 그것도 따지고 보면 말야, 현세적 공경의 대상인 사람을 종교적 신앙의 대상으로 이전시키는 유교적 방식인 셈이지. 제사는 종교적 효의 형식이고, 장례는 그중
>
> ―임권택 감독, 영화 『축제』 중에서

한국의 전통적인 상장례를 소재로 한 임권택 감독의 『축제』에 나오는 효에 대한 이야기를 들으면 오늘날 효(孝)라는 개념은 이전에 비하여 많이 약해진 것 같이 느껴진다. 영화 속에서 기술되고 있는 삼년 시묘살이는 물론이고, 영화 속에 등장하는 상여소리도 이제는 상장례 속에서 잘 들을 수도 없는 경우가 대부분이다. 일률적으로 장례식장에서 장례를 치르다 보니 자연스럽게 전통적인 의례의 과정이 많이 생략된 간소한 상장례가 되고 있는 것이 현실이다. 그러나 그렇다고 해서 효의 사상이 오늘날 완

전히 없어진 것은 아니다. 시대는 바뀌었지만 여전히 효(孝)는 중요한 실천 덕목으로 우리 사회 곳곳에 자리 잡고 있다고 해도 과언이 아니다. 특히 명절 날 고향에 계신 부모와 친지들을 방문하고 조상을 위한 차례(茶禮)를 지내기 위해서 어려운 도로사정에도 불구하고 끝이 보이지 않을 정도로 길게 늘어선 고속도로의 귀성행렬은 아직까지도 우리의 고유한 전통인 효(孝) 문화가 나름대로 자리매김하고 있음을 알 수 있게 해 준다.

5 한국문화 속에서 효(孝)의 재발견

한국문화 속에서 효(孝)와 관련된 민속은 다양한 영역에서 찾아볼 수 있다. 첫째는 한국문화의 근간을 이루는 불교문화와 관련해서 살펴볼 수 있으며, 둘째는 민간에서 전승되고 있는 설화, 속담 그리고 동물상징을 중심으로 한 일상적인 생활문화 속에서도 발견할 수 있다. 또한 주로 양반 사대부가 중심이 되었던 유교의 교육철학 속에서도 효는 강조되고 있다.

한 개인이 세상에 태어나서 가족과 친족, 마을과 지역사회 그리고 한 국가의 구성원으로서 제 역할을 다하기 위해서는 일정 기간 가족의 도움이 필요하다. 이렇게 태어나서 독립적으로 자신의 역할을 하기까지 부모의 헌신적인 보살핌과 양육이 필요한데 인간이 성인이 되면 부모가 베풀어 준 이러한 은혜를 잊어서는 안 되는 것이다. 물론 이 세상에 태어나기까지 부모가 겪는 고통은 이루 헤아릴 수 없다. 특히 어머니가 가지는 임신 기간 동안의 금기와 출산의 고통은 말로 표현할 수 없을 정도로 고통스럽다. 그러나 어머니는 그러한 고통보다는 자식을 가지게 된 기쁨과 행복으로 자식들을 사랑으로 키우게 된다.

효와 관련해서 불교에서 이야기 하는 이러한 부모의 은혜는 마치 만물의 생성 원리와 같이 하늘과 땅에 비유되기도 할 정도로 지대하며, 민간에 전승되고 있는 설화, 속담, 동물상징 속에서도 효성이 지극하면 하늘도 감동하는 것으로 묘사되고 있다. 또한 유교적인 입장에서 보면 효는 만행의 근본이 된다고 하겠다. 효와 관련된 민속은 이렇게 다양한 영역에 걸쳐서 일상적인 생활문화 속에 자연스럽게 녹아 있다. 특히 21세기라는 시대적 상황 속에서 한편으로는 최첨단의 물질문명이 도래하고 있으며 다른 한편으로는 도시화가 빠르게 진행되면서 생활공간도 많이 바뀌어 가고 있다. 그만큼 과거의 전통문화는 점차로 찾아볼 수 없는 여건이 조성되고 있기도 하다. 그러나 과거의 전통문화 중에서 효(孝)의 중요성은 어느 때보다도 더 중요하게 받아들여지고 있는지도 모른다. 삭막한 도시의 공간 속에서 인간다운 정(情)을 느낄 수 있는 것은 아직까지도 효(孝)라는 덕목이 사회의 중심에 자리 잡고 있기 때문일 것이다. 효(孝)가 불교에서 이야기 하는 만물의 생성에 비유되지 않더라도 혹은 일상적인 생활공간에서 쉽게 접할 수 있는 구비전승문화와 동물상징에서 비유되지 않더라도 또한 전통적인 유교문화권에서 가정에서의 효와 국가를 위한 충(忠)을 동등하게 다루던 이상적인 국가의 가치관을 이야기 하지 않더라도 오늘날 효(孝)는 한 개인을 개인답게 하고 한국인을 한국인답게 하고 인간을 인간답게 하는 한국문화의 정수(精髓)요, 민속문화의 뿌리로서 재발견되어야 하겠다.

—『한국청소년문화』 11집, 한국청소년문화학회, 2008

제 7 장

현대사회에서 고전을 통한 민속 읽기

『훈몽자회(訓蒙字會)』를 중심으로

1 한자를 통한 민속교육 지침서 『훈몽자회』

　『훈몽자회(訓蒙字會)』는 16세기를 대표하는 조선시대의 역사문헌으로 그동안 국어학 분야에서 많은 연구가 진행되었던 문헌자료이다. 이기문(1985)에 의하면 『훈몽자회』에 관하여 이제까지 진행되었던 국어학 분야의 주요한 연구는 다음과 같은 세 가지 측면으로 요약될 수 있다. 첫째는 훈몽자회의 범례에 실려 있는 '언문자모(諺文字母)'의 내용에 대한 문자사(文字史)의 관점이고, 둘째는 간본(刊本)에 대한 서지학적(書誌學的) 연구이고, 셋째는 『훈몽자회』에 나오는 언어에 대한 국어사(國語史)의 관점에 관한 연구이다. 따라서 이제까지 진행되었던 국어학적인 입장에서 『훈몽자회』에 대한 연구1)는 16세기 '언어'의 연구로 큰 가치를 가진다고 할 수 있

---

1) 김근수(1979), 방종현(1983) 참조.

다. 이러한 기존의 연구에 덧붙여서 필자는 『훈몽자회』에 나타나는 민속문화에 대한 연구를 진행하고자 한다. 즉 본고에서 진행할 『훈몽자회』에 대한 고찰은 16세기의 생활문화인 '민속'의 연구로 나름대로의 가치를 가진다고 할 수 있다.

역사문헌자료를 중심으로 그 속에 투영된 민속을 다루는 연구는 민속학의 분야에서도 종종 이루어지고 있다. 특히 조선후기 실학시대에 민족의 주체성을 강조한 실학의 입장에서 저술된 문헌은 직접 혹은 간접적으로 민속학적 연구에 많이 인용되고 있는 실정이다. 또한 고려 때 일연(一然) 스님에 의하여 저술된 『삼국유사(三國遺事)』는 아마도 가장 많이 민속학적인 입장에서 분석되는 역사문헌자료 중의 하나일 것이다. 이외에도 고려후기 이규보(李奎報)의 『동국이상국집(東國李相國集)』이나 조선후기 실학시대에 편찬된 홍석모(洪錫謨)의 『동국세시기(東國歲時記)』, 김매순(金邁淳)의 『열양세시기(洌陽歲時記)』, 유득공(柳得恭)의 『경도잡지(京都雜志)』 등도 민속학에서 많이 다루는 대표적인 역사문헌자료 중의 하나이다.

한편 국어학에서 다루어지는 역사문헌자료도 때로는 민속학적으로 가치를 가지고 있는 경우가 있다. 그 한 예로 조선후기에 간행된 『몽어유해(蒙語類解)』는 18세기 한국과 몽골의 전반적인 생활문화를 중심으로 비교 민속학적인 입장에서 당시 한국과 몽골의 민속문화를 잘 보여주고 있기도 하다.[2] 이러한 입장에서 보면 16세기에 출간된 『훈몽자회』의 경우도 국어학에서 주로 다루어지는 문헌자료이긴 하지만 좀 더 다른 측면에서 고찰해 보면 민속학적인 연구 자료로도 중요하게 취급될 수 있는 것이다. 예를 들어서 『훈몽자회』는 한자를 익히기 위한 기초 자료인 『천자문(千字文)』과 『유합(類合)』 등과 마찬가지로 대중들에게 한문을 교육시키기 위한

---

2) 박환영(2004b)에서는 친족용어를 중심으로 18세기 한국과 몽골의 민속문화를 고찰하고 있다.

조선시대의 중요한 문헌자료로서 가치를 가지고 있다. 더욱이 『훈몽자회』는 『천자문』과 『유합』에서는 볼 수 없는 생활문화와 밀접하게 연계되어 있는 다양한 주제어가 선정되어 있어서 글자 자체보다는 글자 속에 담겨있는 내용을 중심으로 글자를 익힐 수 있도록 한자를 적절하게 배합한 점이 두드러진다. 또한 주제어의 선정이나 내용의 기술이 중국식의 사고가 아닌 전통적인 우리 고유의 방식으로 내용을 전달하기 위한 수단으로 한자를 배열한 점이 『천자문(千字文)』과 확연하게 구별되는 점이다.

특히 과거의 전통사회에서는 한문교육을 통하여 단지 글자만을 배웠던 것이 아니라 그 속에 담겨져 있는 생활문화와 전통도 함께 배웠던 것이다. 다른 한문교재와 달리 『훈몽자회』는 당시의 생활문화를 반영해 주는 다양한 주제어를 선정하여 그 주제어를 중심으로 다양한 관련 어휘를 사자일구(四字一句) 형식으로 기술하고 있다. 아마도 이러한 의미에서 부분적인 내용이 될 수도 있겠지만 『훈몽자회』 속에는 상당부분 당시의 민속문화를 보여주고 있기도 하다. 따라서 본 논문에서는 『훈몽자회』 속에서 보이는 민속문화의 내용을 중점적으로 분석해 보고자 한다.

2 역사문헌자료로서 『훈몽자회(訓蒙字會)』의 민속학적 가치

『훈몽자회』는 어린이를 대상으로 하는 조선시대의 기초 한문교재로 당시 많이 이용되었던 한문교재인 『천자문』과 『유합』이 가지고 있는 글자 위주의 입장과 외래의 문화를 그대로 적용한 중국식 사고에서 탈피하여 글자뿐만 아니라 그 속에 담겨 있는 내용을 중심으로 민중들이 공유하고 있는 고유의 토속적인 입장에서 집필된 우리의 사고에 맞는 한문교재인 셈이다.

이러한 점에서 보면 『훈몽자회』는 당시 많이 읽혀졌던 다양한 종류의 한문교재 중에서도 민중들과 가장 부합되는 교재로 민중들 사이에서 많이 애용되었음을 알 수 있다. 특히 한문 교육은 조선시대 교육의 가장 핵심적인 국민교육이었기 때문에 우리식 사고에 근간을 둔 기초적인 한문교재였던 『훈몽자회』는 당시의 국민교육에 가장 기본적인 공헌을 했다고도 볼 수 있다.[3] 한편 오늘날 전해지는 『훈몽자회』는 그 속에 담겨져 있는 주요한 내용은 거의 동일함에도 불구하고 여러 본(本)이 있다. 가령 예를 들어서 이제까지 파악된 『훈몽자회』의 다양한 본(本)으로는 이병기씨(李秉岐氏) 1본(本), 동경대도서관본(東京大圖書館本), 구왕가문고본(舊王家文庫本), 송석하씨본(宋錫夏氏本), 이병기씨(李秉岐氏) 2본(本), 이인영씨본(李仁榮氏本), 방종현본(方鍾鉉本), 김형규씨본(金亨奎氏本), 광문회본(光文會本) 등이 있다. 이 중에서 이병기씨(李秉岐氏) 1본(本)은 해방후 분실되었고, 송석하(宋錫夏)와 이인영(李仁榮)의 구장본(舊藏本)도 소재가 분명하지 않다고 한다.[4]

오늘날 전해지는 『훈몽자회』 이본(異本)의 기본적인 내용[5]은 거의 비슷하지만 한자를 풀이하는 한글의 표기가 조금씩 차이가 나기 때문에 국어학적으로 다양한 이본(異本)에 대한 연구가 이제까지 많이 진행되었던 것이다. 다시 말해서 『훈몽자회』에는 16세기 국어사 연구의 거의 유일한 자료로 당시의 언어사용을 연구할 수 있는 중요한 자료를 제공해주는데 특히 각 한자에 대한 한글의 풀이가 이본(異本)마다 조금씩 차이가 있어서 언어의 변이양상을 잘 파악할 수 있게 해주는 문헌자료인 것이다.

국어학사적인 입장에 반하여 민속학적인 입장에서 보면 『훈몽자회』에

---

3) 이기문(1985 : 14) 참조.
4) 위의 책 11쪽.
5) 이 글에서는 이병기씨(李秉岐氏) 2본(本)과 광문회본(光文會本)을 중심으로 고찰하였다.

나오는 다양한 한자와 그 이면에 담겨 있는 내용을 중심으로 16세기의 민속문화를 부분적이지만 파악할 수 있다는 문헌적 가치를 가진다. 특히 전통사회에서의 한문교육은 단지 한자를 익히는 것만이 아니라 한 개인이 사회의 완전한 구성원으로 역할을 할 수 있는 기본적인 소양교육도 담당했던 것이다. 이러한 사실은 조선시대의 대표적인 교육기관인 서당의 훈장은 단지 한자를 교육하는 것 외에도 오히려 한자교육과 관련해서 다양한 생활문화, 전통, 예절 등을 함께 교육했던 것이다. 이종각(2004 : 271)은 이러한 측면을 파악하여 조선시대 훈장의 자격요건으로 지역사회의 경조사나 전통, 의례 등과 같은 일상적인 생활문화에 대한 해박한 지식의 소유자였다고 주장하기도 한다.

한편 당시 한문교재로 사용되었던 『훈몽자회』와 같은 문헌자료에는 글자와 글자의 기본적인 뜻풀이는 남겨져 있지만 글자를 폭넓게 설명하면서 지역과 사회에 걸맞게 풀어서 어린 학동들을 사회의 당당한 구성원으로 이끌어 주었던 구체적인 내용은 볼 수 없다. 즉 문헌자료를 함께 읽고 학습하면서 다양한 해석과 일상적인 생활에서의 적용과 실행이 강조되었을 것인데, 오늘날에 전하는 문헌자료는 글자와 글자의 기초적인 풀이만 전하고 있는 셈이다. 이러한 시대적인 상황에서 보면 민속학적인 입장에서 『훈몽자회』를 고찰해 보는 것은 곧 시대를 초월해서 글자 속에 담겨 있는 생활문화와 관련된 총체적인 내용을 찾아서 오늘날의 입장에서 민속학의 연구영역 속에 넣어보기도 하고, 재해석 해보기도 하면서 『훈몽자회』와 같은 역사문헌자료에 반영되어 있는 당시의 민속문화를 도출해 보려는 시도인 것이다.

한편 기존의 대표적인 한자 교재였던 『천자문』은 사언고시(四言古詩)의 형태인 사자일구(四字一句)가 250수로 1000자가 수록되어 있다. 이에 반하여 『훈몽자회』는 상권, 중권, 하권으로 나누어져서 사자일구(四字一句)가

840수로 모두 3360자를 수록하고 있다. 즉 『훈몽자회』는 상권(上卷)과 중권(中卷)에 각각 16개의 주제어를 선정하여 그 주제어에 포함되는 다양한 내용을 사자일구(四字一句)로 기술하고 있으며, 하권(下卷)에서는 주제어를 정하지는 않고 잡어(雜語)로 분류하여 상권(上卷)과 중권(中卷)에 포함되지 않는 다양한 부류의 내용을 담고 있다. 『훈몽자회』의 구체적인 내용을 살펴보면 다음과 같다.

먼저 『훈몽자회』의 상권에는 천문(天文), 지리(地理), 화품(花品), 초훼(草卉), 수목(樹木), 과실(菓實), 화곡(禾穀), 소채(蔬菜), 금조(禽鳥), 수축(獸畜), 인개(鱗介), 곤충(昆蟲), 신체(身體), 천륜(天倫), 유학(儒學), 서식(書式) 등 16개 항목이 설정되어 있다. 다음으로 중권에는 인류(人類), 궁택(宮宅), 관아(官衙), 기명(器皿), 식찬(食饌), 복식(服飾), 주선(舟船), 거여(車輿), 안구(鞍具), 군장(軍裝,), 채색(彩色), 포백(布帛), 금보(金寶), 음악(音樂), 질병(疾病), 상장(喪葬) 등 역시 16개의 항목을 선정하고 있다. 또한 하권에는 특정한 주제어를 설정하지 않고 잡어(雜語)라는 포괄적인 영역으로 분류하여 다양한 생활문화를 반영해 주는 어휘가 다수 포함되어 있다.

3 『훈몽자회(訓蒙字會)』에 내재되어 있는 민속문화

『훈몽자회』에는 상권과 중권에 올라있는 32개의 주제어를 포함하여 당시의 생활문화 전반에 대한 폭 넓은 내용이 수록되어 있다. 다만 이러한 내용을 제한된 어휘 특히 사자일구(四字一句)이 형태로 축약되어 있고 각 자(字)마다 기초적인 풀이는 되어 있기는 하지만 기술되어 있는 어휘 자체만으로는 구체적인 당시의 민속문화를 볼 수가 없다. 그럼에도 불구하고 『훈몽자회』는 한자를 교육하기 위한 교재이면서 또한 글자 속에 당시의 생활문화를 내재하고 있는 교재인 셈이다. 다시 말해서 『훈몽자회』를 통하여 당시의 어린이들은 글자 외에도 일상적인 생활문화를 포괄적이고도 체계적으로 학습할 수 있었던 것이다.

오늘날 전해지는 『훈몽자회』를 통하여 16세기의 생활문화에 대한 부분적인 내용을 크게 두 가지로 나누어서 분석할 수 있다. 첫째는 『훈몽자회』에서 부각되어 있는 32종류의 주제어를 분석하여 이러한 주제어를 통하여 민속문화의 영역을 살펴볼 수 있다. 그리고 둘째로는 각 주제어 속에 나열되고 있는 가지각색의 어휘를 통하여 어떻게 민속문화가 그 속에 투영되어 있는지 살펴볼 수 있다.

(1) 주제어에 반영된 민속문화의 영역

민중들의 일상적인 생활문화를 총체적이고도 체계적으로 다루는 민속학의 연구영역은 다양한 편이다. 그러나 일반적으로 한국민속학에서 받아들여지는 연구영역은 민속학 개론서를 중심으로 제시되어 있거나 혹은 민속학의 여러 분야에서 다루어지기도 한다. 이러한 연구영역은 일반적으로 받아들여지는 연구영역도 있고, 최근에 새롭게 다루어지고 있는 연구영역도 있다. 이러한 민속학의 다양한 연구영역을 참고하여 『훈몽자회』의 상권과 중권에 올라있는 32개의 주제어를 민속문화의 연구영역으로 다시 분류해서 배열할 수 있는데 아래에서 주제어를 민속학의 연구영역별로 재조정하여 묶어보면 다음과 같다.

(1) 사회민속 : 천륜(天倫), 유학(儒學), 서식(書式), 인류(人類)
(2) 생업민속 : 관아(官衙), 주선(舟船), 거여(車輿), 안구(鞍具), 군장(軍裝), 금보(金寶), 기명(器皿)
(3) 통과의례 : 신체(身體), 질병(疾病), 상장(喪葬)
(4) 민속놀이 및 민속예술 : 음악(音樂), 채색(彩色)

(5) 의식주 : 화곡(禾穀), 궁택(宮宅), 복식(服飾), 포백(布帛), 식찬(食饌)

(6) 세시풍속과 생태 및 환경민속 : 천문(天文), 지리(地理)

(7) 동식물민속 : 화품(花品), 초훼(草卉), 수목(樹木), 과실(菓實), 소채(蔬菜), 금조(禽鳥), 수축(獸畜), 인개(鱗介), 곤충(昆蟲)

　이상의 분류는 『훈몽자회』의 상권과 중권에 실려 있는 주제어 32개를 민속학의 연구영역으로 다시 조정한 것이다. 즉 『훈몽자회』에는 각 주제어를 중심으로 당시의 생활문화를 반영해 주는 어휘가 기술되어 있기는 하지만 단지 기본적인 어휘의 풀이만을 나열했기 때문에 그 속에 담겨 있는 구체적인 민속문화는 잘 파악할 수가 없다. 그럼에도 불구하고 생활문화 전반에 걸쳐서 여러 분야에서 다양한 주제어를 설정할 수 있는데 아마도 가장 필수적이고 핵심적인 32개의 주제어를 정한 것으로 볼 수 있기 때문에 이러한 주제어는 당시의 어린이들에게 한자의 교육과 더불어서 꼭 필요한 생활문화의 영역으로 볼 수 있다. 다시 말해서 『훈몽자회』에서 보이는 주제어와 그것을 민속학적인 연구영역으로 재조정한 분류는 16세기 당시에 중요하게 여겨졌던 생활문화의 영역을 잘 대변해주고 있는 셈이다.

(2) 개별 어휘를 통한 구체적인 민속문화 보기

　『훈몽자회』에는 상권, 중권, 하권에 모두 3360자의 어휘가 들어 있다. 즉 『훈몽자회』에는 『천자문』보다 세 배가 넘는 많은 어휘를 수록하면서 상권과 중권에는 32개의 주제어를 설정하여 그 주제어 속에 적절한 어휘를 기술하고 있으며, 하권에는 잡어(雜語)라고 하여 하나의 주제어에 속하지 않는 다양한 생활문화의 영역을 한데 모아서 수록하고 있다. 이러한 개별적인 어휘를 통하여 부분적이지만 16세기의 민속문화를 잠정적으로 엿볼 수 있다. 언어를 통하여 그 속에 담겨져 있는 문화를 해석하는 연구 방법을 인류학에서는 언어결정론(linguistic determinism) 혹은 사피어-워프의 가설(Sapir-Whorf Hypothesis)이라고도 부르는데,[6] 국내의 인류학과 민속학 분야에서도 미비하지만 이러한 입장에서 연구를 시도 한바 있다.[7] 이러한 언어결정론의 입장에서 『훈몽자회』의 어휘에 나타나는 민속문화를 부분적으로 고찰해보고자 하는데 우선 민속학의 영역 속에 주제어를 중심으로 해당되는 어휘를 분류하여 일부분을 나열해 보면 다음과 같다.

① 사회민속

- 천륜(天倫) : 조부다아(祖父爹爺), 마파고비(媽婆考妣), 모양처첩(母孃妻妾), 축리제사(妯娌娣姒) 적얼권족(嫡孽眷族), 금수심낭(妗嫂嬸娘), 구고백숙(舅姑伯叔), 이저자매(姨姐姉妹), 질손생서(姪孫甥壻), 성씨명호(姓氏名號), 친척종계(親戚宗系), 모구모온(姆嫗姥媼), 환과리상(鰥寡嫠孀), 혼인가취(婚姻嫁娶), 정기잉육(精氣孕毓), 임신만산(姙娠娩産)
- 인류(人類) : 엄환혼시(閹宦閽寺), 어렵초목(漁獵樵牧), 신불귀마(神佛鬼魔), 선도니승(仙道尼僧), 괴뢰우령(傀儡優伶), 무격매작(巫覡媒妁), 고수맹몽(瞽瞍盲矇)
- 유학(儒學) : 필묵연지(筆墨硯紙)
- 잡어(雜語) : 충서효제(忠恕孝悌), 성경정렬(誠敬貞烈), 공양근혜(恭讓謹慧), 배읍계돈(拜揖稽頓), 강회교훈(講誨敎訓), 독습풍송(讀習諷誦)

② 생업민속

- 관아(官衙) : 주군현읍(州郡縣邑), 가시전행(街市廛行), 여염인리(閭閻鄰里)
- 기명(器皿) : 비시협저(匕匙筴筯), 아년마애(砑碾磨磑), 망고증저(網罟

---

6) 한상복 외 공저(1993) 참조.
7) 전경수(2001), 박환영(2005d와 2005e) 참조.

置), 기혁투평(綦弈骰枰), 단려지형(碫礪砥硎)

③ 통과의례

- 신체(身體) : 고수둔항(尻脽臀肛), 발수자염(髮鬚髭髯), 기부주막(肌膚腠膜), 곡읍소신(哭泣笑哂), 농혈액한(膿血液汗)
- 상장(喪葬) : 혼백영이(魂魄靈輀), 친관구곽(櫬棺柩槨), 염시빈장(殮屍殯葬), 둔석비갈(窀穸碑碣), 분총묘광(墳塚墓壙)
- 잡어(雜語) : 제사흠향(祭祀歆饗)

④ 의식주

- 식찬(食饌) : 반식옹손(飯食饔飧), 병이자고(餅餌餈餻), 미죽전장(糜粥饘漿), 초혜해자(醋醢醢鮓), 회적갱탕(膾炙羹湯)
- 복식(服飾) : 관면복변(冠冕幞弁), 화혜리석(靴鞋履舃)
- 궁택(宮宅) : 헌함란순(軒檻欄楯), 누각정대(樓閣亭臺), 규합실당(閨閤室堂)

⑤ 세시풍속과 생태 및 환경민속

- 천문(天文) : 음양절후(陰陽節侯), 삭순망해(朔旬望晦), 세년윤납(歲年閏臘)

⑥ 동식물민속

- 수목(樹木) : 오동양유(梧桐楊柳), 회백계춘(檜栢桂椿), 이율금류(梨栗檎榴)
- 수축(獸畜) : 저시체돈(猪豕彘豚), 구오견방(狗獒犬尨), 마우려나(馬牛驢騾)
- 곤충(昆蟲) : 영렬청정(蛉蛚蜻蜓), 구인곡선(蚯蚓蛐蟮), 사망훼복(蛇蟒虺蝮), 조선진당(蜩蟬蝰螗)
- 잡어(雜語) : 고저갈분(羖羝羯豶)

이상의 내용은 『훈몽자회』의 각 주제어를 중심으로 어휘 속에 반영된 생활문화를 민속학의 영역으로 분류한 것이다. 각 주제어 속에 들어 있는 16세기 조선시대의 생활문화와 관련된 어휘 중에서 특징이 두드러지는 어휘를 중심으로 민속학의 연구영역 별로 나누어서 분석해 보면 다음과 같다.

첫째로 사회민속의 경우 주로 천륜(天倫), 인류(人類), 유학(儒學)과 관련한 내용의 어휘가 대부분을 차지하고 있는데, 일부 잡어(雜語)의 내용 중에서도 사회민속과 관련된 어휘를 발견할 수 있다. 예를 들어서 천륜(天倫)에서는 장가들고 시집가는 혼인(婚姻)과 임신(姙娠)을 나타내는 어휘를 표기하면서 한 개인이 태어나면서 속하게 되는 그리고 혼인을 통하여 형성하게 되는 혈족(血族)과 인척(姻戚)을 중심으로 작은 마누라와 같은 소실(小室)에 이르기까지 16세기 조선시대에 있어서 일상적인 생활문화 속에 흔히 볼 수 있었던 기본적인 인간관계를 잘 기술해 주고 있다. 가령 할아버지, 할머니, 아버지, 어머니, 아저씨, 아주머니, 지아비(남편), 며느리, 사위, 아내, 여자 동서, 조카, 손자, 첩, 첩 자식 등 다양한 친족용어가 들어 있고, 성(姓)과 이름(名) 그리고 아호(雅號)를 의미하는 호(號)도 언급하고 있다. 또한 유모, 홀아비, 과부, 여자 종과 사내 종과 같은 친척 외에도 당시 일상적인 생활 속에서 자주 접하게 되는 다양한 사람들의 지위와 신분 그리고 사회적인 역할을 보여준다. 또한 인류(人類)에서는 내시, 여승(女僧), 남승(男僧), 박수와 무당, 광대, 중매 할매 등 좀 더 다양한 신분과 직업을 보여주는 어휘가 들어 있다. 더불어서 유학(儒學)과 잡어(雜語)에서는 붓, 먹, 벼루, 종이와 같은 생활도구와 충효(忠孝)와 공경(恭敬)과 같은 덕목에서부터 절하고 읍(揖)하는 것과 관련된 어휘가 포함되어 있다.

둘째로 생업민속에는 관아(官衙)와 기명(器皿)을 중심으로 당시 생업의 현장과 생업의 현장에서 사용되었던 어휘가 부분적으로 나타나 있다. 예

157

를 들어서 고을, 마을, 거리, 장터, 시장의 점포 등과 같은 일상적인 생업의 현장을 비롯하여 숟가락, 젓가락, 맷돌, 물고기를 잡는데 필요한 그물, 바둑, 바둑판, 장기, 주사위, 숫돌 등 실제로 일상적인 생업의 현장에서 사용되는 생활도구에 대한 자세한 어휘가 포함되어 있다.

셋째로 통과의례의 경우 신체(身體)와 상장(喪葬)과 연관된 내용을 담고 있는 어휘가 제법 보이며, 잡어(雜語)에서도 제의(祭儀)와 관련된 어휘가 들어 있다. 가령 예를 들어서 신체(身體)와 관련해서는 구체적으로 살펴보면 항문, 수염, 턱수염, 머리카락, 피부, 살결, 피, 고름, 땀 등과 같은 어휘가 들어 있다. 한편 상장(喪葬)과 관련해서는 혼백(魂魄), 상여, 빈소, 무덤, 비석, 묘비 등이 포함되어 있으며 더욱이 관(棺)과 구(柩) 그리고 곽(槨)의 구분을 잘 기술하고 있다. 잡어(雜語)에서는 제례(祭禮)의 한 부분인 제사(祭祀)와 관련된 어휘가 보인다.

넷째로 의식주와 관련해서는 식찬(食饌), 복식(服飾), 궁택(宮宅)의 영역 속에서 어휘가 주로 발견된다. 식찬(食饌)에서는 밥, 물에 넣은 밥, 떡, 찰떡, 죽, 된장, 식초, 식혜, 젓갈, 날고기, 구운 고기, 국, 탕 등 많은 종류의 음식을 보여주는 어휘가 엿보인다. 또한 복식(服飾)에서는 관(冠), 복두(幞頭), 장화, 신발 등 여러 종류의 당시 복장(服裝)과 관련한 어휘가 들어 있고, 궁택(宮宅)에서는 누각과 정자, 마루와 난간과 같은 가옥의 다양한 구조에 대한 어휘가 실려 있다.

다섯째로 세시풍속과 생태 및 환경민속과 관련해서는 주로 천문(天文)으로 묶여져 있는 어휘가 제법 많이 눈에 들어온다. 예를 들어서 음과 양 그리고 절후(節侯)와 같이 밝음과 어둠 즉 밤과 낮 그리고 더위와 추위 등의 구분에 의한 기후의 변화와 그것의 결과로 생겨나는 24절기에 대한 내용이 압축되어 소개되어 있다. 또한 천문(天文)에는 달(月)의 변화와 해(日)의 변화 그리고 윤년(閏年) 등과 같은 세시풍속적이며 생태와 환경민속을 반영해 주는 어휘가 많이 포함되어 있다.

마지막으로 동식물민속에는 수목(樹木), 수축(獸畜), 곤충(昆蟲)을 중심으로 관련된 어휘가 많이 분포되어 있다. 수목(樹木)에서는 오동나무, 버드나무, 전나무, 잣나무, 계수나무, 참죽나무 등 다양한 종류의 나무가 함께 포함되어 있다. 또한 수축(獸畜)에서는 돼지, 새끼 돼지, 개(狗)와 개(犬), 말, 소, 나귀, 노새 등의 가축(家畜) 외에도 다양한 야생동물을 의미하는 어휘가 들어 있다면 곤충(昆蟲)에서는 잠자리와 매미 등과 같은 다양한 곤충 외에도 거위, 뱀, 구렁이, 독사 등도 포함되어 있다. 더불어서 잡어(雜語)에서는 숫양, 불알을 깐(거세한) 양, 불알을 깐(거세한) 돼지 등과 같은 가축(家畜)의 성(性), 나이 그리고 효용 정도에 따라서 구분하는 기준이 명시된 어휘도 들어 있다.

4 압축된 역사문헌자료 내용의 현대적 풀이

『훈몽자회(訓蒙字會)』는 16세기를 대표하는 역사문헌자료로 전통적인 민중들의 생활문화 속에서 흔히 접할 수 있는 소재를 32개의 핵심적인 주제어를 중심으로 분류하였고 여기에 덧붙여서 주제어로 분류하지 않은 것을 잡어(雜語)로 분류하여 그 속에서도 다양한 민속문화를 담고 있어서 당시의 민속문화를 부분적이지만 잘 반영해준다. 『훈몽자회』에 실려 있는 어휘는 모두 3360자로 여기에 투영된 생활문화인 민속은 조선시대의 민속문화를 이해하는 데 중요한 자료를 제공해 준다.

이제까지 『훈몽자회』에 대한 연구는 주로 국어학적인 연구가 대부분이었다. 즉 『훈몽자회』에 나오는 '언어'에 초점을 두고 접근을 해 왔다. 이에 반하여 본고에서는 『훈몽자회』에 실려 있는 언어 속에 담겨 있는

'민속'에 초점을 두고 크게 세 가지 영역에서 분석해 보았다.

첫째는 『훈몽자회』가 가지는 민속학적인 가치에 대하여 논의해 보았다. 즉 다른 한문교재와 비교해서 『훈몽자회』만이 가지고 있는 학문적 가치를 문헌자료 속에 녹아 있는 다양한 생활문화의 영역을 토대로 고찰해 보면서 조선시대 생활문화의 보고(寶庫)로 충분한 가치가 있음을 세부적인 분류와 분석을 통하여 제시해 보았다.

둘째로 『훈몽자회』에 실려 있는 주제어 32개를 민속학의 연구영역 속으로 재분류해 봄으로써 당시 주제어로 선정될 만큼 중요하게 받아들여졌던 일상적인 생활문화의 영역을 현대적인 민속학의 영역으로 재배치해 보았고, 이를 통하여 16세기의 생활문화 속에는 어떠한 영역이 어린이를 위한 전통이나 문화교육에 우선적으로 드러나 보였는지를 고찰하였다. 그 결과를 보면 사회민속에는 천륜(天倫), 유학(儒學), 서식(書式), 인류(人類) 등이 속하고, 생업민속에는 관아(官衙), 주선(舟船), 거여(車輿), 안구(鞍具), 군장(軍裝,) 금보(金寶), 기명(器皿)이 포함된다. 또한 통과의례에는 신체(身體), 질병(疾病), 상장(喪葬)이 그리고 민속놀이 및 민속예술에는 음악(音樂), 채색(彩色)이 속하는 반면에 의식주에는 화곡(禾穀), 궁택(宮宅), 복식(服飾), 포백(布帛), 식찬(食饌)이 그리고 세시풍속과 생태 및 환경민속에는 천문(天文), 지리(地理)가 속한다고 할 수 있다. 덧붙여서 동식물민속에는 화품(花品), 초훼(草卉), 수목(樹木), 과실(菓實), 소채(蔬菜), 금조(禽鳥), 수축(獸畜), 인개(鱗介), 곤충(昆蟲) 등이 포함될 수 있다.

셋째로는 좀 더 구체적으로 16세기의 생활문화인 민속을 민속학의 연구영역별로 나누어서 고찰하기 위하여 각 주제어와 잡어(雜語) 속에 분류되어 있는 다양한 어휘를 중점적으로 분석하였고, 수록된 어휘를 민속학의 영역 속으로 재조정하여 어휘를 나열하면서 그 속에 담겨져 있는 당시의 민속문화를 파악하였다. 이러한 고찰을 통하여 16세기의 생활문화와 관련한 분류체계를 현대의 입장으로 해석하였지만 때로는 생활의 현장에서 실제로 행하여지는 생활문화 전반에 관한 전통적인 민중들의 분류체계에 대한 인식도 필요한 것 같다. 특히 동식물민속을 나타내는 어휘 중에서 현대의 과학적인 구분으로 본다면 아마도 거위, 뱀, 구렁이 등은 곤충(昆蟲)의 범위에 들어가기보다는 수축(獸畜)의 영역으로 넣을 수도 있을 것 같다. 그러나 현대에 널리 통용되는 과학적인 동식물의 구분과 민간에서 전통적으로 사용되어 오는 동식물의 구분방법은 상이(相異)할 수 있는 것이다. 이러한 민간적인 민속분류에 대하여 앞으로 좀 더 체계적인 접근이 필요한 것 같다.

―『동양예학』 18집, 동양예학회, 2008

제3부

현대민속학의 과제와 미래

제 8 장

현대 다문화사회 속의 간호문화

1 현대 다문화사회의 다양한 양상

세상에 영원한 것이 없다는 것이 불변의 진리이다. 그러나 현실 속에서 이러한 진리는 잘 인식되어지지 않는 경우가 많다. 특히 일시적이지만 병원에 오기 전까지 대부분의 환자들은 인간이 무병하면서 영원하게 산다고 무의식적으로 믿고 있는 경우가 많다. 이렇게 자신이 아파서 병원에 오게 되거나 다른 사람의 병문안을 위해서 병원을 오게 되는 경우가 아니라면 대부분의 사람들은 순간적일 수는 있겠지만 옛 조상들이 염원했던 불로장생의 약이나 이상향을 꿈꾸듯이 현실과는 조금 거리가 먼 영원한 삶을 갈망하기도 한다. 어떻게 보면 가장 인간적인 모습이면서도 가장 현실적인 대응이기도 한 것 같다.

아마도 인간은 한편으로는 다다를 수 없는 이상적인 무병장수의 삶을 갈구하면서도 또 다른 한편으로는 인간의 한계를 느끼고 절망하면서 끝까지 희망을 잃지 않으려고 몸부림을 치면서 살아가고 있는지도 모른다. 한편 우리 사회가 어느덧 21세기의 문을 연지도 벌써 10년이 다 되어 간다. 불확실했던 20세기를 뒤로 하고 좀 더 희망적인 21세기를 연지도 많은 시간이 흘렀다. 사회가 변하고 사회 구성원들의 인식도 변하고 있는 오늘날 가장 핵심적인 화두가 되고 있는 것은 과연 무엇일까?

이러한 질문에 답하기 위하여 우선 가장 한국적인 이미지를 대내외적으로 보여주는 것은 무엇인가? 하는 질문에 먼저 답하고자 한다. 사람에 따라서 조금씩 다른 의견을 가질 수는 있지만 <겨울연가>와 <대장금>으로 대표되는 한국 TV 드라마와 <씨받이>, <서편제>, <춘향전>으로 대표되는 임권택 감독의 영화일 것이다. 물론 김치, 태권도, 한옥, 한복, 온돌, 한(恨) 의식, 무속신앙, 종묘제례악, 강릉단오제 등과 같이 한국의 이미지를 잘 반영해 주는 다양한 소재가 있다. 이러한 TV 연속극과 영화 그리고 다양한 한국의 이미지를 반영해 주는 소재를 총체적으로 아우를 수 있는 용어는 한국의 문화 혹은 좀 더 범위를 줄여서 한국의 문화자산 또는 문화재이다.

문화란 이렇게 포괄적인 영역을 가지고 있으며 그 의미도 상당히 광범위한 편이다. 21세기는 문화의 시대라고 흔히 이야기 하지만 진정으로 문화에 대하여 진지하게 고민해볼 여유도 없이 그냥 피상적이고 형식적인 입장에서 문화를 받아들이는 경우가 많은 것 같다. 진정 21세기가 문화의 시대라면 21세기가 시작된 지 10년이 다 되어가는 지금이라도 문화에 대한 본질적인 문제를 한번쯤 되새김질만 하며 그것을 통해서 새로운 문화의 한 형태로 간호문화도 다루어볼 수 있을 것이다. 따라서 본 글에서는 우선 문화의 의미와 21세기가 왜 문화의 시대인가를 살펴본 후 이러한 배경을 토대로 하여 21세기에 있어서 간호문화의 가치에 대하여 논의해 보고자 한다.

2 문화의 의미와 21세기 문화의 가치

문화에 대하여 많은 이야기를 하면서도 진작 문화의 진정한 의미에 대하여 논의하는 것은 그리 쉬운 일은 아니다. 미국의 인류학자인 기어츠 (Geerts)는 거미와 거미줄을 예로 들면서 문화의 의미를 구체적으로 설명하기도 한다(전경수, 1994). 예를 들어서 거미가 거미줄과 같은 익숙한 공간에서는 자유롭게 활동을 할 수 있지만 거미줄을 벗어나는 순간 제대로 반응을 할 수 없는 초라한 곤충으로 전락하고 만다. 이와 유사하게 한국의 문화에 익숙한 한국인이 다른 문화권에 가게 되면 언어의 소통도 잘 안되고 음식과 기후를 비롯해서 복잡하게 얽혀있는 생활구조와 다양한 생활습관 때문에 불편을 느끼는 것은 당연한 것이다. 이것을 좀 더 다른 입장에서 접근해 보면 축구와 같은 운동경기는 이제까지 지켜져 온 규칙이 있기 때문에 반칙을 범하게 되면 상대방에게 공격권을 주거나 노란색 카드로 경고를 혹은 더 심한 경우에는 빨간 색 카드를 보여주면서 퇴장을 명할 수도 있는 것이다. 심판의 결정에 대하여 이의를 제기하는 경우도 있지만 대다수의 선수나 경기를 지켜보는 사람들은 축구가 가지고 있는 규칙에 익숙해져 있는 것이다. 따라서 문화란 오랜 시간 동안 만들어진 사회 구성원들의 규칙이며 생활방식인 셈이다. 아래에서는 좀 더 구체적으로 문화의 의미와 21세기 문화의 가치에 대하여 논의해 보고자 한다.

(1) 문화의 의미

문화를 정확하게 정의할 수는 없지만 일반적으로 문화는 사회 구성원들이 살아온 그리고 살아가고 있는 생활방식이며, 개인보다는 대다수 사람들이 익숙해져 있는 관습과 제도 그리고 규칙을 또한 내포하는 포괄적인 개념이다. 따라서 문화를 구체적이고도 명확하게 정의하기는 쉽지가 않다. 미국의 대표적인 한 여성 인류학자인 델라니(Delaney) 교수는 문화 인류학을 처음으로 전공하는 학부 학생들에게 다음과 같은 원초적인 질문을 던져서 문화에 대한 강의를 시작한다고 하는데, 여 교수의 질문은 다음과 같은 세 가지 질문이다. 즉 "나는(우리는) 누구인가?", "나는(우리는) 어디서 왔는가?", "나는(우리는) 어디로 가는가" 등이다. 다시 말해서 문화를 이해하기 위해서는 한 개인이 생활하고 있는 가족, 친족, 마을, 사회, 국가, 인류에 대하여 먼저 생각을 해야 한다. 한 개인이 개인으로서의 존재에 대한 인식을 가지기 이전에 이미 다양한 공동체의 한 구성원으로서의 자격과 지위 그리고 책임감을 가지고 있는 것이다. 이러한 인식을 하고 나면 좀 더 본론적인 문제 즉 생명의 탄생과 양육, 성인, 혼인, 생산과 재생산 그리고 죽음과 같은 일련의 문제와 다시 만나게 된다. 따라서 이러한 물음의 종착역은 역시 인간은 어디로 가는가? 하는 것이다. 사후의 세계를 믿던 믿지 않던지 간에 인간은 유한한 삶을 살다가 결국은 죽을 수밖에 없는 존재인 것이다.

삭막한 도시의 공간 속에서 이러한 다소 지루할 수도 있는 질문에 답하는 것이 적절하지 않을 수도 있다. 그러나 이러한 질문에 답하기 위하여 잠시 눈을 감는 순간에 우리는 다양한 문화권의 사람들이 살아가는 나름대로의 생활방식을 이해하고자 좀 더 많은 시간을 가질 수 있는 것이다. 문화는 인간이 살아온 과거의 생활방식이면서 오늘의 삶을 비추는 거울이며 더 나아가서는 내일을 향한 삶의 방향을 알려주는 나침반인 것이다. 문화는 이렇듯 과거와 현재 그리고 미래를 넘나들면서 많은 것을 우리에게 보여준다. 문화를 통하여 우리는 좀 더 겸손해지기도 하며 미래를 보는 안목을 얻게 되어서 좀 더 자신감 있고 여유로운 생활을 영위할 수도 있는 것이나.

한편 문화를 보는 입장은 크게 세 가지로 요약할 수 있다. 첫째는 총체론적인 입장(holistic perspective)이고 둘째는 비교론적인 입장(comparative perspective)이고, 셋째는 상대론적인 입장(relative perspective)이다(전경수, 1994). 총체론적인 입장이란 문화를 접근할 때는 어느 한 부분을 보기보다는 다양한 측면에서 문화를 보아야 한다는 입장이다. 예를 들어서 혼인문화를 본다고 했을 때 남자와 여자와의 개인적 결합이라든지 두 집안의 정치적 결합이라든지 하는 측면보다는 좀 더 넓은 의미에서 혼인을 접근해야 한다는 입장이다. 즉 인류문화 속에서 혼인이 가지는 의미와 인류사회에서 혼인의 유형이라든지 일부일처제가 모든 인류사회에서 보이는 것인지 그리고 대부분의 인류사회에서는 근친 사이의 혼인은 금기로 되어 있는데, 왜 어떤 사회에서는 가까운 친척들끼리의 혼인은 허용되는지에 대한 다양한 측면에서 접근을 해 봄으로써 어느 한 사회에서 보이는 혼인문화에 대한 좀 더 구체적이고 체계적인 논의가 될 수 있는 것이다.

그러나 총체론적인 입장에 대한 좀 더 적절한 설명은 한 문화권 속에서 인식되는 문화의 여러 가지 접근방법에 대한 내용에서 찾을 수 있다. 가령 상장례의 경우 망자에 대한 그리움과 슬픔이 교차하는 대표적인 의례인데 그 속에는 다양한 측면이 또한 내포되어 있기도 하다. 즉 죽음을 통하여 한 사회집단 속에는 공백이 생기기 마련이며 이러한 공백을 메우기 위하여 의례를 행하기도 한다. 또한 죽음이라는 인간이 극복할 수 없는 자연의 이치를 받아들이고 죽음을 인식하는 시간이 필요한데, 상장례는 이러한 심리적 충격을 완화시키는 기능을 하기도 한다. 또한 죽음을 통하여 망자와 가까운 친척들은 특별한 옷을 입어야 하고 일정한 기간 동안은 음식과 행동에 대하여 해서는 안 되는 금기가 설정되어 있는 경우가 많다. 이러한 제약과 구별을 통하여 한정된 친족집단들 사이의 정체성을 재정립하고 끈끈한 유대를 강화하기도 한다.

두 번째 접근방법은 비교론적인 입장이다. 총체론적인 입장에서도 조금 언급한 바와 같이 어느 한 문화권의 문화현상을 제대로 이해하기 위해서는 다른 문화권의 문화와 비교를 해 보는 것도 좋은 방법이 된다. 가령 한국의 주거 문화가 우수하다고 했을 때 다른 문화권의 주거문화와 비교해 본다면 좀 더 분명하게 알 수 있는 것이다. 즉 한국의 주거문화는 여름을 위한 마루와 겨울을 위한 온돌이 갖추어진 가장 이상적인 주거형태이며 울타리는 거의 열려 있는 듯 외부와의 경계를 가지고 있어서 자연과 하나가 되는 구조였다. 다른 문화권의 주거형태도 나름대로 우수한 주거공간을 제공해 주지만 한국의 자연환경에는 한국식 주거형태인 한옥과 초가집이 가장 이상적인 주거형태인 것은 분명하다.

세 번째로 상대론적인 입장이다. 이 입장은 어떤 문화를 볼 때는 나름대로 다 의미가 있기 때문에 그 나름대로의 가치를 파악할 수 있다면 인류의 다양한 문화 속에는 열등한 문화도 없이 모든 문화는 주어진 여건 속에서 제 기능을 담당하고 있기 때문에 동등하다는 입장이다. 가령 개

한·일 줄다리기의 문화교류

고기와 같은 한국의 음식문화가 다른 문화권에서 보면 야만적인 것이며, 혐오스러운 것으로도 볼 수 있지만 상대론적인 입장에서 보면 프랑스의 경우 오리의 간을 요리한 음식도 야만적이고 혐오스럽기는 마찬가지 인 셈이다. 어떤 문화권의 문화를 제대로 인식하지 못한 채 자신의 문화만을 강요한다거나 무조건적으로 다른 문화를 맹종하는 것은 문화상대론적인 입장이 아니다. 다시 말해서 자신의 문화가 중요하다면 다른 문화권의 문화도 소중하게 인식하려는 입장을 가져야만 좀 더 객관적으로 다양한 지구촌의 문화를 접할 수 있는 것이다.

(2) 21세기 문화의 가치

다양성과 독창성을 함께 추구하는 21세기 문화의 시대에 있어서 문화라는 용어를 제대로 이해하기 위해서 문화라는 명칭이 들어간 경우를 살펴보면 오늘날 사회 전반에 걸쳐서 문화라는 용어가 널리 사용되고 있음을 잘 알 수 있다. 예를 들어서, 대중문화, 전통문화, 영상문화, 방송문화, 여가문화, 관광문화, 대학문화, 노인문화, 어린이문화, 여성문화, 군대문화, 음식문화, 술문화, 복식문화, 주거문화, 축제문화, 지역문화, 도시문화, 스포츠문화, 산림문화, 학교문화 등 다양한 편이다. 이상에서 열거한 바와 같이 인간의 삶과 생활과 관련된 모든 것은 나름대로의 가치와 의미가 있기 때문에 문화의 범주로 넣을 수 있을 만큼 오늘날 문화의 범위는 상당히 넓은 것이 사실이다.

21세기로 들어서면서 이전에 비하여 문화의 범위가 넓어지고 문화를 다루는 영역이 확대된 것은 그만큼 모든 생활의 영역에서 문화라는 핵심적인 요소가 중요하게 인식되기 때문이다. 지난 20세기만 하더라도 관광산업을 굴뚝이 없는 새로운 미래지향적인 산업으로 치켜세우기도 하였다. 따라서 관광객을 유치하기 위해서 도로와 같은 기반시설을 확충하고 호텔과 같은 편의시설을 건설하느라고 자연환경이 많이 파괴되기도 하였다. 이렇게 급조해서 만들어진 문화가 없는 인공적인 관광산업단지는 21세기에 오면서 새로운 도전에 직면하고 있는 것 같다. 다시 말해서 이제 관광도 내용이 있고 질적으로 무엇인가를 느끼고 배우는 관광이 주목을 받고 있는 것 같다. 가족단위의 관광이 늘어나고, 테마관광이라는 주제를 가진 관광이 주목을 받고 있으며, 어린이나 청소년을 대상으로 하는 역사기행이라든지 문화유산 기행과 같은 전통적인 문화를 소재로 하는 관광이 중요한 관광자원이 되고 있다. 특히 한국을 방문하는 외국의 관광객들도 이제는 좀 더 문화적인 체험을 중심으로 한국의 다양한 문화를 이해하는 문화관광이 중요한 이슈로 등장하고 있는 것 같다. 예를 들어서 외국인들에게 큰 인기를 끌고 있는 템플스테이는 종교의 벽을 넘어서 다른 문화를 이해하기 위한 하나의 방안으로서 많은 외국인들에게 좋은 문화관광자원이 되고 있다.

기지시 줄다리기의 부대행사로 그네뛰기도 행하여진다.

21세기는 무엇보다도 문화의 가치가 존중되는 사회이다. 서로 다른 개인의 삶이 문화라는 울타리 속에서는 하나의 동질감을 형성할 수 있다. 그것이 지역의 향토문화이던, 국가 단위의 문화이던 아니면 국경을 초월한 민족문화이던, 아니면 좀 더 포괄적인 인류문화이던 나름대로의 가치와 의미를 가지고 있다. 또한 좀 더 작은 단위로 대학이라든지 특수한 직장에서도 문화가 형성될 수 있기 때문에 문화에 대한 관심은 가치가 있는 것이다. 병원도 하나의 특수한 공간이며, 병원이라는 하나의 사회집단을 구성하는 구성원들이 만들어가는 문화가 있기 마련이다. 이제까지는 별로 가치를 두지 못했지만 범위가 크고 작건 간에 문화를 향유하는 사회집단에 대한 문화에 대한 관심은 오늘날 중요한 문제인 것은 분명하다.

　이제 병원문화도 21세기 문화의 시대에 있어서 좋은 문화자원이 될 수도 있다. 웰빙문화가 생겨나면서 병원도 이제는 많은 변화를 하고 있다. 단지 병을 치료하고 예방하는 공간만이 아니라 언제라도 방문할 수 있는 친근한 공간이며, 일상적인 생활과도 가까운 공간이 되고 있을 뿐만 아니라 다양한 공연과 전시가 이루어지는 문화공간으로 거듭 태어나고 있다. 좀 더 포용적이고 열려 있는 병원문화는 병원을 찾는 환자나 환자들의 가족들뿐만 아리라 의사와 간호원과 같은 병원의 다양한 구성원들을 위해서도 꼭 필요하다. 더욱이 병원은 이제 지역사회와 더불어 지역문화를 만들어내고 있는가 하면 외국의 환자를 유치하여 새로운 관광자원이 되고 있기도 하다. 따라서 병원이라는 공간도 의료의 진료와 건강검진 그리고 장례식장 등과 같은 기존의 역할에서 탈피하여 다양한 구성원들을 위한 휴식의 공간으로 그리고 문화의 공간으로 또한 관광자원의 공간으로 높은 가치를 창출하는 새로운 공간으로 자리잡아가고 있다고 해도 과언이 아니다

　병원을 구성하는 인적자원 중에서도 간호원들은 병원의 꽃이면서 가

장 핵심적인 기능을 담당하고 있다. 그 이유는 특히 환자와 의사를 매개하여 중간에서 그네들의 입장에서 그네들의 언어로 두 개의 서로 다른 영역을 넘나들 수 있는 역할을 수행하고 있기 때문이다. 따라서 병원이라는 범위를 좀 더 좁혀서 간호원들이 가진 문화에 대한 논의도 21세기 문화의 시대에 있어서 반드시 필요한 시점에 있는 것 같다.

3 21세기 문화의 시대와 간호문화

흔히 말하기를 사람들에서 "태어나는 순서는 있지만 죽는 순서는 없다."라고 이야기 한다. 다시 말해서 생년월일에 의하여 태어난 후 사회에서의 지위나 나이를 확인할 수는 있지만 언제 죽을 것인지를 알 수 없다는 말이다. 먼저 태어났다고 먼저 죽는 것도 아니고 나중에 태어났다고 나중에 죽는 것도 아닌 것이다. 건전한 정신과 건강한 육체를 가지기 위하여 규칙적인 운동과 긍정적인 사고를 가지고 영양가가 풍부한 음식을 골고루 섭취한다면 인간의 수명을 연장할 수 있다는 것은 상식이다. 그러나 아무리 건강한 사람일지라도 불의의 사고로 목숨과 건강을 잃을 수 있기 때문에 정말로 언제 삶을 마감할지 아무도 모르는 그러한 시대에 우리는 살고 있는 것이다. 다시 말해서 한편으로는 최첨단을 이야기 하지만 여전히 불확실성의 시대에 우리는 살고 있는 것이다.

불확실한 시대에 그래도 확실한 방향을 제시해주고자 역할을 하고 있는 곳 중에서 병원이 아마도 가장 대표적인 곳일 것이다. 태어나면서 죽을 때까지 그리고 장례식장과 같이 이제는 죽은 후에도 병원의 중요성은 커져만 가고 있다. 인간의 고귀한 생명과 건강을 지키기 위하여 불을 밝히고 있는 병원의 병동을 생각하면 거친 사막에서 오아시스를 만나는 것과 같은 마음의 위안을 얻을 수 있다. 병원을 구성하고 있는 다양한 요소 중에서 간호원은 어떠한 기능을 하고 있으며 특히 21세기 문화의 시대에 있어서 바람직한 간호문화란 어떠한 것인지를 살펴보기 위하여 중간자적 인 입장, 속신, 그리고 다문화사회의 입장 등 크게 세 가지 입장에서 고 찰해 보고자 한다.

첫째로 병원이라는 특수한 공간 속에서 각자 맡은 역할과 책임이 있는 데 간호원은 어느 한 입장에 서기보다는 두 가지 입장을 이어주는 중간 자적인 입장에 속한다. 즉 병을 치료하는 입장에서 보면 간호원은 병원 에 소속된 전문의료인으로서 일반인들이 현학적이고 어색한 의료문화에 익숙해지도록 도와주는 중간자적인 성격을 가지고 있다. 한편 진료를 받 는 환자의 입장에서 보면 간호원은 환자나 환자의 가족들의 살아 있는 목소리를 있는 그대로 수렴해서 병원과 의사에게 전달하는 역시 중간자 적인 성격을 가지고 있다. 따라서 24시간 쉬지않고 바쁘게 돌아가는 어 떻게 보면 무미건조한 병원과 일반인들을 하나로 연결시켜주는 중요한 기능과 역할을 담당하고 있다. 이러한 입장은 반 겐넵(Van Gennep)이 주장 했던 통과의례의 세 가지 과정(분리, 전이, 통합) 중에서 전이(transition) 과정 에 비유할 만하다(반 겐넵, 2000). 즉 전이과정은 중간과정 혹은 중립 (liminal) 과정으로 분리와 통합의 중간에서 분리도 아니고 통합도 아닌 어 중간한 위치에 놓여 있는 셈이다. 그렇게 때문에 한편으로는 병을 치료 하고 진단하는 의료인의 입장을 가질 수도 있으며 다른 한편으로는 전문 적인 의료의 세계에 익숙하지 못한 환자들을 대변하여 환자의 입장을 가 질 수도 있는 것이다. 다시 말해서 하루가 다르게 새로운 의료기술과 의 료 시설이 개발되면서 간호원과 같은 중간자적인 역할은 더욱더 중요하 게 인식될 수 있다. 특히 병원이라는 최첨단의 시설 속에서 느껴지는 비 인간적이고 인공적인 분위기를 자연스럽고 인간적인 숨결이 베어나는 좀

175

더 사람다운 공간으로 유지시켜주는 기능이 필요한데 간호원은 그러한 역할을 담당할 수 있는 것이다.

두 번째로는 우리 사회의 바닥에 내재되어 있는 전통문화 중에서 속신문화의 입장에서 간호문화를 어떻게 만들어갈 수 있을지 살펴볼 수 있겠다. 전통적으로 한국문화를 보면 "임산부가 오리고기(혹은 닭고기)를 먹으면 좋지 않다."라는 속신이 있다. 믿거나 말거나 이지만 이러한 속신을 믿는 환자는 어렸을 때부터 생활해 온 환경 때문에 때로는 그것에 너무나도 집착할 수도 있다. 가령 임산부가 출산을 앞두고 입원을 했는데 병원에서 제공되는 음식이 오리고기 혹은 닭고기라는 이유 때문에 음식을 거부했다면 이러한 행동에 대하여 어떻게 대응할 것인지도 중요한 문제가 될 수도 있다. 또한 흔히 민가에서 믿어지는 것으로 "밤에 손톱이나 발톱을 깎으면 좋지 않다."라는 속신이 있다. 혹시라도 곧 진행될 수술을 앞두고 혹은 수술 후의 후유증으로 피부가 건조해지고 가려울 수 있어서 미리 수술 전에 지금 바로 손톱이나 발톱을 깎아야 한다고 했을 때 환자의 입장에서 시간이 밤이라서 지금은 그렇게 할 수 없다고 협조를 해 주지 않는 경우도 생각할 수 있다. 덧붙여서 병원의 입원실에 '4'라는 숫자를 꺼리는 환자가 '4'라는 숫자가 들어간 입원실을 거부하는 경우도 있을 수도 있다.

이러한 경우 미신이다 혹은 과학적인 근거가 없다고 일방적으로 무시하기보다는 최소한 환자의 자라온 환경이나 여건을 이해하고 환자의 입장에서 한번쯤 생각해 보는 간호원의 배려가 필요할 수도 있다. 속신은 어떻게 보면 일종의 심리적인 측면도 농후하기 때문에 실제로 어떠한 과학적인 근거는 없을지라도 환자의 입장에서는 심리적으로 큰 충격을 가질 수도 있다는 점을 간과해서는 안 된다.

세 번째로 논의될 수 있는 것은 다문화사회 속에서의 간호문화이다.

한국사회는 이제 다문화사회로 빠르게 바뀌고 있다. 이주노동자들의 증가와 국제결혼의 증가로 인하여 이제 우리 사회는 다양한 문화가 어울려서 하나의 색깔을 내는 다문화사회의 전형적인 모습을 보여주고 있다. 이러한 입장에서 다문화를 구성하고 있는 다채로운 문화에 대한 인식이 필요한 시점인 것 같다. 따라서 의사와 환자를 이어주는 중간자적인 간호원의 역할은 21세기 문화의 시대에 있어서 더욱 더 중요하게 인식될 수 있다. 환자들의 종교가 모두 다 다르고 생활방식과 습관이 다를 뿐만 아니라 다문화사회로 빠르게 진행되고 있는 오늘날 한국사회에서 다양한 인종과 문화권에서 온 환자들을 쉽게 만날 수 있기도 하다. 한국인들의 경우 한국의 문화를 공유하고 있다고 하더라도 자신들이 믿는 종교와 생활습관이 다른 경우 대부분은 동일한 언어로 소통이 가능하기 때문에 다소 차이가 날 수 있는 일상적인 생활방식에서의 거리를 좁혀나갈 수 있다. 문제는 환자의 입장을 이해하려는 간호사들의 적극적인 자세와 노력이 필요하다고 하겠다. 그런데 한국인들 중에서도 벙어리나 귀머거리와 같이 말을 할 수 없는 장애인들도 있을 수 있고 앞을 볼 수 없는 맹인이나 시각장애인들도 환자로 대하는 경우가 생길 수도 있다. 정상인들은 쉽게 여겨지는 행동이나 습관도 이러한 장애인들의 입장에서는 다소 어색할 수도 있는 것이다.

한편 인종과 문화 그리고 언어가 다른 환자의 경우에는 좀 더 많은 배려가 필요할 수 있다. 특히 상호 소통이 부족한 환자의 경우에는 정확한 환자의 상태를 파악할 수 없을 뿐만 아니라 환자의 출신국가와 자라온 문화에 따라서 좀 더 복잡한 문제가 발생할 수도 있다. 가령 예를 들어서 몽골 여성의 경우 전통적으로 남편의 친족 구성원들 중에서 연장자들의 이름을 쉽게 말할 수가 없는 일종의 금기문화를 가지고 있다. 따라서 환자의 가족에 대하여 질문을 하면서 남편 쪽의 친척들의 이름을 함부로

질문할 수가 없는 것이다. 또한 몽골의 전통적인 문화를 보면 시동생이 오면 형수는 남편이 없더라도 시동생과 함께 집에 있을 수가 있지만 반대로 시아주버니가 동생이 없는 집에 제수와 함께 있을 수가 없는 문화를 가지고 있기도 하다(박환영, 2005c : 167). 그러므로 환자가 누구냐에 따라서 혼자 환자를 방문할 경우 제수가 환자일 경우 시아주버니가 혼자 환자의 방에 갈 수가 없을 수도 있는 것이다. 즉 제수의 입원실이 독방일 경우 시아주버니는 쉽게 제수의 입원실에 들어갈 수 없을 수도 있으며 부득이하게 그렇게 해야 할 경우에도 부자연스러운 분위기가 발생할 수도 있는 것이다.

또한 영국과 호주에서는 숫자를 헤아릴 때 손가락을 하나, 둘, 셋 등 세끼 손가락부터 세는 습관이 있다 이러한 문화는 우리가 엄지손가락부터 하나, 둘 , 셋 하고 세는 것과 조금 다르다. 그러나 좀 더 살펴보면 일종의 바디 랭귀지(body language)로 흔히 집게 손가락과 가운데손가락을 보이면서 'V'자를 하면 이것은 Victory를 표시하거나 숫자로 두 개를 나타내는데, 문제는 손바닥이 상대방을 향해 보이도록 'V'자로 해야지 반대로 손바닥이 자신에게 보이도록 'V'자를 하면 일종의 욕설이 된다는 것이다. 이러한 문화를 모르고 가령 영국이나 호주에서 온 환자가 외국어로 수건 두 장과 같이 어떠한 물건을 두 개 좀 가져다 달라고 이야기를 하였고 이것을 확인하는 의미에서 간호원이 손가락으로 'V'자 모양을 하면서 "두 개 맞지요?" 하고 물었을 때 손등을 어떠한 방향으로 하느냐에 따라서 의도하지 않았지만 환자를 조롱하는 심한 욕설이 될 수도 있는 것이다.

4 간호문화를 통한 다문화 읽기

병원이라는 공간이 TV 연속극이나 영화의 소재가 되고 있는 것은 어제 오늘의 일이 아니다. 앞으로도 다양한 측면에서 병원은 우리들의 일상적인 생활의 가장 중요한 한 부분으로 그 가치를 발휘하게 될 것이다. 특히 21세기 문화의 시대에 있어서 병원은 새로운 문화를 만들어 내고 보여주는 공간으로 새로운 잠재력을 보여주고 있기도 하다. 특히 병원문화 속에서 간호문화는 21세기 문화의 시대에 있어서 병원이라는 공간을 좀 더 활력이 넘치고 생명력이 있는 공간으로 그리고 좀 더 환자들에게 가까이 다가가는 문화공간으로 중요하게 다루어질 수 있으며 또한 다루어져야만 한다.

21세기 문화의 시대의 키워드는 단절이 아닌 소통(communication)이며, 획일성이 아닌 다양성이다. 이제까지 병원이 가졌던 대체적인 인상은 환자와 의료진 사이의 거리감이며 일방적으로 한쪽이 따라가는 분위기였다면 오늘날 그리고 앞으로 병원이 나아가야 할 방향은 환자와의 거리를 가능하면 더 좁히고, 말하고 요구하기보다는 가능하면 많이 듣고 환자의 입장을 최대한 배려해 주는 운영과 경영의 묘미일 것이다. 이러한 기능을 수행하는 데 있어서 간호원들의 역할은 중요한 것 같다. 지속적으로 이러한 분위기를 만들어 가기 위하여 새로운 간호문화를 만들어 가야 할 것 같다. 따라서 우선 의사와 환자의 중간에서 제대로 역할을 수행하기 위해서는 어느 한쪽 입장만을 전달하기보다는 중간에서 적절하게 중재할 수 있는 전문가적인 의료인의 역할과 환자의 입장을 포용할 수 있는 인간적인 사회봉사자로서의 역할을 동시에 수행할 수 있는 자격을 가져야 한다.

한편 속신과 같은 한국의 전통문화를 이해하는 것도 환자의 입장을 이해할 수 있는 중요한 기반이 될 수 있기 때문에 전통문화에 대한 심도 있는 지식을 소유해야만 한다. 특히 의료관광이 활성화되면서 외국에서 어느 정도 수준의 재정적인 능력을 가진 환자가 점차로 많아지게 되면 병원도 단지 진료를 하고 치료를 하는 공간에서 한국의 문화를 보여주고 알리는 공간으로도 높은 가치를 가질 수 있다. 따라서 외국의 화자들과 많은 시간과 인적 교류를 해야 하는 간호원들은 우리 문화의 알림이로서도 중요한 역할을 담당할 수 있는 것이다.

마지막으로 오늘날과 같은 다문화사회에서 다른 문화권의 문화를 제대로 알지 못하면 베풀려고 했던 정성과 봉사가 오히려 오해를 불러일으킬 수 있기 때문에 조심스러운 경우가 많이 발생한다. 따라서 간호문화를 구성하는 요소도 이제는 국내라는 범위를 넘어서 다양한 지구촌 문화를 직접 경험할 수 있는 쪽으로 바뀌어야 할 것 같다. 예를 들어서 병원에서 정기적으로 세계(범위를 좁혀서 아시아) 문화축제를 개최하는 것도 좋은 사례가 될 수 있겠는데, 가령 세계음식축제를 개최한다든지 혹은 세계복식축제를 열어서 간호원을 중심으로 병원의 구성원들이 관련 전문가를 초청하여 특강도 듣고 직접 음식이나 복식을 입어 보는 것과 같이 실제적으로 다양한 지구촌의 문화체험을 할 수 있는 분위기를 조성해야 할 것 같다.

제 9 장

현대 도시 공간 속의 새로운 문화와 민속

재한 몽골인의 에스니시티

1 현대 도시 공간의 다문화적인 요소

한국사회는 이제 다문화 시대에 진입하게 되었다는 말을 할 수 있을 정도로 오늘날 한국사회는 다양한 문화가 공존하는 시대를 맞이하고 있다. 실제로 공식적인 통계를 통해서 살펴보면 한국에 거주하는 외국인 수가 1백만 명에 이르는 것으로 추정할 수 있다.[1] 그런데 한국사회가 다민족문화를 가지게 된 것은 어제 오늘의 문제가 아니다. 전 세계에 흩어져서 살고 있는 한국인들을 보더라도 한국인이 다문화에 밀접하게 연계되어 있음을 알 수 있다. 이러한 여건을 반영해주듯이 해외에 있는 한국

---

[1] 부산일보에 실린 2007년 9월 10일자 기사에 의하면 지난 5월 행정자치부가 조사한 국내에 등록된 외국인 주민 수는 72만 2천 686명이었다. 그런데 여기에 90일 미만의 단기 체류자와 불법 외국인 체류자들을 모두 포함하면 국내에 거주하는 외국인 수는 100만 명에 이르는 것으로 추정할 수 있다는 내용이 들어 있다.

인들에 대한 연구가 최근까지 활발하게 진행되고 있다.[2] 즉 해외동포들에 대한 연구는 한국인이 해외의 다양한 문화권에서 속해 있는 경우 어떻게 그들의 문화와 한국의 문화를 공유하는가에 대한 연구였던 것이다. 그런데 오늘날에는 한국 내에 존재하는 다양한 문화를 이해하고 한국문화 속에 어떻게 이러한 다민족 문화가 조화를 이룰 것인가에 대한 논의가 본격적으로 진행될 수 있는 분위기가 무르익은 것 같다.[3]

한국 내에 존재하는 다문화 중에서 가장 쉽게 접할 수 있는 것은 화교 문화이며 이러한 논의는 벌써 이전부터 꽤 많이 진행되어 왔다.[4] 그리고 최근에는 강남의 서래 마을과 같은 프랑스인들이 주로 모여 사는 지역이 생기는가하면 가리봉동과 구로동에는 중국의 조선족들이 모여서 하나의 거주 지역을 형성하고 있기도 하다. 경남 남해에서는 독일인 마을이라고 해서 1960년대와 1970년대 주로 독일로 파견되었던 한국인 광부들과 간호사들이 노후에 다시 돌아와서 하나의 마을을 이루어서 한국 내에 독일의 문화를 알리려는 노력을 경주하기도 한다.

이상에서 개괄적으로 기술한 한국 내에 있는 다양한 외국의 문화 외에도 최근에 새롭게 눈에 띄는 것은 한국 내에 존재하는 몽골인의 정체성과 몽골의 문화이다. 통계적으로만 보면 한국에 와 있는 몽골인들은 대략 30,000명 정도로 그렇게 많은 숫자가 아닐 수도 있지만 현재 몽골의 인구가 2백 8십만 정도로 본다면 몽골의 전체인구에서 100명 중 한 명이 한국에 거주하고 있는 셈이다. 한국에 있는 몽골인들은 외모로만 보면 한국인과 거의 구분이 되지 않기 때문에 잘 분별을 할 수 없을 정도이다. 필자가 들은 바에 의하면 이삿짐센터를 불러서 이사를 하게 되면 부지런

2) 전경수(1995)와 Lee(2000) 그리고 이광규(1997와 2000)와 윤인진(2004)가 대표적이다.
3) 오경석 외(2007) 참조.
4) 박은경(1986) 참조.

2008년 강릉단오제 때에는 몽골공연단의 공연이 있어서 몽골의 문화와 민속을 공유할 수 있는 기회를 제공하기도 하였다.

하고 일 잘하는 사람들 중에는 가끔씩 몽골인들이 한둘씩 있다는 것이다. 어려운 일을 두려워하지 않으며 끈기와 투지를 가진 몽골인들이 한국사회 곳곳에서 그 역할을 톡톡히 하고 있는 셈이다.

　이러한 사회 및 경제 그리고 문화적인 입장을 보면서 현재 논의가 진행되고 있는 다문화주의와 '에스니시티(ethnicity)'[5]라는 관점에서 한국 내에서 보이는 몽골인의 정체성은 어떠한 의미를 가지고 있는지를 한번 살펴보고자 한다. 특히 유목문화의 전통을 가지고 있는 몽골인들이 한국 내에 거주하면서 한국 사회와 문화 속에서 어떻게 그들 나름대로의 정체

---

5) 국내 학계에서는 에스니시티(ethnicity)를 종족성이라고 부르기도 한다(김광억, 2005 : 19). 다만 이 글에서는 그냥 에스니시티로 표기하고자 한다.

성을 가지고 유지시켜 나가는 지를 아울러서 살펴보고자 한다.

다문화주의와 에스니시티를 논의하면서 흔히 떠올리는 용어는 갈등, 차이, 격차, 소외 등 다소 부정적인 측면이다. 물론 대부분의 다민족 문화 속에서 이러한 문화현상이 일어나는 것은 당연한 일인지 모른다. 특히 제한된 공간 속에서 여러 집단이 거주하다 보면 문화적인 차이뿐만 아니라 다양한 '다름'이 생기기 마련이다. 그렇게 때문에 이제까지 에스니시티와 관련된 대부분의 연구는 이러한 문화 현상에 초점을 두었다고 해도 과언이 아니다. 그런데 이 글에서 필자가 다루고자 하는 입장은 이러한 측면에 못지않게 다문화문화 속에 숨어 있는 또 다른 측면이 있을 수 있으며 최소한 그러한 가능성을 찾아낼 수 있다는 것이다. 유목문화에 익숙한 몽골인들이 한국이라는 새로운 공간 속에 나름대로의 몽골문화를 유지하고 지속시키려고 노력하는 다양한 사례를 중심으로 다문화속의 에스니시티와 유목성을 고찰해보고자 한다.

2 한국 속의 다문화주의와 몽골문화

몽골은 불과 얼마 전까지만 해도 왠지 가까우면서도 먼 이웃과 같은 느낌이 드는 나라였다. 이것은 두 나라가 역사와 문화적으로 밀접한 관계를 가져왔지만 냉전체제로 인하여 1990년에야 비로소 정식으로 외교관계를 수립하였기 때문이다. 실질적인 교류가 시작된 지 불과 18년 정도밖에 지나지 않았지만 두 나라는 너무나도 가까운 우방이 되었다. 이러한 배경에는 1948년부터 지속되어 온 몽골과 북한과의 친밀한 형제적 협력관계가 자리잡고 있다. 최근에 몽골과 북한의 외교 수립 60주년을 기념하여 전직 북한주재 몽골대사였던 롬보(Lombo, 2007)에 의하여 간행되었던 자료에 의하면 사회주의 기간에 북한과 몽골의 우호적인 관계를 잘 보여주는 시(詩)가 있는데, 이것은 몽골의 대표적인 인민작가인 쑤렌자브(Sürenjav)가 지은 <맑은 아침의 나라>라는 시(詩)이다. 이 시(詩)의 내용 일부를 인용해 보면 다음과 같다.

serüün tungalag öglöönii oron	맑은 아침의 나라
solongo tatsan solongos oo	무지개가 비친 조선이여
ulaanbaatar - pheniyan	울란바타르와 평양은
urag setgeliin holbootoi	마음으로 이어졌고
uulsyn öndör bogd uul - pektusan	보그드산과 백두산은
agaaryn üülen holbootoi	구름으로 이어졌고6)

몽골과 북한이 사회주의 기간 동안에 이러한 혈맹의 관계를 유지할 수 있었던 것은 1952년에 한국전쟁으로 인하여 발생한 세 살에서 여섯 살 사이의 북한 고아 200명(남자 111명과 여자 89명)을 몽골에 데려와 양육하면서 정식 학교체제로 조선어, 몽골어, 산수 등의 과목을 교육시켰던 역사적 사건에 또한 단단한 기초를 두고 있다.7) 몽골인들은 북한의 고아들이 1959년 북한으로 모두 귀국할 때까지 정성을 다하여 고아들을 돌보았던 것이다. 이러한 사실은 1950년대에 몽골을 방문한 뉴질랜드의 작가 러위 알리(Rewi Alley)에 의하여 한 편의 시(詩)로 옮겨져서8) 서구사회에까지 알려지게 된다.

한편 북한이 주도하였던 몽골과의 긴밀한 상호협력관계는 1980년대 후반 자유화와 개방화의 물결 속에서 점차로 약화되었지만, 시장경제를

---

6) Lombo(2007 : 184) 참조.
7) 위의 책, 201쪽.
8) 박환영(2005c : 366) 참조.

기초로 모범적인 경제성장을 이룩해 온 한국과의 새로운 경제협력으로 다시 이어졌다고 할 수 있다. 사실 몽골에 의한 한국인들의 기억은 과거 원나라와의 정치적인 동맹과 삼별초 항쟁으로 기억되는 암울했던 과거의 기억이라는 측면도 간과할 수는 없다. 예를 들어서 한국과 몽골 귀족들 사이의 일방적인 친밀한 인척관계는 고려시대에 왕족 사이의 결혼동맹[9]에 의하여 이미 7백여 년의 역사를 가지고 있는 셈이다. 즉 1274년부터 1349년까지 충렬왕에서부터 공민왕에 이르기까지 거의 100년 동안 5명의 고려왕이 몽골의 왕족으로부터 8명의 아내를 얻어서 공식적인 왕후로 삼았던 것은 역사적인 사실로 남아 있다.[10]

어두웠던 과거의 기억을 현대로 오면서 좀 더 발전적이고 미래지향적으로 바라보고자 하는 움직임이 곳곳에서 보이고 있다. 특히 1996년부터 시작된 진도평화제는 진도를 배경으로 일어났던 다양한 역사적 사건을 중요한 소재로 다루고 있는데 이러한 사건 중에서도 두드러지는 것은 909년 후백제와 후고구려간의 전투, 13세기(1270~1271) 여몽연합군과 삼별초 간의 공방전, 16세기(1597) 조선 수군과 일본 수군과의 명량해전, 19세기(1894) 동학혁명의 최후 격전, 그리고 20세기(1950) 한국전쟁 등이다. 이러한 사건을 경험하면서 진도는 많은 전사자들을 내었던 장소이기도 하다. 시간과 공간을 초월하고 민족성을 초월하고, 이데올로기와 이념을

---

9) 몽골의 왕족 사이에서뿐만 아니라 몽골의 유목민들도 결혼동맹을 통하여 인적 네트워크를 확대하고 강화했던 것이다. 즉 몽골의 유목문화를 보면 족내혼보다는 족외혼을 선호하는데 이것은 넓은 초원지역에서 유목생활을 성공적으로 영위하기 위해서는 친족 간의 결속과 유대가 필요한 것이다. 특히 몽골에서는 근친 간의 혼인을 금지하는 풍속이 오늘날에도 강하게 남아 있다. 문헌에 나오는 자료를 보아도 흔히 말하는 '결혼 동맹'(marriage alliance)에 의하여 가능한 많은 친족집단을 확보하고 광활한 지역에서 활용 가능한 친족네트워크를 설정했던 것이다. 오늘날 한국에 와 있는 몽골인들의 경우도 혼자서 있는 경우도 있지만 가족을 데리고 와 있는 경우 혹은 이미 한국에 와 있는 네트워크를 통하여 한국에 오는 경우도 많은 편이다.

10) 정용숙 (1992), 이한수(2006) 참조.

초월해서 진도에서 전사한 수많은 사람들의 영혼을 천도하여 서로 간의 갈등과 상처 그리고 한(恨)을 풀어주어서 화합과 평화를 추구하고자 진도평화제는 시작되었다.11) 특히 이러한 축제의 한 부분으로 당시 고려와 몽골 간의 정치적 갈등이 비로소 21세기에 오면서 화해와 평화의 분위기로 재조명되고 있는 것이다. 따라서 과거 고려와 몽골 간의 정치적인 혼인관계가 가져다 줄 수 있는 일방적이고도 부정적인 과거의 인식이 현대로 오면서 조금씩 바뀌게 되었음을 알 수 있다. 이러한 과거의 경험을 토대로 한몽 양국 간에 정치 및 경제적으로 돈독한 유대를 강화하고 있으며 양국 사이의 문화적인 교류12)도 확대되고 있는 오늘날 한국 속에 존재하는 몽골문화에 대한 관심이 고조되고 있는 것은 당연한 일이다.

최근에 양국 사이에 경제적인 교류가 확대되면서13) 많은 한국인들이 몽골을 찾고 있으며 많은 몽골인들 또한 한국을 찾고 있다. 그러나 진작 얼마나 많은 사람들이 양국의 문화에 대하여 동등한 입장에서 진정으로 관심을 가지고 있는지는 알 수 없다. 더욱이 오늘날 한국 속에서 하나의 중요한 역할을 수행하고 있는 몽골인들과 몽골문화에 대하여 체계적인 연구의 필요성도 제기될 수 있을 것 같다.

한편 다문화사회로 가고 있는 한국사회에서 가장 눈에 띄는 것 중의 하나는 주로 한국에 시집온 외국의 며느리들이다. 주로 시골의 총각에게

---

11) 진도평화제는 2008년에 명량대첩축제와 세계굿축제로 새로운 방향을 모색하고 있다. 특히 세계굿축제의 하나로 몽골의 샤먼(무당)을 초정하여 굿을 시연하는 행사도 가졌다. 아마도 이제까지 진도평화제는 한국의 입장에서 고려 때 진도에서 전사한 몽골 군인들의 원혼을 달래고 천도하였다면 2008년 몽골의 샤먼을 초청하여 몽골굿을 시연한 것은 좀 더 폭 넓은 그리고 포용적인 형태의 평화제로 확대하여 해석할 수도 있을 것 같다.

12) 경기도 남양주시와 몽골의 울란바타르시의 공동 협약에 따라서 2000년 4월에 경기도 남양주시에 몽골문화촌이 개관하였다.

13) 2005년 12월 말 자료를 보면 당시 몽골에 투자한 금액이 1억 1천만 달러로 중국, 캐나다, 미국에 이어 4위를 차지함. 외교통상부(편), 『몽골개황』, 2006 참조.

시집오는 경우가 많은데 도시에 비하여 고유의 전통이 많이 남아 있는 농촌사회가 이러한 외국의 며느리들로 인하여 도시 공간과는 다른 양상으로 다민족 문화로 바뀌고 있는 것이다. 즉 서울과 같은 대도시에서는 외국에서 밀려들어오는 관광객들이나 국제행사, 어학원, 대학교의 교환학생들, 유학생, 단기 산업연수생들로 인하여 다문화적인 공간으로 빠르게 자리매김하고 있지만 소도시나 시골 마을은 오히려 좀 더 작은 범위에서 그러나 좀 더 친밀한 요소를 가지고 다문화 공간으로 변해가고 있기도 하다. 다문화주의를 다루면서 외국인 며느리를 포함한 국제결혼에 대한 접근은 제법 많이 진행되고 있는 편이다.14) 그러나 한국에 거주하는 외국인의 정체성과 에스니시티에 대한 좀 더 본질적인 문제는 아직까지는 본격적으로 논의되지 못한 것 같다. 가령 정체성과 에스니시티와 관련해서 한국에 거주하는 외국인들의 친목집단이라든지, 외국인들이 함께 거주하는 지역이나 공간 그리고 전통적인 축제라든지 인터넷 공간 등에 대한 문제가 논의될 수 있겠다.

이러한 관점에서 한국에 거주하는 몽골인들의 정체성을 연구하기 위하여 필자는 을지로 6가의 지하철 동대문운동장역 인근에 있는 몽골타워를 몇 번 방문한 적이 있다. 한국에 있는 몽골인들의 공간답게 건물 속에 들어가면 정말로 몽골에 와 있는 느낌이 날 정도로 몽골의 분위기를 느낄 수 있는 곳이다. 몽골타워뿐만 아니라 그 주변에도 몽골인들이 운영하는 식당이 제법 있으며 거리에서는 몽골어로 말하는 몽골인들을 쉽게 만날 수 있다. 주로 이곳을 찾는 사람들은 몽골인이거나 몽골인과 결혼한 한국인이 대부분이라고 한다. 그래서 대부분 이곳에서는 몽골어를 사용해야 한다. 물론 한국어를 사용해도 되긴 하지만 때로는 한국어를 모

---

14) 왕한석(2007)과 한건수(2006), 김민정 외(2006) 참조.

르는 몽골인들도 있어서 한국어를 아는 사람을 불러서 통역을 해 주기도 한다. 한국에 와 있는 몽골인들은 몽골에 있는 몽골인들 못지않게 몽골어에 대한 자부심이 대단한 것 같다. 그래서 일단 몽골어를 알고 있으면 나름대로 몽골인들의 영역 속에 포함될 수 있는 여지가 생길 수 있는 것이다. 이러한 인식은 필자가 몽골에서 현지조사를 하면서도 절실히 느낄 수 있었으며 한국에 거주하는 몽골인들의 정체성을 고찰하면서도 느낄 수 있는 부분이다.

즉 필자가 1990년대에 몽골의 현지에서 현지조사를 할 때는 얼굴 생김새와 억양 때문에 필자는 부리야트몽골인[15]으로 혹은 내몽골인[16]으로 흔히 간주되었기 때문에 다른 외국인들에 비하여 유리한 입장에서 현지조사를 수행할 수 있었다. 특히, 할하 몽골인들[17]은 필자의 몽골어 억양이 다소 부자연스러움에도 불구하고 한국인으로서 몽골인[18]과 제법 닮아 보인다고 이야기 하곤 했다. 이렇게 필자는 몽골에서 현지조사를 하면서 완전한 외부인도 아니고 완전한 내부인도 아닌 독특한 신분을 가지는 경우가 많았다.

21세기 문화의 시대가 본격적으로 가시화되고 있는 2008년 몽골의 현지가 아닌 서울의 한 복판에서 이전과 마찬가지로 몽골에 애착을 느끼는 한 한국인으로서 필자가 몽골타워를 방문할 때 때때로 느끼는 바는 혹시

---

15) 부리야트몽골인들(Buryat Mongolians)은 러시아 연방내의 부리야트 공화국에 주로 거주하고 있다.
16) 내몽골인은 중화인민공화국내의 내몽골자치구에 거주하는 몽골민족의 한 부류이다.
17) 할하 몽골인들(Halha Mongolians)은 오늘날 몽골인구의 70% 이상을 차지하는 몽골에서 가장 큰 인종집단(ethnic group)이다.
18) 몽골인들과 한국인들은 둘다 몽골로이드(Mongoloid)인종에 속한다. 언어학적으로 두 언어는 '알타이 어족'(Altaic family)이라고 부르는 언어 집단에 함께 속해 있기도 하다(Ramsted, 1952와 Poppe, 1955 참조).

불법 노동자를 단속하는 사복경찰이 아닐까 하는 일부 몽골인들의 경계심이다. 그러나 필자가 몽골인 친구와 함께 몽골타워를 방문하게 되면 자연스럽게 몽골타워에 있는 몽골인들과 마음의 문을 열고 좀 더 끈끈한 정을 느낄 수 있는 것 같다. 이러한 현상의 내면에는 내부인과 외부인을 구별하는 전통적인 몽골의 유목문화가 짙게 깔려 있기 때문이다. 여행 중에 몽골인들은 몽골의 전통적인 텐트인 겔(ger)을 방문할 수는 있지만 아무 곳에나 앉을 수 없는 민속문화를 가지고 있다. 가령 아무도 모르는 외부인의 경우에는 문(門)을 열고 들어간 방향에서 텐트의 왼쪽인 서쪽에 앉아야 하는데 이곳은 외부인들로부터 가족이나 친족의 구성원들을 지켜 줄 수 있는 남성들이 거주하는 공간이다. 그러나 외부인이 가족이나 친족의 구성원들과 잘 아는 사이라든지 친구인 경우에는 어느 정도 받아들여져서 친한 경우에는 텐트의 오른쪽에 있는 여성들의 공간에 앉을 수도 있다. 이러한 전통에 익숙한 몽골인들은 몽골타워라는 하나의 공동체적인 공간을 방문하는 외부인들에게 경계심을 가지는 것은 당연한 일이며, 공동체 구성원들과 함께 방문하거나 소개를 받는 경우에는 정도의 차이는 있겠지만 내부인으로 받아들여질 수도 있는 것이다. 따라서 몽골인들은 자신들의 인적 네트워크를 통하여 다른 몽골인들과 지속적인 네트워크를 새롭게 만들어 간다. 한국에 있는 몽골인들에게 이러한 인적 네트워크는 한국이라는 공간만 다를 뿐이지 광활한 초원에서 살아남기 위해서 유목인들이 가졌던 전통적인 인적 네트워크와 거의 비슷한 기능을 가지고 있는 셈이다.

한편 일상적인 생활공간에서 그리고 여러 가지 생업적인 영역에서 한국인들을 자주 대하는 한국에 거주하는 몽골인들의 입장에서 보면 한국이라는 다른 문화권 속에서 몽골인들의 정체성을 유지하고 있는 셈이며, 이것은 몽골에 있는 몽골인들이 탈사회주의 이후에 몽골의 전통을 다시 회복하고 새로운 몽골인의 정체성을 확립하려고 노력하고 있는 분위기와 좋은 비교가 될 수 있다. 즉 몽골에 있는 몽골인들이 중국, 일본, 한국과 같은 주변의 아시아 문화뿐만 아니라 러시아, 미국, 영국, 독일, 그리고 동구유럽 등과 같은 다양한 외래문화가 거침없이 들어오는 현재의 시점에서 자국의 전통과 고유한 문화를 유지하고 몽골인의 정체성을 유지하는 것은 아마도 엄청난 노력과 시간이 필요한 일이다. 이에 반하여 한국이라는 아시아 문화 속에서 거주하는 몽골인들이 나름대로의 정체성을 유지하려고 노력하는 것은 시간적인 입장에서 보아도 영속적이기보다는 거주하는 동안 지속되어야 하기 때문에 다소 일시적일 수 있으며, 어떻게 보면 외래문화이지만 역사 및 문화민속적으로 보면 일정 부문 동일한 부분도 공유할 수 있기 때문에 좀 더 쉽게 융화와 조화를 이룰 수 있다는 장점도 있다. 특히 한국이라는 공간은 비록 한편으로는 몽골인의 정체성을 유지하지만 또 다른 한편으로는 한국의 문화를 부분적으로 수용하면서 한국사회 속에서 나름대로의 역할을 할 수 있는 곳이기도 하다.

　문화라는 것은 눈에 보이지는 않지만 오랜 시간 동안 축적되어 온 것이기 때문에 하루아침에 바꿀 수도 없고 또한 바뀔 수도 없는 것이다. 한국에 거주하는 젊은 몽골인들을 보면 목에는 MP3를 걸고, 손에는 핸드폰을 가지고 책상에는 노트북을 두고 작업을 하고는 있지만 몽골인들이 여전히 양고기와 오츠(ots : 양의 꼬리 부분으로 만든 고기) 그리고 몽골식 만두인 호쇼르(huushuur)가 먹고 싶고, 아이락(airag : 마유주)과 수테차이(süütei tsai : 우유차)를 마시고 싶은 것은 당연한 것이다. 그러므로 몽골타워에는 몽골인들이 좋아하는 양고기를 비롯해서 소나 양고기를 말린 호라이 마흐(huurai mah)와 유제품의 일종으로 우유를 말려서 만든 아롤(aruul) 등과 같은 몽골음식을 흔히 볼 수 있으며, 건물 속에는 몽골식당, 몽골과 관련된 다양한 물건을 파는 잡화점, 이발소와 미장원, 여행사, 은행 등이 입

점해 있다. 이와 같이 한국에 거주하는 몽골인들에게 몽골타워는 여전히 그들만의 정체성을 유지할 수 있는 일상적인 생활문화공간으로 중요한 역할을 하고 있는 셈이다. 그러나 이러한 생활문화 못지않게 몽골인들을 하나로 묶어주는 정체성은 좀 더 심층적인 측면에서 다루어야 할 것 같다. 이러한 심층적인 분석을 통하여 한국에서 몽골인의 에스니시티가 어떠한지를 살펴볼 수 있으며 이러한 에스니시티에 내재된 몽골의 유목성을 또한 찾아서 고찰해 볼 수 있는 것이다.

3 한국에서 몽골인들의 에스니시티

다양한 문화가 공존하는 공간에서는 자연스럽게 서로를 비교하게 되고 구성원의 수(數)에 따라서 다수와 소수로 나뉘게 되고, 정치력이나 경제력에 따라서 주도적인 쪽이 결정이 되는가 하면 권력을 가진 쪽과 가지지 못한 쪽으로 나뉘어서 강자의 입장에서 사회를 지배하고 움직이는 집단과 이와는 반대로 약자의 입장에서 주도적인 세력에 이끌려가는 경우가 있다. 특히 21세기에 들어오면서 다문화의 분위기가 사회 곳곳에서 고조되면서 이전에 많이 논의되었던 에스니시티(ethnicity) 문제에서 흔히 제기되었던 갈등과 차이에 대한 논의에서 조금 벗어나서 에스니시티와 관련해서 다양성과 조화 그리고 새로운 환경에 적응이라는 유목문화적인 양상이 보이기도 한다. 예를 들어서 한국에 거주하는 몽골인들의 경우 지하철 동대문운동장역 인근에 몽골타워라는 공간을 중심으로 한국 속에서 몽골인들끼리 하나의 정체성을 지켜나가고 있지만 한국사회 속에서 나름대로의 색깔을 가지면서 한국문화에 부분적이지만 조화를 이루고 또한 새로운 환경에 잘 적응하는 특성을 보여주고 있다.

한편 한국에 거주하는 몽골인들의 입장에서 보면 한국은 완전히 새로운 문화권이라기보다는 역사적으로나 문화 및 민속적으로 유사한 것이 많은 아주 친근한 나라이기도 하다. 그리고 눈으로 보이는 자연환경과 사회구조는 다르지만 그 속에 내재해 있는 많은 사회문화적인 요소는 몽골의 자연환경이나 사회구조 속에 익숙한 몽골인들에게도 쉽게 적응할 수 있는 여지를 제공해 주고 있는 듯하다. 이렇듯 한국에 거주하는 몽골인들이 이전부터 행하여 오던 샤머니즘과 라마불교문화 및 유목문화와 사회주의 그리고 현재 경험하고 있는 탈사회주의 문화의 영향 속에서도 한국의 사회와 문화에 나름대로의 조화를 이룰 수 있는 몇 가지 측면을 제시해 보면 다음과 같다.

첫째로 몽골은 세계에서도 가장 인구밀도가 낮은 나라 중의 하나이 여전히 독특한 유목문화를 간직하고 있는 다양한 문화를 가진 문화 강대국이며 자원이 풍부한 세계 10대 자원보유국이기도 하다. 특히 몽골의 유목문화는 자연의 질서에 순응하면서 주어진 자연환경을 경영하는 아주 체계적이고 경제적인 생업활동이 반영되어 있는 인간과 자연이 하나가 되는 문화이다. 즉 여러 곳을 옮겨 다니는 유목민들은 언제, 어디로 옮길 것인지에 대하여 최적의 시간에 맞추어서 이동을 한다. 여기서 최적의 시간이란 방목지의 자연환경이 파괴되지 않아서 다음에 왔을 때도 가축이나 유목민에게 최대의 자연생산물을 제공해 줄 수 있는 상태를 말한다. 또한 가까운 미래에 이동을 하여 잠시 정착할 곳의 자연 상태에 대한 정밀한 배려도 들어 있다. 다시 말해서 현재의 방목지가 다시 복원될 수 있는 상태를 유지시키면서, 새로운 방목지가 최대의 자연생산물을 제공해 줄 수 있을 때 이동을 하게 된다. 따라서 몽골의 유목은 자연의 질서에 순응하고 자연을 훼손시키지 않으면서 자연으로부터 많은 것을 얻어내는 가장 경제적인 생업활동이다. 인내심을 가지고 그리고 주위의 자연환경을 대 우주(cosmos)의 원칙에 맞게 통찰할 수 있는 유목민들이 가지고 있는 생활의 지혜는 한국사회에 팽배해 있는 '빨리 빨리' 문화를 초월해서 나름대로의 생활환경으로 만들어내는 저력을 발휘할 수 있게 한다. 한국에서 몽골인의 정체성이 분명하게 드러나는 것은 아마도 이러한 몽골인들의 유목문화적인 생활방식이 주요한 요인으로 작용하기 때문이다.

둘째로 몽골의 유목문화를 살펴보면 유목생활을 하는 데 기본이 되는 주거공간인 겔(ger)이 특징적이다. 이동하기 용이하도록 겔을 분해하고 다시 조립하는데 불과 1시간이 걸리지 않을 정도로 간편한 주거공간이다. 그럼에도 불구하고 여름에는 시원하고 겨울에는 따뜻한 전통적인 몽골 겔(ger)은 간편하면서도 안락하며 또한 과학적이다. 이러한 생활방식에 익숙해 있는 몽골의 유목민들은 한 곳에 머무르기보다는 좀 더 나은 환경을 위하여 끊임없이 이동을 하게 된다. 따라서 몽골이 가지고 있는 특유의 유목문화는 한국의 도시 공간 속에서도 그대로 적용될 수 있는 가능성을 전혀 배재할 수 없다. 원래 몽골의 유목문화는 땅과 같은 부동산(不動産)보다는 가축과 같은 동산(動産)을 중심으로 가축들의 방목지를 따라서 이동하는데, 특히 주변의 자연환경을 최대한으로 고려한 친환경적인 문화로 볼 수 있다.

유목문화가 가지는 이러한 요소 외에도 최근에는 유목이 가장 미래지향적인 생활방식의 하나로 새롭게 인식되고 있기도 하다. 가령 예를 들어서, 유목문화 속에 내재되어 있는 토지소유의 관념이 없는 것, 이동성, 그리고 간소함을 인류미래의 가장 중요한 요소로 보기도 한다.[19] 다시 말해서 유목문화가 전해주는 미래의 메시지와 같이 현대인은 한 곳에 정착하기보다는 마치 방랑자와 같이 이곳과 저곳을 떠돌아다니는 유목문화

---

19) 松原正毅(1999 : 21) 참조.

에 점차로 젖어들고 있는 것으로 볼 수 있으며, 더 좋은 보수와 대우를 제공받는다면 언제든지 직장도 옮길 수 있는 유목형 생활을 즐기고 있는 경우가 많다. 이러한 유목적인 주거공간의 이동은 현대의 젊은이들에게 특히 두드러지는 현상이기도 하다. 무선 인터넷 환경에 익숙한 젊은이들은 한 곳에 머무르기보다는 더욱더 자주 움직일 수 있는 모바일(mobile)한 환경을 더 선호하기도 한다. 이제 각종 전자기기도 한 곳에서 사용하기보다는 이곳에서 저곳으로 가지고 다니기 쉽게 고안되고 있는 것도 현대 도시인들의 경향을 잘 반영해 주고 있다. 이러한 입장에서 보면 한국에 거주하는 몽골인들은 이러한 도시적인 유목생활에 잘 적응할 수 있는 잠재력을 충분히 지니고 있는 셈이다.

셋째로 몽골은 세계에서 두 번째로 오래된 사회주의 국가이며, 지금은 성공적으로 탈사회주의 사회로 변신하고 있는 중이다. 오늘날 한반도의 평화정착을 위하여 안간힘을 쓰고 있는 우리의 입장에서 북한의 사회주의 문화를 제대로 이해하고 진정한 의미에서 남북한이 하나가 되는 조화로운 통일을 앞당기기 위해서 몽골의 사회주의와 탈사회주의 경험을 겸허하게 배워야 한다. 한국에 거주하는 몽골인들 중에는 사회주의와 탈사회주의를 모두 경험한 경우가 많기 때문에 한국식 시장경제에 입각한 사회구조뿐만 아니라 북한식의 사회주의 사회구조도 잘 이해할 수 있는 것이다. 다시 말해서 분단된 한국사회를 이해하는 외국인의 입장에서 보면 몽골인들의 경우 한반도의 분위기에 누구보다도 더 잘 적응할 수 있으며 따라서 이념적으로는 분단되었지만, 문화적으로는 하나가 될 수 있는 공간[20]으로 쉽게 받아들일 수 있는 것이다.

이상에서 언급한 이러한 몇 가지 특징은 한국에 거주하는 몽골인들로

20) 대다수 몽골인들도 중국에 있는 내몽골자치구의 몽골인들과는 문화적으로는 하나의 동질성을 가진다고 믿는 경향이 강하다.

현대 도시 공간 속의 새로운 문화와 민속 /

하여금 한국에 거주하는 다른 외국인들에 비하여 좀 더 한국인에게 가까이 다가갈 수 있는 장점이 되는 것이다. 여기에 덧붙여서 필자가 1990년대 초반에 만난 몽골의 한 외교관으로부터 들은 실제 경험담을 하나 인용해 보고자 하는데, 이것은 역사적인 경험으로 인한 몽골인이 가질 수 있는 상징적인 에스니시티를 또한 엿볼 수 있다. 몽골의 외교관이 들려준 실제로 있었던 경험담은 아래와 같다.

> 몽골의 외교관이 여러 나라를 방문하게 되면 생김새가 중국인이나 일본인 등과 같은 동아시아 사람들의 얼굴을 하고 있어서 보통은 중국인이나 일본인으로 취급받는다. 그래서 몽골인이라고 하면 잘 모르는 경우가 많다고 한다. 한번은 몽골의 한 외교관이 이라크를 방문하고 일주일 동안 한 호텔에서 보냈는데, 나중에 체크 아웃(check out)를 하려고 하니까 몽골이 어디에 있는지 어떠한 나라인지를 물었다고 한다. 그래서 중국과 러시아 사이에 위치한 아시아의 한 국가라고 이야기했지만 잘 몰랐다고 한다. 그래서 그 몽골 외교관은 혹시 칭기스칸을 알고 있는지 물어보면서 몽골은 칭기스칸이라는 역사적인 영웅을 가진 나라라고 하자 호텔 지배인은 너무 놀라는 기색을 하며 몇 번이나 죄송하다고 인사를 하였다고 한다. 그리고는 존경하는 몽골인이라서 일주일치 호텔비도 받지 않겠다고 이야기 했다고 한다. 몽골의 외교관은 다소 놀라서 왜 그렇게 하는지 물어보니까 당신이 바로 그 유명한 칭기스칸의 후예인 몽골인이라서 당신과 같은 몽골인을 만나서 너무나도 영광스럽기 때문에 호텔비를 내지 않아도 된다는 것이었고, 몽골 외교관은 결국 호텔비를 내지 않았다고 한다.

몽골의 역사적인 영웅인 칭기스칸은 중동지역에서도 위대한 인물로 인식되고 있는데 시대가 흘러서 현대에 오면서도 이러한 역사적인 사건과 경험21)을 통하여 몽골인의 상징적인 에스니시티가 만들어지는 것을 보여준다. 아마도 오늘날 한국에 거주하는 몽골인들의 정체성과 에스니시티는 새롭게 생겨난 새로운 문화적인 현상이기보다는 이전부터 지속되었던 한국인과 몽골인 간의 부단한 교류의 결과이며 지금도 지속되고 있는 이전의 경험에 대한 연장 및 지속으로 볼 수도 있는 것이다. 좀 더 분명한 것은 한국이라는 공간은 30,000명이나 되는 몽골인들이 거주하는 공간으로 몽골인들에게는 새로운 기회의 땅이 되고 있는 것이다. 과거의 사건 속에서 때로는 정치적 갈등과 일방적인 정치적 동맹의 관계에서 그리고 사회주의 기간 동안에는 북한과 대등하면서도 긴밀한 형제 국가로 그리고 이제는 한국과의 경제적 동반자로서 한국은 몽골인들에게 더 없이 소중한 기회의 장소가 되고 있는 것이다. 지나간 과거를 현재를 중심으로 오늘날 새롭게 해석하여 한몽 교류는 그 어느 때보다도 긴밀한 공조체제를 구축하고 있다고 해도 과언이 아닐 것이다.

오늘날 한국인들이 한국에 와 있는 몽골인을 대하면서 느끼는 인식은 어떠할까? 또는 이와 대비해서 한국에 와 있는 몽골인들이 한국인을 대하면서 느끼는 인식은 어떠할까? 아마도 부분적이지만 여전히 오래된 과거의 연장선상에서 역사적인 사건을 떠 올리는 경우도 있겠지만 현재의 입장에서 주어진 상황 속에서 서로를 대할 수밖에 없는 것이다. 한국이 몽골인들에게는 경제적으로 기회의 공간인 것은 부정할 수가 없듯이 한국인들에게도 몽골인들은 다양한 다문화 속에서 하나의 문화로 그렇지만 인류학적[22] 혹은 민속학적[23]으로 좀 더 한국인들에게 친밀한 존재로 인

---

21) 지나간 과거에 대한 인식을 오늘날 어떻게 해석하는가에 따라서 과거가 긍정적일 수도 있고 혹은 부정적일 수도 있다. 또한 아주 오랜 시간 거슬러 올라갈 수 있는 '깊은' 과거이거나 비교적 기억을 할 수 있는 '가까운' 과거로 구분하기도 한다. 아울러서 과거의 성격에 따라서 '영광스러운' 과거로 구분하기도 하는데 이러한 구분에 따라서 과거를 인식하는 관점이 달라질 수도 있는 것이다. 박환영(2006b) 참조.

22) 몽골과 한국의 어린아이들은 태어나면서 몽골반점을 가지고 있어서 체질인류학적으로 공통적인 요소를 가지고 있다.

23) 마산의 몽고정은 전통적으로 소주가 몽골에서 유래했을 가능성을 보여주는 장소이

식되는 경우가 많은 것은 분명하다. 그만큼 몽골의 문화는 지나간 과거의 역사적인 사건과 경험을 토대로 현재에도 한국의 문화 속에 나름대로 중요한 자리매김하고 있는 것이다.

4 다문화주의 속의 유목성에 기초한 에스니시티

다문화가 한창 진행되고 있는 오늘날 한국사회 속에서 몽골인들의 정체성은 두드러진다. 이미 언급한 바와 같이 현재 한국에 거주하는 몽골인은 대략 3만 명 정도인데 몽골의 인구를 2백 8십만 명 정도로 본다면 몽골 인구의 1% 이상이 한국에 와 있는 셈이다. 이러한 숫자로 보면 중국의 내몽골자치구에 거주하는 몽골인을 제외한다면 한국은 해외에서 몽골인들이 가장 많이 이주해서 살고 있는 나라이다. 즉 중국의 내몽골자치구에 있는 몽골인들은 중국의 소수민족인데 반하여 한국에 거주하는 몽골인들은 한국인과 결혼하여 한국에 들어온 경우도 있지만 대부분은 취업, 학업, 상업, 단기산업연수, 관광 등의 목적으로 일정 기간 거주하는 몽골인들이 대부분이다. 한국에 거주하는 몽골인들을 개인적으로 보면 언젠가는 다시 몽골로 돌아가야 하는 경우가 많음에도 불구하고 한국에 거주하는 몽골인들은 한국에서 몽골인들만의 다양한 공간을 만들어 가고 있다. 이러한 몽골인들의 공간으로는 서울 을지로 6가에 있는 몽골타워와 2005년 만들어진 재한 몽골인들의 인터넷 모임인 '달라인 살히(dalain salhi : 바다의 바람)' 그리고 매년 7월에 열리는 몽골의 나담축제와 몽골의

며, 한국의 가신신앙 중에서 부엌을 관장하는 조왕신은 몽골의 화신(火神)과 밀접한 연관성을 가지는 등 다양한 측면에서 한국과 몽골의 민속은 닮아 있는 부분이 많다. 최인학(1986)과 박환영(2005c) 참조.

태음력과 불교력에 의하여 결정되는 몽골식 설날인 차간살 축제가 대표적이다.

한국에 거주하는 몽골인들이 한국 속에 만들어가고 있는 몽골인들을 위한 공간은 몽골의 유목문화와 밀접하게 연계되어 있다. 즉 몽골인들은 유목생활을 하면서 한 곳에서 다른 한 곳으로 이동을 하게 되면 새로운 자연환경에 가능한 빨리 적응해야 하며 이렇게 적응하고 나면 다시 다른 공간으로 이동을 하게 되며 언젠가는 다시 이전에 떠나온 그곳으로 이동을 하게 되는 것이다. 따라서 유목문화 속에서 보이는 정기적인 이동은 체계적인 순서와 질서를 가지고 있으며 하나의 이동주기를 가지고 반복적이고 연속적으로 행하여지는 것이다.

유목민들(nomads)은 흔히 정처 없이 떠돌아다니는 사람들을 지칭하는 것으로 생각되지만 실질적인 의미에서 유목민들은 규칙적인 이동을 하는 사람들이다. 즉 유목민들이 일상적인 생활을 영위하면서 이동하는 것에는 반드시 어떠한 규칙이 있기 마련이다. 다시 말해서 유목민들은 목초지를 찾아서 이동을 하는 무리의 사람들이기 때문에 이동을 하는데에도 체계적인 질서와 순서가 있는 것이다. 한편 유목민을 나타내는 'nomads'는 '목초지를 찾아서 옮겨다닌다.'는 의미를 가진 그리스어 'nemein'에서 유래되었다고 한다.[24]

---

24) 유목민들이 주로 거주하는 지역은 정착화된 농경생활을 할 수 없는 곳이다. 즉 농경을 경영하기에는 너무 메마른 지역이거나 너무 추운 지역, 너무 경사가 가파른 고산지역이다. 즉 유목생활이란 제한된 자연여건과 지역의 한계를 극복하고 주어진 환경조건을 극대화하기 위하여 가축들이 한 목초지에서 더 이상 먹을 것이 없으면 다른 지역으로 옮기게 된다. 그런데 유목민들은 그네들이 사육하는 가축 그리고 그네들이 살고 있는 자연환경에 따라서 조금씩 다른 양식의 유목문화를 보여준다. 예를 들어서 북서 아프리카의 마우리타니아(Mauritania) 유목민들은 주로 낙타를 사육하는 유목민들인데 우기에는 물을 쉽게 얻을 수 있기 때문에 우물이나 오아시스를 떠나서 이동하고 근기에는 다시 우물이나 오아시스 주위로 돌아오는 이동 유목생활을 한다. Carmichael(1991) 참조.

몽골인들은 전통적으로 유목생활을 해왔는데, 1921년에 사회주의를 도입한 후부터 '집단농장제'를 실시하면서 유목생활에 많은 변화를 가져온 것도 사실이지만 최근까지도 유목문화의 전통을 그대로 유지해 왔다. 한편 1990년 이후 시작된 자유화의 영향으로 시장경제가 도입되면서 유목생활에 적지 않은 영향을 주었지만 여전히 유목문화는 몽골의 곳곳에서 그 명맥을 계속해서 유지하고 있다. 한편 몽골의 유목생활에서 보이는 주요 가축은 양, 소, 염소, 말, 낙타 등인데 일부지방에서는 야크와 순록도 사육되기도 한다. 몽골의 유목생활에서 자주 이동을 하게 되는데 보통은 여름과 겨울에 주로 이동을 하는데 이동하는 지역은 주어진 자연환경을 최대한 고려하여 결정된다. 즉 여름에는 강이나 우물 근처로 이동을 한다면, 겨울에는 산을 뒤로 해서 북쪽의 찬 공기를 막을 수 있는 곳으로 이동한다. 한편 유목민들이 자주 이동을 하는 것은 가축의 방목지를 찾아서 이동을 하는 것으로 목축하기에 적당한 지역을 효율적으로 이용하기 위해서이다. 즉 한 지역에 너무 오랜 기간 동안 머무르게 되면 가축들이 그 지역을 황폐화시킬 수가 있기 때문에 지역의 자연환경이 다시 회복될 수 있는 시간을 확보해 두기 위해서 다른 지역으로 이동을 하는 것이다. 그래서 다시 그 목초지로 돌아왔을 때는 새로운 활력과 생명력을 느낄 수 있는 것이다.

이상과 같은 몽골의 유목문화는 한국에 거주하는 몽골인들 사이에도 중요한 요소로 작용하는데 이러한 유목문화와 연계해서 매년 7월에 한국에서 열리는 대동적인 축제인 몽골의 나담축제와 매년 정초에 행하여지는 전통적인 축제인 몽골식 설날에 해당하는 차간살(tsagaan sar) 축제를 통하여 몽골인들의 유목적인 요소가 담겨져 있는 에스니시티를 고찰하고자 한다.

유목문화 속에 반영된 세시와 관련해서 몽골의 축제는 크게 두 가지로 나눌 수 있다. 하나는 여름에 행하여지는 나담(naadam) 축제이고, 또 다른 하나는 겨울에 행하여지는 차간살(tsagaan sar) 축제이다. 여름에 행하여지는 나담(naadam) 축제가 만물의 성장뿐만 아니라 유목생활에서 필수적인 가축의 성장과 초원의 풍요로움을 기원하는 축제라면 겨울에 행하여지는 차간살 축제(tsagaan sar)는 유목민들에게 한 해를 마감하면서 새로운 시작을 위하여 1년 동안의 건강과 행복 그리고 풍족한 생활을 축원하는 축제로 볼 수 있다.

몽골의 나담은 하나의 국가적인 행사로 매년 7월 11일부터 삼일 간(7월 11일부터 7월 13일까지)에 걸쳐서 열린다. 이것은 1921년 몽골에 사회주의 정부가 들어서면서 매년 7월 11일에서 13일까지 삼일 동안을 몽골의 나담축제로 정하게 되면서부터이다. 원래 나담은 나담이라고 부르지 않고 종교적인 큰 의식에서 함께 행하여지던 운동경기를 가리키는 단식그(danshig)라는 이름으로 불리어지기도 하였다.[25]

몽골의 여름축제인 나담을 일컫는 용어야 어떻든 나담축제의 핵심은 대초원에서 펼쳐지는 몽골인의 민속놀이와 경기인 셈이다. 나담의 대표적인 경기는 말달리기(경마), 활쏘기, 씨름 등인데 최근에는 몽골의 대표적인 민속놀이인 샤가이(shagai) 놀이인 샤가이 하르바흐(shagai harbah)도 포함되고 있다. 샤가이 놀이는 몽골의 대표적인 다섯 종류의 가축(taban hoshuu mal)[26]의 하나인 양(羊)의 복사뼈를 가지고 손가락으로 튀겨서 노는 몽골의 전통적인 민속놀이이다.

한국에 거주하는 몽골인들을 위하여 2001년 처음으로 개최된 한국 속의 몽골축제인 나담축제는 2007년의 경우 7월 8일에 서울 광진구 광장

---

25) 박환영(2007b) 참조.
26) 문자 그대로 "다섯 가지의 주둥이를 가진 가축"이라는 뜻으로 여기에는 말, 소, 양, 염소, 낙타가 속한다.

2008년 제8회 재한몽골인들을 위한 몽골 나담축제

중학교에서 개최되었다. 한편 2008년에는 7월 13일에 서울 광장중학교에서 제8회 재한 몽골인들을 위한 몽골 나담축제로 열렸다. 울란바타르 문화진흥원, 주한몽골대사관, 국립중앙박물관, 나섬공동체, 광진구, 서울경찰악대 등 많은 한국과 몽골의 단체가 이 축제를 주관하고 협찬하였고, 현대아산병원에서 의료지원을 하였다. 몽골에서 행하여지는 전통적인 몽골의 나담축제에는 말달리기, 활쏘기, 씨름 등 세 가지 민속놀이가 반드시 행하여진다. 그러나 광장중학교에서 열린 나담축제에서는 도시 공간이라는 주어진 여건 때문에 말달리기는 하지 않고 활쏘기와 씨름이 행해졌고, 현대적인 스포츠로 농구와 탁구 시합이 더해졌다. 재미있는 것은 몽골의 전통적인 씨름 경기는 남자들만의 경기로 씨름 선수들은 가슴 부분이 노출되어 있는 조독(zodog)이라는 복장27)을 입고 씨름 경기를 하는데 한국에서 열리는 나담축제 때에도 전통적인 방식대로 이러한 복장을 입고 경기를 진행하고 있다는 사실이다.

매년 광진구 광장중학교에서 열리는 나담축제에는 한국에 거주하는 1000명에서 1300명의 몽골인들이 참석하고 있다. 최근에 들어서면서 서울 광진구의 나담축제에는 몽골의 전통 민속놀이와 다양한 공연을 직접 참관해서 몽골의 문화를 경험해 보려는 한국인들의 참여도 늘어나고 있는 추세이다. 이러한 분위기를 반영해 주듯이 2008년에 열렸던 광진구의 몽골 나담축제의 내용 중에는 몽골의 전통공연뿐만 아니라 재한 몽골학교 학생들의 문화공연과 한국노래자랑 등의 행사도 준비되어 있었으며, 부대행사로 호쇼르(huushuur)와 같은 몽골의 전통음식 판매와 전통가옥인 겔(ger) 및 몽골물품 전시행사 등도 포함되었던 것이다.

한편 몽골의 겨울축제인 차간살(tsagaan sar)은 문자 그대로 '흰색 달(月)'이라는 뜻이다. 몽골의 대표적인 겨울축제인 흰색 달(月)은 태음력과 불교력에 기초하기 때문에 매년 다르지만 대개는 1월말이나 2월초 혹은 2월 중순경에 시작된다. 다시 말해서 차간살(tsagaan sar)은 몽골의 전통적인 새해의 첫 달인 셈이다. 마치 흰색이 순수하고, 때묻지 않은 것과 마찬가지로 새해 첫 달은 말 한마디라도 조심해야 함을 나타낸다.

몽골인은 차간살(tsagaan sar) 때 흰색 음식을 즐겨 먹는다. 즉 이것은 흰색 달에 다양한 유제품, 국수 그리고 만두와 같은 흰색 음식을 먹으면 한 해가 흰색과 같이 부정이 없고 평안하다고 믿기 때문이다. 흰색 음식[28]은 대부분 유제품으로 유목생활과 깊은 연관이 있는 음식이다. 겨울에는 여름에 비하여 유제품을 구하기 어렵지만 한 해를 시작하는 시기에 유제

27) 몽골의 나담축제에서 남자만이 씨름경기를 하게 된 유래담과 관련해서 조독(zodog)이라는 독특한 복장에 대한 설화가 몽골의 유목민들 사이에서 전해져 내려온다. 자세한 내용은 박환영(2007b : 10) 참조.

28) 흰색 음식과 대비되는 것은 붉은색 음식인데 이것은 주로 몽골의 대표적인 다섯 가지 종류의 가축인 말, 소, 양, 염소, 낙타 고기를 상징한다.

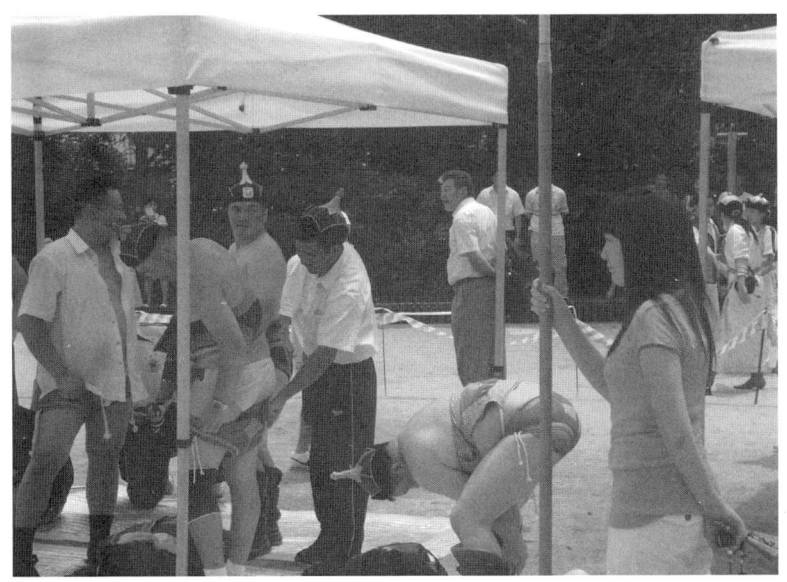

서울 광장중학교에서 열린 제8회 나담축제에서의 몽골 씨름선수들

품인 흰색 음식을 먹으면서 한 해 동안 가축들의 건강과 풍성한 유목생활을 기원하는 것이다. 또한 흰색 달에는 가까운 친척뿐만 아니라 멀리있는 친척을 방문하고, 선물을 교환하기도 한다. 이때가 되면 대부분의 몽골인들은 친척들을 만나기 위하여 도시에서는 시골로, 시골에서는 도시로 분주하게 이동을 하게 된다. 그러므로 몽골의 여름축제인 나담(naadam)과 더불어서 1년 중에서 몽골인이 가장 분주하게 움직이는 날이기도 하다. 한편 흰색 달에 친척이나 이웃 사람들을 만나면 졸곡흐(zolgoh)라고 부르는 전통적인 몽골의 예법으로 서로 새해 인사를 하게 된다. 즉 서로가 두 손을 펼쳐서 연소자(年少者)의 손이 연장자(年長者)의 손 밑으로 가서 양자(兩者)의 손이 서로 포개어 지는데, 마치 연장자를 연소자가 밑에서 떠받치듯이 인사를 나누는 방식이다.[29] 차간살(tsagaan sar)이 되면 몽

204

몽골의 시골에서 흔히 볼 수 있는 몽골 씨름

골의 시골에서는 말을 타고 가다가도 잠시 멈추어서 말을 탄 채로 이렇게 인사를 나누는 모습을 흔히 볼 수 있다. 유목생활에서 사람들과의 네트워크는 자주 이동을 필요로 하는 유목민들에게 필수적인 부분이다. 따라서 가까운 친족 간의 유대감뿐만 아니라 친구나 이웃들과의 긴밀한 결속도 필요한 것이다. 이러한 친밀한 결속의 연대는 자연스럽게 구성원들 사이의 친밀한 정도를 결정하게 되는데 이러한 친밀감은 보통 의무감과 도덕성 그리고 전략적인 의미를 내포하고 있다.

예를 들어서 Bloch(1971와 1973)의 친족 사이의 상호 의무감과 도덕성에 관한 연구는 Fortes(1949)의 연구에서 그 출발점을 찾을 수 있다. Bloch(1973 : 78)은 조그만 Merina의 친족 집단들이 이웃 주민들이 비친족

---

29) 박환영(2005c : 262) 참조.

들인 새로운 지역으로 옮겨와서 의지할 수 있는 협력자들을 가지기 위하여 지역 사람들과 어떻게 인공적인 친족관계를 성립시키는가를 보여준다. 그러나 Bloch은 Merina 사람들이 도덕적 신뢰성이라는 의미에서 친족과 비친족 사이의 명백한 경계선을 잘 인식하고 있다고 주목한다. Merina 사회에서 인공적인 친척들은 분명히 낯선 사람들보다는 더 의존할 만하지만 실제적인(real) 친척들보다는 덜 신뢰할 만하다(1973 : 78). Bloch은 친족용어의 '사용(use)'으로부터 '개념(concept)'을 구별한다. 그는 이것이 '도덕적 의미(moral meaning)'와 '전략적 의미(tactical meaning)'를 각각 가진다고 간주한다(1973 : 85). 예를 들어서 Bloch이 지적했듯이 마다가스카르(Madagascar)에 있는 Merina 사람들은 친척과 비친척들을 위하여 havana(문자 그대로 '친척들'과 '인척들'을 의미함)라는 친족용어를 사용하지만 그들은 도덕적 의미와 전략적 사용의 서로 다른 변별력을 가지고 있다. 모든 친족용어는 분명히 하나의 도덕적 의미를 가지고 있지만 그것이 직접 호칭(terms of address)의 하나로 사용되면 그것의 의미는 다양한 전략적 수단의 하나가 된다(1973 : 87).

오늘날 몽골 친족 속에 함축된 의미는 광범위하다. 비친척들을 향해서 친족의 은유(특히 피)를 적용하거나 친족 용어를 사용하는 것은 몽골인들이 친족으로부터 얻을 수 있는 유사한 기대감에 의하여 친족의 인식을 확대하려는 것을 암시한다.[30] 그러나 기본적인(primary) 친족은 여전히 친족 관계를 흔히 모방하는 다른 형태의 인간관계로부터 분명하게 구별된다. 인간관계에서 Bloch(1973)이 구분한 도덕적 가치와 전략적 가치와 비슷하게 몽골에서도 도덕저 의무간이 일차적인 친족(혈족과 인척)에 깊이 내재되어 있는 반면에 사회적 관계들의 다른 양식들은 전략적이고 경제

---

30) 박환영(2001b) 참조.

적인 요소로 이루어진다.

　이러한 의미에서 몽골의 차간살(tsagaan sar) 축제는 정기적으로 옮겨 다니는 유목생활 속에서 지나친 집착과 욕심을 버리고 대자연의 순환질서 속에 순응하고자하는 자세뿐만 아니라 지난날의 어려움과 오해를 청산하고 오염된 속세의 온갖 잡념을 떨쳐 버리고 새롭게 한 해를 시작하려는 유목민의 강한 의지를 엿볼 수 있는 것이다. 또한 유목생활 속에서 맺어지고 연계된 가족이나 친족집단을 포함한 다양한 인적 네트워크를 재정립하고 그 유대를 재확인하는 역할을 한다고 볼 수 있다. 한국에 거주하는 몽골인들의 경우 몽골을 떠나 한국에 와 있는 것이 대초원에서 멀리 떨어져 이동을 하는 유목민에 비유될 수 있는 것이다. 가까운 친족집단을 중심으로 친구나 이웃 그리고 잘 아는 사람들로 구성된 몽골인들의 인적 네트워크를 재점검하고 재확인 한다는 의미에서 차간살(tsagaan sar) 축제는 한국에 있는 몽골인들에게도 중요한 축제인 것이다.

　몽골의 나담축제와 차간살 축제는 다양한 몽골의 유목문화를 잘 반영해 준다. 이러한 몽골의 축제는 그 사회에 속한 구성원들이 겪게 되는 다양한 지위의 변화라든지 생업활동에 관여하고 있다. 축제를 통하여 닫혀 있는 공간이 열려지게 되고, 또는 하나의 단계를 지나서 다른 단계로 나아가는 기회를 제공해 주기도 한다. 음식을 장만하고 함께 나누어 먹으면서 연대감을 견고히 할 수도 있고, 여러 가지 전통적인 민속놀이가 곁들여져서 흥을 돋우고 그동안 쌓였던 불협화음을 포용하고 조화로운 공동체의 기초를 다지기도 한다. 특히 몽골과 같은 유목문화 속에서는 공동체의 결속이 강력히 요구되기도 한다. 정기적으로 이동을 하지만 주어진 여건에 따라서 때로는 그 빈도수가 잦아질 수도 있다. 또한 기후의 변화와 예측하기 힘든 자연 요건 속에서 공동체의 중요성은 이루 말할 수 없을 정도이다. 바쁘고 틀에 박힌 고되고 힘든 유목생활 속에서 일종의 여유를 제공해 주고, 그동안 집착해 온 경제활동에 윤활유를 선사하고, 더욱이 공동체 구성원들 사이에 갈라진 틈을 다시 연결시켜 주는 기능을 이러한 몽골의 축제가 담당하고 있는 것이다. 축제가 내포하고 있는 이러한 유목문화적인 요소는 한국에 거주하는 몽골인들에게도 여전히 영향을 주고 있으며 또한 이러한 축제를 통하여 몽골인들의 정체성과 에스니시티를 유지하고 지속시킬 수 있는 것이다.

덧붙여서 몽골의 축제 외에도 한국에 거주하는 몽골인들은 새로운 개념의 유목문화를 선보이고 있다. 가령 몽골인들은 어디에 거주하든지 간에 가족이나 친족 그리고 가까운 친구들에 이르기까지 끈끈한 인적 네트워크를 형성하고 있다. 끊임없이 이동을 필요로 하는 몽골의 유목문화와 마찬가지로 지구촌의 문화도 쉬지 않고 움직이면서도 서로를 연결시켜주는 모바일한 공간과 기술이 개발되면서 이제 세계 곳곳에서 모바일 폰(mobile phone)은 거의 필수적인 생활용품이 되었다. 엄격한 의미에서 보면 정기적으로 이동을 하면서 살아가는 유목민들을 위해서 사실은 모바일 폰이 가장 필요한 것이다. 다시 말해서 유목민들은 어디에 머무를지 알 수 없기 때문에 모바일 폰을 가지고 이동을 할 필요성이 절실한 것이다. 이렇게 보면 현대 사회의 생활양식의 어떠한 한 측면은 유목문화를 떠올리게 한다. 장소에 상관없이 즉 지역번호를 무시하고 언제든지 모바일 폰만 있으면 전화를 받을 수도 전화를 걸 수도 있는 것이다. 모바일 폰과 마찬가지로 인터넷은 역시 유목문화에서 보이는 촘촘한 인적 네트워크(network)와 밀접하게 연계되어 있다. 예를 들어서 2005년 만들어진 재한 몽골인들의 모임인 '달라인 살히(dalain salhi : 바다의 바람)'가 있다. 이 모임은 한국에 거주하는 몽골인들의 목소리를 하나로 모아 보자는 뜻으로 만든 사단법인이다. 재한 몽골인들의 인터넷 모임인 '바다의 바람'에는 몽골사업인 모임, 몽골여성모임, 몽골근로자모임 등 5개의 소모임이 있다고 한다.

　이러한 인터넷 모임은 전통적인 축제를 통하여 맺어지고 재점검되는 몽골인들의 인적 네트워크가 좀 더 확대되어서 인터넷 상의 인적 네트워크로 연장되고 더 확대된 것으로 볼 수 있다. 아마도 이러한 인터넷 상의 인적 네트워크는 유목문화의 새로운 형태로 변화된 환경에 적응하는 과정에서 만들어진 몽골인들의 유대감을 돈독하게 하는 또 하나의 인적 네트워크로 볼 수 있다. 결국 유목문화에 익숙해져 있는 몽골인들은 어디에 거주하든지 간에 전통적인 방식의 인적 네트워크를 만들어가고 있으며 이러한 과정은 주어진 새로운 공간과의 '차이'와 '다름'을 추구하기보다는 차이와 다름을 부분적으로 인정하면서도 '같음'과 '조화'를 추구하여 새로운 환경과 주어진 여건에 빠르게 적응해가는 유목문화의 전통인 유목성을 절실히 보여주고 있는 것이다.

5 　상생과 공존을 추구하는 유목형 에스니시티

　오늘날 한국사회에서 다문화주의와 에스니시티라는 상호보완적인 두 가지 문화현상이 두드러진다. 이렇게 다문화주의가 팽배한 21세기의 문화현상 속에서 여전히 지속되고 있는 에스니시티를 문화인류학적으로 논의하기 위하여 본 논문에서는 한국에 거주하는 몽골인들을 중심으로 몽골인들의 에스니시티와 유목문화를 중점적으로 다루어 보았다. 우선 이러한 논의에 관심을 가지게 된 문제제기로 한국에 거주하는 여러 외국인들 중에서 몽골인들이 가지고 있는 다문화주의 속의 몽골문화를 고찰하였다. 그리고는 한국에서 몽골의 에스니시티가 어떻게 보이고 있는지를 몇 가지 예를 들어서 살펴보았다. 이러한 논의를 바탕으로 필자는 21세기 한국사회에서 보이는 몽골인의 에스니시티는 몽골의 전통적인 유목문화에 기초를 두고 있다는 점에 초점을 두고 다문화주의와 에스니시티의 문제에 유목문화라는 새로운 요소를 가미하여 한국에 거주하는 몽골인의 에스니시티 문제를 분석하려고 시도하였다.

각 민족이 가지고 있는 민족문화를 다른 민족의 문화와 상호 비교해서 서로 다른 문화가 가지고 있는 문화의 차이점과 공통점을 찾는 작업을 통하여 인류문화의 보편성을 추구하는 문화인류학에서 다문화주의와 에스니시티는 서로 공존하면서 또한 서로 대치하는 문화현상으로 중요한 연구소재가 될 수 있다. 특히 한국사회는 한편으로는 역동적인 경제발전을 기초로 해서 하루가 다르게 국제화로 치닫고 있는 반면에 다른 한편으로는 여전히 보수적이고 선명한 민족의 정체성을 소유하고 있는 곳이기도 하다. 또한 몽골사회도 1990년부터 본격적으로 시작한 시장경제의 도입으로 인하여 자유화와 국제화에 적극적이지만 다른 한편으로는 여전히 보수적인 전통과 유목문화의 전통을 지키고 보존하려는 사회적 움직임이 두드러지는 곳이기도 하다. 다문화주의가 팽배한 한국에 거주하는 몽골인들의 에스니시티 문제를 갈등과 다름이라는 입장에서 조화와 같음이라는 관점으로 접근하면서 유목문화라는 몽골 특유의 생활문화를 분석하여 이 속에서 보이는 상생과 공생 그리고 인적 네트워크의 도덕적 의미와 전략적 의미를 도출하여 보았다. 이러한 접근방법을 통하여 한국에 거주하는 몽골인들의 에스니시티 문제는 하나의 조그만 사례가 되겠지만 글로벌한 다문화주의와 아울러서 등장하는 각 민족의 에스니시티가 어떻게 상호 보완적인 기능을 하는지 구체적인 실마리를 마련해 줄 수 있는 것이다.

—『비교문화연구』 15집 1호, 서울대 비교문화연구소, 2009

제 10 장

몽골의 귀신 문화와 민속

1 몽골에는 어떠한 귀신이 존재할까?

몽골에서 귀신을 나타내는 용어는 다양한 편이다. 이러한 용어를 살펴보면 다음과 같다. 먼저 귀신 혹은 유령을 의미하는 처트거르(chötgör), 나쁜 영혼을 의미하는 보그(bug), 그리고 마귀 혹은 악귀를 의미하는 오로오론(oroolon) 등이 있다. 이러한 용어 외에도 유사한 의미를 가진 순스(süns : 문자 그대로의 의미는 정신 즉 영혼), 수그(süg : 유령), 히이(hii : 문자 그대로의 의미는 공기), 우쩌그더그(üzegdeg : 환영 혹은 환상), 쇼람(shulam : 마녀 혹은 마귀) 등이 있다. 이렇게 몽골 문화 속에서 귀신을 나타내는 용어가 다양하게 나타나는 것은 몽골인들이 가진 문화의 특색인 것이다.

이러한 몽골의 귀신 중에서 필자는 나쁜 일을 경계하고 올바른 삶을 권장하는 귀신과 다른 사람을 시기하는 귀신으로 범위를 좁혀서 살펴볼까 한다. 먼저 권선징악(權善懲惡)의 요소를 가지고 있는 올바른 삶을 권장

211

하는 귀신과 관련된 사례는 몽골의 문화와 민속 속에서 찾아볼 수 있는데, 올바르지 않은 것을 반성하고 올바른 길로 이끌어 주는 내용이 대부분이다. 또한 시기를 좋아하는 몽골의 귀신은 몽골의 속담에도 잘 반영되어 있다. 즉 몽골의 속담에 보면 "당신이 모든 것을 탐내면 마귀가 된다(shunal ihedbel shulam boloh)."라는 속담이 있어서(Akim, 1995) 남의 시샘을 좋아하는 몽골 귀신의 한 측면을 잘 보여준다. 앞으로 필자가 고찰할 몽골의 귀신은 이러한 두 가지 입장에 초점을 두고 샤머니즘, 민속문학(특히 설화) 그리고 민속언어 속에 나타나는 몽골의 귀신에 대하여 중점적으로 살펴보고자 한다.

신성함과 숭고함을 상징하는 흰색 수호기(tsagaan süld)

2 샤머니즘 속에 나타나는 귀신

몽골의 샤머니즘을 살펴보면 몽골인들이 가지고 있는 귀신관에 대하여서도 부분적으로 고찰할 수 있다. 예를 들어서 몽골의 샤머니즘에 의하면 세계는 태양이 비추는 세계(nart orin)와 태양이 없는 어두운 세계(haranhuin oron)와 같이 두 개의 공간으로 나누어지고, 태양이 비추는 세계는 다시 천상(deed tiv), 지상(dund tiv), 지하(dood tiv) 등 세 개의 공간으로 나누어지는데, 인간이 죽으면 영혼은 어두운 공간에 존재한다고 믿는다(이안나, 2001 : 113~114). 특히 어두운 공간은 죽음과 암흑의 세계로 전염병과 같은 질병을 퍼뜨리는 역신들이 온갖 음모를 꾸미는 곳이다(장장식, 2002). 그러므로 죽은 사람의 영혼(süns)[1]은 어두운 공간에 머물다가 다시 새로운 삶의 순환으로 태양이 비추는 공간으로 옮겨오기도 하고, 때로는 다른 영혼에게 해를 가하기도 한다. 인간의 영혼(süns)은 항상 육체에 머물러 있는 것이 아니라 때로는 육체를 일시적으로 떠나기도 한다. 이렇게 잠시 떠나 있는 영혼이 다른 영혼에게 해를 당할 수가 있어서 길을 잃고 헤매게 되면 건강한 육체가 병이 들 수도 있기 때문에 매사에 조심해야 한다.

어떤 경우에는 하물며 다른 사람과 자주 다투어서도 안 된다. 즉 몽골의 풍속에는 악귀가 떠나가라는 표현으로 '훅' 하고 입김을 부는 습관이 있다. 즉 서로 다투고 나서 화해하고서 '훅' 하고 입김을 불고, 나쁜 일이

---

1) 몽골의 샤머니즘에 의하면 인간의 영혼(süns)은 세 가지가 있다고 믿는다. 즉 어머니 쪽에서 형성된 피와 살의 혼(mah, chusnii süns), 아버지 쪽에서 형성된 뼈의 혼(yasnii süns), 그리고 어두운 공간에서 빛으로 들어 온 생명의 혼(amin süns) 등이다(이안나, 2001 : 114). 한편 몽골에서 민담이 생긴 기원에 관한 이야기를 내용으로 하고 있는 '탈바(Tarvaa)의 전설'이라는 이야기 속에도 영혼(süns)이 병든 육체를 빠져나가서 지옥의 세계에 갔다가 다시 자신의 육체로 돌아오기도 한다(Hurelbat and Narain, 1996).

에르덴조(Erdenezuu) 불교사원에 있는 동물상

몽골인들이 신성한 공간으로 여기는 오보에 버려진 라마 불교신을 형상화한 가면

생기면 '흑' 하고 붙어 애을 몰아낸다(이정희, 2000). 이러한 내용 중에서 다른 사람과 다투지 말고 사이좋게 지내는 것이 악귀로부터 멀어질 수 있다는 내용이 내재되어 있다. 다시 말해서 다른 사람과 다투게 되면 영혼(süns)이 육체를 잠시 떠나갈 수도 있어서, 나쁜 악귀가 따라 붙을 수고

있고, 액운이 생길 수도 있기 때문에 반드시 화해하고 혹시라도 화해하기 전에 악귀가 따라 붙었다면 '훅' 하고 입김을 불어야 하는 것이다.

한편 몽골의 샤머니즘에 보면 샤먼이 되기 위하여 13가지의 서약을 하게 된다.[2] 이러한 서약의 주요한 내용은 올바른 삶을 권장하고 있다. 예를 들어서 남을 속이지 말고, 가난하고, 약한 사람에게 최대한 도움을 제공하라는 내용이다. 그런데 이러한 사항을 어기게 되면 죽어서 다른 사람에게 해를 끼치는 나쁜 귀신이 된다고 한다(장장식, 2002). 즉 몽골의 샤먼이 현세(現世)에서 참되게 살지 않으면 죽어서도 남을 괴롭히고, 다른 사람이 꺼리는 나쁜 귀신이 된다는 것이다. 그러므로 몽골의 샤먼은 도움이 필요로 하는 일반인들에게 믿음과 신뢰를 제공해 줄 수 있었던 것이다.

3 민속문학 속에 등장하는 귀신

몽골의 민속문학 속에는 귀신과 관련된 내용을 쉽게 찾아 볼 수 있다. 몽골의 민속문학에 나타나는 귀신은 대체로 몽골의 민간신화와 민담에서 자주 등장한다. 먼저 신화의 경우 체렌소드놈(2001)의 자료에 보면 처

---

2) 참고로 샤먼이 되기 위하여 하는 서약의 13가지 항목은 다음과 같다. 첫 번째, 남의 물건을 탐내지 않는다. 두 번째, 남의 재산이나 물건을 허비하지 않는다. 세 번째, 부자 앞에서 아부하지 않는다. 네 번째, 가난한 사람을 업신여기지 않는다. 다섯 번째, 다른 샤먼을 질투하지 않는다. 여섯 번째, 남의 일을 방해하지 않는다. 일곱 번째, 두 사람 사이를 이간질하지 않는다. 여덟 번째, 남의 고통을 이용해서 나쁜 짓을 하지 않는다. 아홉 번째, 샤머니즘과 불교 사이를 이간질하지 않는다. 열 번째, 거짓말을 하지 않고 도둑질을 하지 않는다. 열한 번째, 하느님의 이름으로 맹세하지 않는다. 열두 번째, 장례식에 가지 않고, 술을 마시지 않으며, 바람을 피우지 않고, 나쁜 일을 하지 않는다. 열세 번째, 부모님과 나이 든 사람을 공경하고 겸손하게 행동하며 스승의 지시를 따른다(장장식, 2002 : 60~62).

트거르(chötgör : 귀신 혹은 유령), 오로오론(oroolon : 마귀 혹은 악귀), 그리고 예쁜 여자로 변장한 여우 마귀인 우네겐 쇼람(ünegen shulam) 등이 나온다. 이중에서도 처트거르(chötgör : 귀신 혹은 유령)[3]에 관한 내용이 많은 편이다.

예를 들어서 몽골의 민간신화 중에는 '인간이 벌거숭이가 되고 개가 털을 갖게 된 사연'이라는 민간신화가 있는데, 여기에 보면 처트거르(chötgör)가 나온다. 최근에 출판된 몽골의 민간신화를 중심으로 좀 더 자세히 민간신화의 내용을 소개하면 다음과 같다.

보르항이 사람을 창조하기 위하여 진흙으로 남자와 여자 두 사람의 형상을 빚은 뒤, 그들에게 생명을 불어넣기 위해 영생의 감로를 구하러 가게 되었다. 자신이 떠난 뒤 처트거르(유령)가 남자와 여자를 해칠지 모른다고 우려한 보르항은 개와 고양이에게 진흙으로 만든 두 사람을 지키도록 했다. "이 두 사람을 잘 지키고 있거라! 내가 영생의 감로를 가져올 때까지, 어떤 동물도 이들에게 접근하지 못하도록 하라! 두 사람은 너희들의 주인이 되어 앞으로 너희들을 보살피게 될 것이다. 그러므로 정신을 똑바로 차리고 잘 보살피고 있어야 한다!" 이렇게 당부하고 보르항은 자리를 비웠다. 그런데 정말 걱정한 대로 처트거르가 나타났다. 그러나 개와 고양이는 보르항의 인간을 지키기 위하여 처트거르의 접근을 막았다. 그러자 처트거르는 재빨리 고양이에게 젖[우유]을 주고 개에게는 고기를 주었다. 개와 고양이가 먹는 데 정신이 팔려 있는 동안, 처트거르는 진흙으로 빚은 두 사람 위에 오줌을 누고 사라

---

3) 체렌소드놈(2001)의 몽골 민간신화에는 처트거르(chötgör)가 자주 등장한다. 예를 들어서 씨족과 부족의 기원 신화 중의 하나인 "삼림 속의 젊은 사냥꾼"에 보면 지상으로 내려온 텡게르의 선녀가 자신의 몸을 변신해 보이는 것을 보고 사냥꾼이 선녀를 처트거르(귀신 혹은 유령)로 의심하기도 한다. 한편 몽골의 민간 산화에는 처트거르 외에도 마귀 혹은 악귀를 나타내는 오로오론(oroolon)에 대한 언급도 제법 엿 보인다. 예를 들어서 씨족과 부족 신화의 하나인 "모망간족"에 보면 칭기스가 오로오론(oroolon)을 만나는 이야기가 나온다.

216

졌다. 잠시 후, 보르항이 영생의 감로를 가져왔다. 남자와 여자에게 막 생명을 불어 넣으려고 한 순간, 보르항은 몸을 덮은 두 사람의 털이 이미 더럽혀진 것을 발견했다. **보르항**은 화를 내며, 고양이에게 더럽혀진 사람의 털을 벗겨내고 **그것을 핥아** 깨끗하게 하라고 했다. 이렇게 고양이로 하여금 털을 벗겨내고 **핥아**내게 했는데, 오로지 머리털에 악마의 오줌이 닿지 않았기 때문에 머리털은 그대로 두게 하고, 겨드랑이와 사타구니 등 고양이의 혀가 닿지 않은 곳에도 더러운 털이 조금씩 남았다. 그리고 처트거르가 오줌을 싼 더러운 털을 개에게 덮어씌움으로써 개를 처벌했다. 이렇게 **하여** 사람은 털이 없는 벌거숭이가 되고 개는 털을 갖게 되었다. 또한 이 때문에 사람들은 고양이의 혀와 개의 털을 더럽다고 여기게 되었다. 한편 사람은 처트거르에 의하여 한 번 더럽혀졌기 때문에 보르항이 입 안으로 영생의 감로를 떨어뜨렸음에도 불구하고 사람은 영원히 살지 못하는 존재가 되었다.

— 체렌소드놈, 2001 : 165~166

울란바타르 거리에서 점을 보는 몽골의 젊은이

몽골의 민간신화에 자주 등장하는 처트거르(chötgör)는 시기(猜忌)를 좋아하는 귀신으로 묘사된다. 즉 진흙으로 만든 남자와 여자가 영원한 생명을 얻게 되는 것을 시기하여 더러운 오줌을 누어서 남자와 여자를 오염시킨다. 개와 고양이가 지키고 있는데도 우유와 고기를 주고 꾀어내어서 진흙으로 만든 남자와 여자가 영원한 생명을 가지지 못하도록 만들었던 것이다. 나중에 보르항이 고양이를 시켜서 오염된 부분을 입으로 핥아서 깨끗하게 만들었지만 일부는 여전히 오염된 채 남아 있게 되었고, 영원히 살 수 있는 감로를 사람의 입 속에 넣었지만 이미 처트거르(chötgör)에 의해서 오염되었기 때문에 영원히 살 수 없는 존재가 되었던 것이다. 다시 말해서 시기심이 강한 처트거르(chötgör)의 방해가 아니었다면 인간도 영원한 생명을 누릴 수 있는 존재가 되었던 것이다.

한편 몽골의 민담에도 귀신 이야기를 간혹 찾아볼 수 있다. 예를 들어서 알탄게를(Altangerel, 1987)이 번역한 몽골의 전통적인 민담 중에는 귀신과 붉은 색 여우가 사람으로 변장한 요괴가 등장하기도 한다. 예를 들어서 '서민의 아들 공골(Gongor)과 왕의 아들 곰보'라는 민담을 보면 다음과 같은 이야기가 나온다.

또한 하토리(Hattori, 1971)도 민간에 전해져 오는 몽골의 귀신에 관심을 가지고 몽골의 시골에서 수집한 귀신이야기를 정리하여 전하고 있다. 하토리(Hattori) 교수가 수집한 몽골의 귀신 이야기를 요약하면 다음과 같다.

몽골의 한 시골에 아두취 산지잡(Aduch Sanjijab)이라는 사람이 있었다. 어느 추운 날 아두취 산지잡은 늦게 집으로 돌아오는 길에 초원의 동쪽에서 아주 희미한 불빛을 보았다. 그는 그곳에 민가가 하나 있다고 생각하고 추운 날씨에 잠시 몸을 녹여 갈 작정으로 그곳으로 말을 달렸다. 아두취 산지잡이 그곳에 도착했을 때 조그만 검은색 개가 집 밖에서 짖고 있었다. 그러나 그 개는 그에게 달려들지 않았다. 아두취 산지잡은 집 근처로 다가가면서 몽골의 전통에 따라서 "당신의 개를 좀 잡아매어 주시오"라고 외쳤다. 그러나 아무런 대답도 들리지 않았다. 아두취 산지잡은 말에서 내렸고, 개만 계속 짖어 대었다. 아두취 산지잡은 말을 그곳에 매어두고, 집안으로 들어갔다. 화로에는 아주 희미한 푸른색 불씨가 남아 있었다. 집안의 북쪽에는 등을 보이고 있는 한 남자가 자고 있었다. 침대에는 또 다른 남자가 자고 있었다. 그리고 침대의 바닥에는 붉은색 옷을 입은 한 여자가 화로의 불로부터 그녀의 얼굴을 한 손으로 가린 채 앉아 있었다. 아두취 산지잡은 집 안으로 들어가서 그 여자에게 "안녕하세요?"라고 인사를 했다. 그러나 그녀는 침묵을 지켰고, 전혀 어떠한 대답도 하지 않았다. 그러자 아두취 산지잡은 서쪽[몽골에서 남자들의 공간]에 앉아서 담배를 피우려고 가방 안에서 담배대를 꺼내어서 속을 채워 넣은 뒤 화로에서 불을 붙이려고 했다. 그러나 불이 붙여지지 않았다. 아두취 산지잡은 화로의 불을 자세히 살펴보니 분명히 불씨가 남아 있는 것 같았다. 그가 다시 담배대를 화로의 불에 가까이 가져다 대었지만 담배에는 전혀 불이 붙여지지 않았다. 아두취 산지잡은 그 여자가 한 손으로 낡은 사발과 무엇인가를 내밀고 있고, 또 다른 한 손은 얼마전과 같이 얼굴을 가리고 있는 것을 보았다. 그녀가 손에 쥐고 있는 것은 너무나도 낡은 검은색 사발이었고, 나무 사발이 틀림없었다. 순간적으로 아두취 산지잡은 "내가 나쁜 곳에 왔으며, 빨리 그곳을 떠나야겠다."고 생각했다. 그는 재빨리 밖으로 나와서 말을 타고 얼마쯤 달렸는데 뒤에서 고함치는 소리를 들을 수 있었다. "왜 떠나갑니까? 우리와 함께 밤을 지내요! 가지 마세요!" 그의 뒤에서 큰 목소리가 들려왔다. 한참 말을 달리다보니 새벽이 밝아왔고, 아두취 산지잡은 그들이 누구인지 확인하고 싶은 생각이 들었다. 그래서 그곳으로 다시 가보니 집의 구조물을 이루는 오래된 목재가 몇 개 남아 있었고, 북쪽에는 사람의 뼈 조각이 여러 개 있었는데, 2명 혹은 3명의 뼈 조각이었다. 또한 집밖에는 개의 머리뼈가 남아 있었다.

—Hatori, 1971 : 103~107

위에서 기술한 귀신 이야기를 통하여 우선 알 수 있는 것은 귀신과 뼈의 관련성이다. 몽골의 장례습속 중에서 죽은 시신을 매장지까지 운반하는 것을 '뼈를 든다(yas barih)'라고 표현한다(박환영, 2001b). 다시 말해서 죽은 시신이 뼈로 상징되는 것은 살과 피에 비하여 죽은 후에도 가장 오랫동안 남아 있기 때문이다. 그렇게 때문에 몽골에서 죽은 사람의 뼈는 소중하게 다루어져야 하는 것이다.

또한 귀신 이야기 속에는 유목생활을 하는 몽골인들이 다른 사람의 집을 방문했을 때 지켜야 할 최소한의 예의를 잘 반영해 주고 있다. 예를 들어서 집밖에 있는 개를 매어달라고 소리치는 것은 집 안에 있는 주인이 갑작스러운 손님의 방문에 당황하지 않고 좀 시간적인 여유를 가지고 집안을 정리할 시간을 주고, 누군가가 자신을 방문했음을 간접적으로 시사해준다. 아마도 몽골의 귀신도 마찬가지인 것 같다. 비록 위의 이야기 속에서 귀신은 대답을 하지는 않았지만 밖에서 개를 매어달라고 요청하는 소리 덕분에 갑작스런 인간의 방문에 크게 놀라지는 않았을 것이다. 한국의 민속에 나타나는 측신(厠神)의 경우도 변소에 들어가기 전에 헛기침을 세 번 해야 하는 것과 같은 맥락에서 이해할 수 있을 것 같다. 덧붙여서 귀신 이야기에 등장하는 아두취 산지잡(Aduch Sanjijab)은 집안에 들어가서는 '안녕하세요?'라고 인사를 하고는 담배를 피우기 위해 서쪽에 앉는데, 서쪽은 몽골에서 남자들의 공간이며 외부인이 집안에 들어오면 반드시 서쪽에 먼저 앉아야 한다. 즉 동쪽은 여성들의 공간이며, 한국의 전통적인 가옥구조에서 안방과 같은 의미로 간주되기 때문에 외부인들의 출입이 통제되는 곳이다. 따라서 아두취 산지잡(Aduch Sanjijab)은 비록 귀신의 장소를 방문하게 되었지만 유목생활을 하는 몽골인으로서 올바른 행동을 하였기 때문에 귀신으로부터 큰 해를 당하지 않았던 것이다.

4 민속언어 속의 몽골 귀신

몽골인들이 일상적인 언어생활 속에서 사용하는 여러 가지 중에서 몽골의 귀신과 관련된 민속언어도 있다. 언어는 단지 의사를 표현하는 소통의 기능뿐만 아니라 한 문화권의 전통문화를 보여주는 거울이기도 하다. 민속언어에 속할 수 있는 금기어, 속담 그리고 수수께끼에 나오는 몽골의 귀신에 대하여 살펴보면 다음과 같다.

(1) 금기어를 통하여 바라본 귀신

몽골의 금기(禁忌語) 속에는 다양한 몽골의 문화와 민속이 숨어 있다. 그중에서도 귀신에 관련된 내용도 많은 편이다. 필자는 금기어 속에 나타나는 귀신에 대하여 살펴보기 위하여 금기어를 크게 일반적인 금기어(禁忌語)와 이름(人名)과 관련된 금기어로 나누어서 고찰하고자 한다.

먼저 몽골의 금기어 속에는 귀신과 관련된 내용이 제법 눈에 많이 들어온다. 이러한 금기어는 주로 음식, 세시풍속, 과부 및 홀아비와 관련된 내용인데, 남의 일에 시샘을 하는 것을 좋아하는 몽골의 귀신과, 귀신의 존재를 통하여 올바른 생활을 권장해주는 내용이 대부분이다. 이러한 금기어를 몇 가지 열거해 보면 다음과 같다.

- 내 준 음식을 맛보지 않으면 귀신이 먼저 먹게 된다.
- 섣달 그믐날 밤에 갓난아이의 이름을 부르면 귀신이 아이를 죽이거나 홀리게 한다.
- 과부나 홀아비가 되었을 때에 자기 집에 항상 사람이 있도록 하고, 다른 집에 놀러 가거나 이성과 잠자리를 하지 마라. 그렇게 하면 죄악이 되고, 죽은 사람의 영혼이 상처를 입거나 화를 내어서 귀신이 되게 한다.

—장장식, 2000

• 섣달 그믐날 밤에 집이나 방안이 어두우면 귀신이 사람을 죽이거
　　나 홀리게 된다.

―장장식, 2002

　　이상에서 열거한 금기어는 우선 음식을 먹거나 갓 태어난 아이의 이름을 부를 때는 귀신이 시기할 수 있기 때문에 조심해야 함을 강조하고 있다. 또한 과부나 홀아비가 도리에 벗어난 삶을 살게 되면 죽은 배우자가 상처를 받거나 화를 내어서 나쁜 귀신이 되기 때문에 올바른 생활을 해야 함을 역설하고 있다. 한편 섣달 그믐날 밤에 집이나 방안을 밝히는 것은 몽골의 세시풍속인 비퉁(bitüün)과 관련된 내용이다. 즉 한 해를 마감하는 비퉁(bitüün)에는 집안을 깨끗하게 청소하고, 남에게 빌린 돈이나 물건을 반드시 되돌려 주어야 하고, 다른 사람과의 묵은 오해나 갈등도 꼭 해소시켜야 한다. 또한 온 가족이 모여서 새해 음식을 준비하는 일년 중에서 가장 바쁜 날이다. 그러므로 불을 밝혀 놓는 다는 것은 이러한 일을 수행하느라고 분주하게 보내는 것을 상징하며, 반대로 불을 밝혀 놓지 않는 것은 이러한 일에 신중하지도 않고 불성실한 것을 의미한다. 즉 비퉁(bitüün)에 올바른 생활을 하지 않으면 귀신에게 해를 당할 수 있기 때문에 한 해를 잘 마무리할 수 있도록 노력해야만 하는 것이다.

　　다음으로 살펴볼 것은 이름과 관련된 금기에 나타나는 귀신이다. 몽골의 민속에 보면 악령으로부터 아이를 보호하기 위하여 이상한 이름을 지어주기도 한다. 이러한 이름은 어떠한 목적을 위하여 소망을 거꾸로 하는 이름이며(Hamayon, 1973), 나쁜 성질을 이용하여 악령을 속이도록 고안된 이름기도 하다(Humphrey, 1978). 이러한 이름의 구체적인 예를 열거해 보면 인비쉬(enbish : 이것이 아니다), 테르비쉬(terbish : 그 혹은 그녀가 아니다), 훈비쉬(hünbish : 사람이 아니다), 치비쉬(chibish : 당신이 아니다), 네르구이(nergüi : 이름이 없음), 힌메드흐(henmedh : 누가 아는가), 옴히오(omhiy : 악취가

222

나는), 후브(huv : 기형의 작은 귀를 가진 사람), 에베르트(evert : 뿔이 달린), 오이모스(oymos : 양말), 모노호이(muunohoi : 나쁜 개), 홀란(hulan : 야생말), 부질(büjir : 불결한), 바스(bas : 똥) 등이다(박환영, 2000과 2002a).

악령을 기만하기 위한 몽골의 이름은 시기를 좋아하는 몽골 귀신의 특징을 잘 나타내어 준다. 물론 몽골에도 희망과 소망을 나타내는 좋은 성질의 이름도 많다. 그러나 아이가 귀한 집이나 허약한 경우에는 나쁜 귀신이 시샘을 해서 아이의 목숨을 가져갈 수 있기 때문에 이상한 이름이나 아예 동물의 이름을 지어 주기도 한다. 이상한 이름의 경우에는 위에서 열거한 바와 같이 인간의 정체성을 부인하는 이름이거나, 남에게 혐오감을 풍기는 이름이 대부분이다. 또한 동물의 이름으로 개의 이름이 많은 편이다. 예를 들어서 이러한 용도로 사용되는 대표적인 개의 이름은 방하르(banhar), 후데르(huder), 굴럭(gulrug), 알스랑(arslan), 발스(bars), 하이차그(haitsag) 등이다.

(2) 속담과 수수께끼 속에 나타나는 몽골의 귀신

몽골의 속담과 수수께끼 속에도 귀신과 관련된 내용이 제법 있다. 특히 속담과 수수께끼는 민중들의 일상적인 삶을 바탕으로 만들어진 민속 문화이기 때문에 몽골인들이 생각하는 몽골의 귀신을 다른 측면에서 보여주는 좋은 자료를 제공해주는 것이다. 먼저 몽골의 속담에 보이는 귀신에 대하여 살펴보겠다. 김선풍(1997b)이 정리한 내몽골 지역의 속담을 보면 귀신과 관련된 내용이 몇 개 보인다. 이러한 속담을 예를 들어보면 다음과 같다.

- 재능이 있는 사람은 귀신을 마음대로 부리며, 지혜가 있는 사람은 사자도 부려먹을 수 있다.

223

- 신이 없는 곳은 으레 귀신이 없다.
- 천 개의 영혼은 하나의 일을 당할 수 없고, 만 번의 공상은 한 번의 실천을 당하지 못한다.

다음으로 살펴볼 것은 몽골의 수수께끼이다. Taylor(1954) 및 몽골 현지조사(2002) 개인자료를 참조하여 논의하고자 한다. 몽골의 수수께끼를 살펴보면 몽골의 민담에 등장하였던 여우에 관련된 내용도 제법 있는 편이다. 즉 몽골의 수수께끼에 여우는 노란색 혹은 붉은색으로 묘사되고 있다. 이러한 몽골의 수수께끼를 몇 가지 예로 들어 보면 다음과 같다.

- 쑥밭에 노랗고 붉은 색을 가진 시어머니가 있는 것은? (여우)
- 헝클어진 빨간색 머리를 가진 아름다운 소녀는? (여우)

이상의 수수께끼는 여우가 가지고 있는 영악하고, 노련하며, 재주를 자유자재로 부리는 성격을 잘 묘사하고 있다. 그런데 이러한 영우의 습성이 몽골의 여성 특히 시어머니를 나타내기 위하여 사용되었다는 것이 특징적이다. 전통적인 몽골사회에서 여성들이 겪어야 하는 시집살이의 어려움(Pao, 1990)은 이루 말할 수가 없었던 모양이다.

5 시샘을 좋아하고, 착한 사람에게는 접근하지 않는 몽골 귀신

필자는 몽골의 귀신에 대하여 샤머니즘, 민속문학, 그리고 민속언어를 중심으로 살펴보았다. 몽골 현지의 문헌자료와 현지조사에 기초한 좀 더 다양한 입장에서 몽골의 귀신을 분석하는 일이 시급하다. 특히 역사적인 문헌에 나타나는 몽골의 귀신 혹은 현대 도시에서 유행하는 귀신 이야기를 중심으로 좀 더 체계적인 연구의 필요성을 확인하는 계기가 되었다. 향후 이러한 주제를 가진 몽골의 귀신에 대한 민속학적인 연구가 필요할 것 같다.

이제까지 다루어진 주요한 내용을 정리해 보면 다음과 같다. 첫째, 몽골의 귀신은 올바른 삶을 살아가는 사람에게는 잘 접근하지 않는다. 또한 몽골에서 귀신이 되는 것은 올바른 삶을 살지 않은 경우가 대부분이다. 다시 말해서 바른 생활을 하게 되면 살아 있는 동안 귀신이 나타날 가능성이 떨어지며 또한 죽은 후에도 귀신이 될 가능성이 적은 것이다. 그러므로 몽골의 귀신은 몽골인들에게 올바른 삶을 살도록 권장해 주는 역할을 한다고 말할 수 있다.

또한 몽골의 귀신은 사람을 시샘하는 특징을 가지고 있다. 시샘을 좋아하는 몽골의 귀신은 민속문학과 금기(taboo)에서 많이 나타나는 편이다. 영원한 생명, 음식, 갓 태어난 귀여운 아기 등과 관련되어서 시기하는 귀신이 등장한다. 귀신이 인간의 행복한 생활을 시기하는 것은 어떻게 보면 당연한 것이지만, 그것에 굴복하지 않고 주어진 여건 속에서 귀신의 시샘을 지혜롭게 극복하려는 몽골인들의 다양한 생활의 지혜를 엿볼 수 있다.

—『강원민속학』 20집, 강원도민속학회, 2006

제 11 장

몽골 샤머니즘과 동물상징

1 몽골 샤머니즘의 현대민속학적 접근

몽골의 샤머니즘[1]은 대초원의 유목문화 속에서 독특한 전통을 이어오고 있는데 이러한 특징 중의 하나는 몽골의 샤머니즘을 보면 몽골의 다양한 자연환경을 비롯하여 동물과 식물에 대한 원초적이고도 우주론적인 유목민들의 믿음과 가치관을 가지고 있다는 점이다. 몽골의 샤머니즘이 가지는 이러한 특징은 몽골의 전통사회에서 주변의 자연환경 속에서 자연스럽게 만들어진 토착적인 민간신앙의 영향이 반영되어 있기 때문이다. 특히 몽골의 유목민들 사이에서 널리 받아들여졌던 모든 생물이나 자연물에 영혼이 깃들어 있다고 믿는 애니미즘(animism)과 몽골의 일부 부

---

1) 샤머니즘(Shamanism)이라는 용어는 국내 학자들에 따라서 '샤머니즘' 혹은 '샤마니즘'으로 사용되고 있다. 영어식 표기를 한국어로 옮겨서 적는 과정에서 생겨나는 현상인데, 이 글에서는 편의상 '샤머니즘'으로 통일해서 표기하고자 한다.

족들이 가지고 있었던 토테미즘(totemism)의 전통이 부분적이지만 샤머니즘 속에 여전히 남아서 지금도 전승되고 있는 것이다.

몽골의 샤머니즘은 한국의 무속신앙과 비교해 볼 때 많은 유사한 부분도 많지만 일부는 조금 다른 특성을 가지고 있기도 하다. 두 문화를 비교 연구하기 위해서는 여러 가지 측면에서 다각적인 접근이 필요하며 두 문화가 가지는 공통적인 요소와 상이한 요소를 함께 다루어 보는 것이 필요하다. 가령 몽골의 샤머니즘이 가지는 대표적인 두 유형은 홉스굴 지역에서 보이는 탈혼(脫魂)형과 부리야트 몽골과 내몽골 일부 지역에서 보이는 빙의(憑依)형이다. 한국의 무속신앙과 비교하면 빙의형은 유사하지만, 탈혼형은 차이가 난다고 할 수 있다. 또한 몽골의 일부 샤먼은 다양한 정령(精靈)과 교류하는데 이러한 정령 중에는 조상이나 죽은 샤먼 외에도 동물과 식물도 포함되어 있다. 특히 동물의 정령과 긴밀한 교류를 하

초원에 있는 몽골의 오보. 몽골인들은 자연의 정령이 깃들어 있는 신성한 공간으로 여긴다.

는 것은 한국의 무속신앙과 비교해서 몽골의 샤머니즘이 가지는 특징 중의 하나이다. 따라서 본 연구는 몽골의 샤머니즘과 한국의 무속신앙을 본격적으로 비교분석하기 위한 전단계로 몽골의 샤머니즘이 가지는 다양한 특징 중에서 동물상징이라는 하나의 부분에 초점을 두어서 집중적으로 분석해 보고자 한다.

몽골의 샤머니즘에 대한 학계의 연구 동향을 간략하게 살펴보면, 험프리(Humphrey, 1996)는 내몽골의 다우르(Daur) 몽골인들의 샤머니즘을 구술 생애사적으로 접근하고 있으며, 푸레브(Purev, 2002)는 총체적인 입장에서 몽골의 샤머니즘이 가지는 역사와 사회적인 배경과 샤머니즘 속에 들어 있는 다양한 요소를 체계적으로 소개하고 있다. 한편 국내학계에서도 몽골의 샤머니즘에 대한 다양한 고찰이 진행되었는데, 우선 이필영(2001)은 몽골 북서쪽에 위치해 있는 홉스굴 지역의 현지조사를 통하여 수집된 자료를 심도 있게 분석하여 몽골 샤머니즘의 성무(成巫)과정, 무복(巫服), 무구(巫具), 다양한 의례(儀禮) 등을 종합적으로 고찰하였다. 또한 장장식(2002)[2]은 동몽골의 부리야트 샤먼을 조사하여 샤먼이 가지는 옹고드와 샤먼이 되기 위한 차나르(chanar) 의식 등 몽골의 샤머니즘에 대하여 구체적인 자료를 제시해 주고 있다. 한편 박환영(2002c)은 몽골의 샤머니즘 속에 내재하는 색깔상징에 초점을 두어서 좀 더 미시적으로 몽골의 샤머니즘을 분석하고 있다.

몽골의 샤머니즘에 대한 이러한 기존의 고찰을 통하여 넓은 의미에서 몽골의 샤머니즘이 가지는 특징을 대충 이해할 수 있다. 그러나 몽골의 샤머니즘이 가지는 좀 더 작은 범위의 특징에 대해서는 여전히 더 많은 연구와 분석이 요구된다고 하겠다. 이러한 측면에서 보면 몽골의 샤머니

---

2) 같은 맥락에서 장장식과 전경욱(2001)의 연구도 주목할 만하다.

몽골 샤먼의 복식에 달려 있는 동경(청동거울)과 장식들

몽골 샤먼의 복식과 북에 새겨진 다양한 상징들

즘 속에 들어 있는 동물상징은 몽골의 샤머니즘이 가지는 하나의 독특한 특징으로 체계적으로 접근하고 분석해볼 가치를 지니고 있는 셈이다. 이 글에서 필자는 몽골의 샤머니즘 속에 내재되어 있는 동물상징을 고찰하기 위해서 우선 몽골의 샤머니즘 속에 들어 있는 동물과 관련된 상징이나 은유를 살펴보고 이어서 이러한 동물 관련 상징의 근본적인 이해를 구하기 위해서 몽골인들의 민속문학(특히 설화) 속에서 이러한 동물이 가지는 상징에 대하여 심도 있게 분석해 보고자 한다. 그리고 아울러서 이러한 논의를 통하여 몽골의 샤머니즘에 투영된 동물상징이 가지는 민속학적 의미를 도출해보려고 한다.

2 몽골의 샤머니즘과 동물

몽골인들은 주변의 자연환경과 일상적인 생활공간 속에서 가장 기초가 되는 땅(地)과 물(水)에는 초월적인 힘과 능력을 가진 영혼이 존재한다고 믿고 있는데, 이러한 존재는 곧 사브다크(Savdag)와 로스(Lus)이다. 즉 사브다크(Savdag)는 '흙'이라는 의미의 대지의 주인을 나타내며, 로스(Lus)는 '물'이라는 뜻을 지닌 물과 습기의 주인인 셈이다. 이러한 용어는 몽골에 불교가 널리 퍼지면서 티베트로부터 들어와서 사용된 것으로 보이는데, 대부분 몽골인들은 대지의 주인과 물의 주인을 분리하지 않고 '로스 사브다크'(Lus-Savdag)라는 결합된 용어를 사용하고 있다(마르하호, 2001a : 53). 이러한 몽골인들의 믿음에 근거하여 몽골의 샤머니즘을 자세히 들여다보면 몽골의 자연환경 속에서 만들어진 몽골인들의 우주관이 잘 드러나 있다. 가령 몽골의 샤머니즘은 지구상에 존재하는 모든 동물을 다음과 같이 구분하고 있다. 즉 물 아래의 동물, 물과 땅의 동물(수륙양용 동물), 땅의 동물과 하늘의 동물 혹은 조류 등으로 분류하고 있는데, 물 아래의 동물은 물고기와 개구리가 포함된 로스(Lus)의 동물이다. 또한 타르바가와 쥐가 포함된 모든 동물들은 땅의 동물인데, 이러한 동물들은 살아가기 위하여 물이 필수적이므로 로스(Lus)의 정령 혹은 주인이 보호해 준다고 믿는다. 그 외에도 몽골의 샤먼은 뱀과 거북은 땅과 물에서 양쪽 다 살 수 있기 때문에 로스-사브다크(Lus-Savdag)의 동물이라고 간주한다.[3]

몽골의 샤머니즘은 아주 오래전부터 몽골인들의 생활문화 속에서 자리잡고 있었던 민간신앙이기 때문에 샤머니즘 속에 들어 있는 동물상징과 관련된 요소는 역사문헌자료 곳곳에서 찾아볼 수 있다. 가령 예를 들어서 『몽골비사』에 보면 칭기스칸의 조상은 잿빛(혹은 회색빛) 푸른 이리와 흰 사슴 사이에서 나왔음을 암시하고 있다.

> … 지고하신 하늘의 축복으로 태어난 부르테 치노(잿빛 푸른 이리)가 있었다. 그의 아내는 코아이 마랄(흰 암사슴)이었다. 그들이 텡기스를 건너와 오난 강의 발원인 보르칸 성산에 터를 잡으면서 태어난 것이 바타치 칸이다.
>
> ─유원수, 2004 : 23

이러한 설화의 내용을 보면 이리와 사슴이 등장하는데, 이것은 고대 몽골인들의 토템신앙과 연계하여 살펴볼 수 있다. 또한 이리는 몽골의 늑대와 유사하기 때문에 늑대가 몽골의 전통문화에서 샤머니즘적인 믿음과 더불어서 어떻게 인식되었는지를 살펴보는 것도 필요할 것 같다. 몽골의 샤머니즘에서는 여러 가지 동물을 신성한 동물로 혹은 자연 속에

---

3) Purev(2002 : 98) 참조.

존재하는 초월적인 정령(精靈)의 전달자로 보는 경향이 있다.

예를 들어서 칭기스칸은 늑대와 까마귀를 국가와 국민들을 위한 성실의 상징으로 간주하기도 하였는데, 이것은 몽골의 샤먼이 늑대와 까마귀와 관련해서 가지고 있는 관념과도 일치한다. 즉 몽골의 샤먼은 까마귀를 로스(Lus)의 모든 말을 사람들에게 전달하는 번역자로 간주하며, 늑대는 나쁜 악령들과 싸우는 무기로 간주한다. 몽골의 샤먼은 또한 까치를 하늘에 있는 동물들 사이의 연계자로 간주하며, 그래서 몽골에는 다음과 같은 습속이 남아 있다. 즉 주부(主婦)가 겔(ger) 밖에서 까치 소리를 들으면 '까치야! 까치야! 좋은 소식이면 말하고, 나쁜 소식이면 잊어버려라!'라고 소리치기도 한다(Purev, 2002 : 101-102). 까치 외에도 몽골의 샤먼은 독수리와 매 같은 하늘의 동물을 중요하게 여긴다. 특히 독수리와 매는 몽골의 설화 속에서 샤머니즘과 연계되어서 등장하기도 한다.

한편 몽골의 샤머니즘은 전체적으로 뱀에 의하여 상징화 된다고 할 수 있을 정도로 뱀과 몽골의 샤머니즘은 밀접한 연관성을 가지고 있었다.[4] 그러나 몽골에 불교[5]가 들어오면서 몽골의 성산(聖山) 중의 하나인 복드한 산(Bogd Han Mountain)에 있는 사브다크(Savdag)의 모습이 뱀을 입에 물고 있는 큰 새로 상징화되면서 한쪽 면에서는 샤머니즘이 약화된 것을 보여주며, 다른 면에서는 샤머니즘과 불교가 융합된 모습을 보여준다. 그럼에도 불구하고 몽골의 샤먼들은 인간의 생명과 연관 지어서 뱀을 중요한 동물로 여기기 때문에 몽골인들은 일반적으로 결코 뱀을 죽이지 않는다. 한편 이러한 믿음 속에는 뱀이 가지는 긍적적인 측면과 부정적인 측

---

4) 몽골의 설화 속에도 샤머니즘과 뱀은 밀접하게 연계되어서 묘사되고 있다. 예를 들어서 "뱀의 왕국에 가면 용한 박수(남자무당)가 있기는 한데…"와 같은 표현이 자주 등장한다. 이정희(2000 : 208) 참조.

5) 몽골에 라마불교가 처음으로 전해진 시기는 1247년으로 보는 견해가 지배적이다. 발터 하이시히(2003 : 55) 참조.

면이 들어 있다. 우선 긍정적인 측면은 흰 뱀을 겔(ger) 안에서 발견하면 가까운 미래에 아이가 태어날 징조로 생각한다. 또한 어떤 사람이 여행을 하는데 앞에서 뱀이 길을 가로질러 가면 그 사람에게 행운이 깃든다고 믿는다. 한편 뱀이 가지는 부정적인 측면은 뱀의 색깔과 관련이 있는데, 즉 검은색이나 잡색의 뱀이 겔(ger) 안에 나타나면 가족들에게 해(害)를 끼치거나 문제가 발생할 상징으로 여겨진다.6)

몽골의 샤머니즘은 이러한 우주관에 기초하여 모든 인간은 물론이고 동물과 식물을 비롯한 모든 자연물에 영혼이 깃들어 있다고 믿는다. 특히 동물의 경우는 일상적인 생활공간에서 인간과 밀접한 관련성을 가지고 있기 때문에 동물의 상징을 좀 더 포괄적으로 인식하고 있기도 하다. 즉 동물의 외형적인 모습 자체 말고도 동물이라는 외형을 뒤집어 쓴 자연의 영혼이라든지, 일부 특정한 자연물을 동물의 육체에 은유하여 표현하기도 한다. 예를 들어서,

> 몽골인들의 일부는 명한 산, 숲, 짐승의 신을 신앙의 대상으로 섬기고 숭배하고 있다. 민간 신앙에 의하면 그 신은 상당히 큰 키의 소유자라고 한다. 이렇게 몽골인들은 전 지역을 수많은 '주인'으로 살아 숨쉬게 했다. 땅 위의 모든 만물에 생명이 있는 혼령 즉 주인이 존재하는 것으로 여겨 그것을 형상화 시켰다. 특히 전통적인 몽골의 샤머니즘을 계승한 흑무당이 대부분을 차지하며, 불교의 영향을 거의 받지 않은 홉스굴의 타이가 지대 사람들은 사브다크를 다양한 모습으로 표현하는데 주로 인간과 동물의 형상으로 묘사하고 있다. 그래서 토양을 어떤한 동물의 가죽이라 여기고 흙과 돌 및 식물의 뿌리는 육체, 힘줄, 혈

---

6) Purev(2002 : 98-100) 참조. 또한 샤머니즘의 전통으로 몽골인들은 까마귀, 영양, 사슴, 말코손바닥사슴, 여우, 곰, 늑대 등이 겔(ger) 주변이나 가축의 축사 주변에 나타나면 로스(Lus)와 샤브다크(Savdag)에게 제의(祭儀)를 올리기도 한다(Purev, ibid : 103).

관을 구성한다고 믿는다. 따라서 '흑색 샤머니즘'을 신봉하는 무당들은 산봉우리의 주변과 냉·온천의 가장자리에 로스-사브다크가 사람 또는 가축의 모습을 띠고 출몰한다는 믿음을 지니고 있다.

—마르하호, 2001a : 59-61

따라서 몽골인들은 주변의 자연환경을 경영하는 로스-사브다크를 믿고 있으며, 이러한 믿음은 샤머니즘을 통하여 좀 더 구체화되고 체계되었다고 볼 수 있다. 특히 불교의 영향을 상대적으로 적게 받은 홉스굴과 타이가 지대의 몽골인들 사이에 이러한 믿음이 더 강하게 남아서 전승되고 있다고 볼 수 있다.

다음으로 몽골의 샤머니즘 속에 들어 있는 동물상징은 샤먼이 모시고 있는 옹고드에서 발견할 수 있다. 옹고드는 몽골의 샤먼이 모시는 신령을 나타내는 신체(神體)로 샤먼이 모시는 정령에 따라서 모양도 다르고 형태도 다양한 편이다. 다시 말해서 몽골의 샤먼이 모시는 옹고드의 형상은 여러 가지 모양을 가지고 있는 셈이다.

몽골의 샤먼들은 가축의 모습을 옹고드에 나타내기도 하는데, 특히 가슴(乳房) 모양으로 옹고드의 모양을 만들었고, 이러한 모양의 옹고드는 가축의 풍요를 가져온다고 믿었다. 따라서 옹고드의 모양이 항상 사람의 모양이 아님을 알 수 있다. 또한 옹고드가 가지고 있는 특별한 직능(職能)은 신내림을 받은 여자 샤먼을 통하여 그 모습을 드러낸다. 예를 들어, 여자무당에게 새 옹고드(shuvuun ongod : 鳥靈)가 들어가면, 그녀는 새가 발톱으로 뼈를 집듯이 뼈를 잡고 굿을 한다(푸레브, 2001a : 35). 또한 러시아의 투바(Tuva) 지역의 샤머니즘도 몽골의 샤머니즘과 많은 유사성을 가지고 있는데 특히 몽골의 샤먼이 모시고 있는 옹고드를 가지고 있다. 이러한 옹고드를 투바어로는 에렌즈(eerens)라고 부르는데 뱀, 곰, 까마귀, 토

몽골 샤먼의 옹고드(ongod)

끼, 담비, 백조, 뻐꾸기 등과 같은 동물을 본뜬 것이 대부분이다. 또한 어떤 에렌즈(eerens)는 사람 모양을 하고 있으며, 종종 샤먼과 연계된 조상들의 에렌즈(eerens)도 있다(Mongush and Humphrey, 1991 : 12). 따라서 몽골의 샤머니즘을 비롯하여 몽골 주변의 지역에서 전승되고 있는 샤머니즘의 한 특징은 샤먼을 도와주는 정령으로 동물이 포함되어 있다는 사실이다. 한편 '헬 호르'라 하는 악기는 샤먼을 옹고드하고 만나게 해 주는 '쇼등 쳉헤르 모르'(shuudan tsenher mor)라고도 한다. 이는 샤먼과 옹고드를 매개해 주는 하늘색의 말(馬)이란 뜻이다.[7]

부리야트 몽골의 샤먼이 굿을 행할 때 입는 무복(巫服)과 무구(巫具)에도 동물상징이 들어 있다. 가령 예를 들어서 흑무당의 의상으로 오르괴(orgoi)에는 두 마리의 검은색 까마귀와 머리가 7개, 꼬리가 1개 달린 두 마리의 뱀이 달려 있으며, 샤먼이 사용하는 한 면으로 된 북인 헤세(hese)에는 다람쥐 형상의 쇳조각이 9개 달려 있다. 또한 샤먼의 복식에 메다는 벨벡누르 종(belbegnuur) 안에는 사자모양의 동그란 종 알이 들어 있으며, 강철로 만들어 무복(巫服)의 오른쪽 허리춤에 차는 샥놀(shagnuur)은 멧돼지를 의미한다. 즉 이것은 멧돼지를 정탐꾼 삼아 지상의 세계를 냄새 맡게 한다는 전설에서 비롯되었다고 전해진다. 한편 까마귀 모양을 오려 만들어 비단리본에 매단 토르슐(turshuul)도 동물상징이 들어 있는 무구(巫具)

---

7) 몽골의 샤머니즘에서 말과 사슴은 지상의 세계와 천상의 세계를 이어주는 동물로 여겨진다. 좀 더 자세한 내용은 이필영(2001 : 111과 118) 참조.

중의 하나이다.[8] 특히 부리야트 지역의 샤먼이 입는 무복에는 뱀을 상징하는 만지크(manjig)[9]가 달려 있을 정도로 부리야트 샤먼의 무복(巫服)과 무구(巫具)에 가장 많이 보이는 동물은 뱀이라고 할 수 있다.

　마지막으로 부리야트[10] 몽골의 샤먼이 모시는 신령은 그 수가 엄청나며 종류도 다양한데, 이러한 신령 중에서 동물상징을 가지고 있는 신령도 있다. 예를 들어서 보르한(Burhan) 신령 중에서 한 쇼본 노욘(Han Shubuun Noyon, 왕 새귀족)은 열세 번째 신(神)인데 이 신은 무당이 굿을 할 때 날 수 있도록 도와준다고 믿어진다. 특히 부리야트 족 무복의 소매에 날개처럼 달린 장식이 있는데, 이는 무당이 날아갈 수 있는 능력이 있음을 나타내는 상징인 것이다. 또한 보르한 신령 중에서 제일 마지막 신(神)인 호슌진(Hoshoonjin)은 사냥의 신으로 사냥개 두 마리를 데리고 다니며, 인간의 사냥을 도와준다고 믿어진다. 따라서 사냥꾼은 사냥을 나서기 전에 이 신에게 사냥물이 많이 잡히기를 기원한다고 한다.[11] 한편 동몽골 부리야트 몽골의 샤먼이 행하는 일종의 성무(成巫)의례인 차나르(chanar) 의식에는 숲 속에 사는 흰토끼, 청설모(날다람쥐), 사슴, 족제비, 담비 등을 상징하여 흰색, 검은색, 빨강색, 파랑색, 노랑색 등의 오색(五色)을 매달아 놓은 잘름(jalama)[12]이 중요하게 다루어지는데, 그 이유는 이러한 동물들이 신의 세계로 가서 무당과 신을 매개하거나 신이 강림할 때 마중을 나가는 역할을 담당한다고 믿기 때문이다.

---

8) 강토그토흐(2001 : 153-156) 참조. 한편 김기선(2008)은 몽골 샤먼의 무복(巫服)에 대한 Hansen(1950)의 연구를 인용하면서 몽골 샤먼의 복식은 사슴형, 곰형, 새형으로 나누어지는데 사슴형 복식은 주로 부리야트 지역에서 그리고 새형은 알타이 지역과 홉스굴 지역에서 보인다고 기술하고 있다.
9) 김기선(2008 : 181) 참조.
10) 장장식 · 전경욱(2001 : 186) 참조.
11) 강토그토흐, 위의 논문, 150-151쪽.
12) 장장식 · 전경욱(2001 : 186) 참조.

몽골의 샤머니즘 속에 내재되어 있는 동물상징을 로스-사브다크를 중심으로 몽골인들이 가지고 있는 전통적인 우주관과 민간신앙적인 측면에서 살펴보았고, 이어서 몽골의 샤먼이 모시는 정령을 상징하는 옹고드에 나타나 있는 동물상징과 샤먼의 무복(巫服)과 무구(巫具)에 장식되어 있거나 달려 있는 다양한 동물상징에 대해서도 고찰해 보았다. 아래에서는 샤머니즘과 동물상징의 연관성을 좀 더 체계적으로 접근해 보기 위하여 샤머니즘에 자주 등장하는 동물을 중심으로 몽골인들의 원초적인 믿음세계와 생활방식을 고스란히 반영해주고 있는 몽골의 설화를 중심으로 동물상징에 대하여 재고찰해 보고자 한다.

3 민속문학 속에 투영된 동물상징

몽골의 민속문학 속에는 정말로 다양한 동물상징이 나온다. 몽골의 유목문화를 대표하는 다섯 가지 종류의 동물인 말, 양, 염소, 소, 낙타 등은 물론이고 호랑이, 사자, 곰, 늑대, 이리, 원숭이 등 너무나 다양한 편이다. 이러한 동물들 중에서 샤머니즘과 관련되어 있는 동물로는 대충 뱀, 용, 사슴, 늑대, 다람쥐(청설모), 담비, 족제비, 까마귀, 까치, 뻐꾸기, 타르바가, 여우, 개, 소, 말, 곰 등이다. 몽골의 민속문학 중에서 특히 설화를 중심으로 몽골의 샤머니즘에 많이 등장하는 동물에 대하여 고찰해보고자 한다. 설화는 민중들의 의식세계를 당시의 시대상과 사회상에 맞게 만들어진 이야기로 설화는 시대와 공간이 바뀌면서 내용의 일부가 생략되거나 덧붙여지기도 한다. 따라서 몽골의 설화는 몽골인들의 토착종교인 샤머니즘과 그 속에 반영되어 있는 동물상징에 대한 몽골인들의 의식세계를 잘 반영해 주고 있는 것이다.

몽골의 설화에 보면 사람이 동물이 되었다거나 아니면 동물이 사람이 되었다는 내용의 설화를 볼 수 있다. 몽골의 샤먼은 정령이나 조상신 그리고 초자연적인 존재와 교류할 수 있는 능력을 가지고 있는데, 이렇게 몽골의 샤먼이 교류하는 대상은 인간에서부터 동물과 식물 그리고 초자연적인 존

몽골에서 자주 볼 수 있는 다양한 라마불교의 상징들

재 등 다양한 편이다. 그러나 이중에서도 동물은 몽골의 설화 속에서 볼 수 있는 바와 같이 인간과 거의 같은 한 부류로 간주되기도 한다. 가령 몽골의 개는 인간과 거의 비슷해서 죽으면 꼬리를 잘라서 입에는 양의 꼬리조각이나 비계 덩어리를 물려주는 습속이 있다. 이와 관련해서 다음과 같은 설화가 있다.

먼 옛날 보르항 박시가 진흙으로 두 사람을 만들어 놓고 볼일을 보러 갔다. 그동안에 소가 뿔로 사람의 쇄골(鎖骨)을 들이받아 진흙 일부가 부서져 나갔다. 그렇게 부서져 떨어진 조각이 개가 되었다. … 사람들은 개를 인간과 친류(親類)로 간주하여 개가 죽으면 꼬리를 자르고 입 속에 양꼬리 조각이나 비계덩어리를 물리는데, 여기엔 개가 다시 태어나기를 기원하는 뜻이 담겨 있다. 개는 사람을 대신하여 죽기 때문에 남자는 개가 죽었다고 슬퍼하지 않았다. 한편 노인들의 말에 따르면 몽골인들의 몸은 진흙으로 만들었다고 한다. 또 사람으로부터 개가 떨어져 나왔기 때문에 사람의 뼈와 개의 뼈는 똑같다고 여긴다. 사람이 뼈를 다쳤을 때 개의 뼈로 치료하면 좋다고 하는 이유도 이 때문이다.

―체렌소드놈, 2001 : 109

몽골 샤머니즘과 동물상징 /

몽골인의 가정에 모셔져 있는 라마불교의 신(神)

이상의 설화는 몽골의 민간풍속에 개가 죽으면 다른 동물에 비하여 나름대로의 형식을 갖추어서 장례(葬禮)를 치르는 유래에 대한 설화이다. 몽골의 샤머니즘에서 개는 그렇게 많이 등장하고 있지는 않지만 인간과 가장 가까운 동물로서 개는 여전히 중요한 동물임에는 틀림이 없다.

다음에서 살펴볼 곰과 타르바가에 관한 설화 속에도 인간과 동물은 가까운 부류로 인간이 동물로 그리고 동물이 인간으로 뒤바뀌어서 묘사되기도 한다. 특히 샤머니즘과 관련해서 곰은 많이 등장하는 동물 중의 하나이다. 예를 들어서 산림지역과 타이가 지역에 거주하는 몽골인들은 곰이 인간과 연계되어 있으며, 대지와 물의 주인이며 정령으로 간주하기도 한다. 이러한 예로 몽골의 시골에서 유명하고 영향력이 있는 사람의 별명에 곰이 붙기도 한다.13) 다음에 소개할 설화는 인간이 곰이 되고 다시

---

13) 몽골에서 2008년 나온 샤라브의 "몽골의 하루"라는 그림에 대한 해설서에 이러한 내용이 들어 있다.

인간과 부부가 되어서 아이를 가지게 되는 내용을 담고 있다.

> 먼 옛날에 쿠르빈강 상류에 오로촌족 여자가 살고 있었는데, 어느 날 그녀는 혼자 숲속에 들어가 과일을 따고 나물을 캐다 길을 잃어버리고 어떤 나무 구멍 속으로 들어가 쉬게 되었다. 이와 같이 몇 년을 보낸 뒤 그녀는 이웃과 친척들을 새까맣게 잊어버리고 마침내 곰이 되고 말았다. 어느날 사냥꾼이 곰의 앞다리에 부상을 입히자 곰은 나무를 뿌리채 뽑아 사냥꾼을 나무 밑에 깔아 버렸다. 그러나 곰은 사냥꾼을 해치지 않고 오히려 그를 나무 밑에서 구해 굴속으로 데리고 가서 상처를 치료해 주고 그와 부부가 되어 함께 살았다. 얼마 후 부부는 아이를 갖게 되었다. 곰은 매일 밖으로 나가 먹을 것과 마실 것을 구해 왔다. 그러나 곰은 밖으로 나갈 때마다 돌로 굴 입구를 막아 놓았다. 어느 날 사냥꾼은 곰이 없는 틈을 타 바위를 밀쳐내고 굴에서 나와 해 뜨는 쪽을 향해 뛰어갔다. 그렇게 뛰어가다가 하천을 만나자 뗏목을 타고 물살을 따라 도망갔다. 이때 곰이 어린아이를 껴안고 하천 가로 쫓아와서 외쳐댔다. 그러나 사냥꾼은 이를 거들떠보지도 않았다. 이 때문에 몹시 화가 난 곰은 어린아이를 두 조각 내어 한 조각은 사냥꾼 쪽에 버리고 다른 한 조각은 자기 쪽에 놓고서 목놓아 울었다.
>
> ― 체렌소드놈, 2001 : 121

위의 설화의 내용 일부는 우리나라 공주지방에 전승되고 있는 곰나루 설화와 많이 유사한 편이다. 몽골인들에게도 곰은 친근한 동물로 여겨졌으며, 인간과 비슷한 신체구조를 가지고 있으며 인간의 말을 이해할 수 있다고 생각하기도 한다. 몽골의 설화 속에는 곰이 가지는 이러한 특성이 잘 묘사되어 있다.[14] 다음에 살펴볼 타르바가도 몽골의 설화 속에서는 인간과 많은 부분이 닮아 있다고 묘사되고 있다.

---

14) 체렌소드놈(2001 : 119-120) 참조.

먼 옛날 타르바가가 활을 메고 다니면서 사람을 잡아먹었다. 이렇게 타르바가가 사람을 죽이고 해를 입히자 보르항이 그의 활쏘는 엄지손가락을 끊어 버리고 쇄골과 견갑골을 부순 다음 다음과 같이 말하고 놓아 주었다. "사내의 간자가의 먹을 것이 될지어다." 그리하여 타르바가는 구멍을 파고 들어가며 맹세하였다. 마른풀을 먹지 않고, 맹물을 마시지 않고, 둔덕에 굴을 파고, 남아를 괴롭히며 살리라. 그러던 중 한 사람이 길을 가다가 활로 타르바가를 쏘았는데, 타르바가는 화살을 맞은 채로 굴로 들어갔다. 사람들이 모여 굴을 파본 즉, 타르바가는 활과 화살을 쥔 세 살 된 아이로 변해 한구석에 쪼그리고 있었다. 그후로 활로 타르바가를 사냥하는 것을 금하게 되었다. 이유인 즉, 활로 타르바가를 쏜 사람 자신이 타르바가가 되기 때문이다. 또한 사람들은 타르바가를 죽여 가죽을 벗길 때 사람의 뼈라고 하여 쇄골을, 사람의 고기라 하여 상박부 위쪽 부위 분홍색 부위를, 사람의 콩팥이라 하여 두 개의 콩팥 옆에 붙어 있는 조그마한 부위를 반드시 골라내 버린다. 타르바가가 옛날에 사람을 잡아먹었기 때문에 이처럼 사람 몸의 일부 기관과 고기가 그대로 남아 있는 것이다.

— 체렌소드놈, 2001 : 117

위의 설화와 비교해서 몽골의 전설 속에서도 몽골의 명사수가 여섯 개의 태양을 화살로 맞추고 마지막 한 개를 맞추지 못하자 자신의 엄지손가락을 자르고 햇빛이 들어오지 않는 굴속에 들어거 타르바가가 되었다는 내용이 들어 있다. 이러한 내용이 들어 있는 '에르히 메르겡(名弓)' 전설과 관련해서 샤머니즘과 타르바가의 관련성을 몽골학자 소브드(2000)가 제기한 바 있다. 즉 '에르히 메르겡(名弓)' 전설 속에서 기술되고 있는 상징적인 내용을 해석하기 위하여 몽골의 샤머니즘에서 행하여지는 의례 중에서 엄지손가락이 가지는 민간신앙적인 중요성과 숫자 일곱의 상징적 의미 그리고 동쪽과 서쪽이라는 방향 설정 등 몽골의 샤머니즘과 관련해서 세부적인 영역까지를 두루 다루고 있다.

한편 샤먼과 관련해서도 몽골의 설화에 보면 다양한 동물이 등장한다. 이 중에서도 샤먼과 직접적으로 관련된 동물은 솔개, 뱀 그리고 독수리이다. 우선 몽골의 최초의 샤먼과 관련된 설화에는 솔개와 뱀이 나오고, 부리야트 몽골인들이 수호신으로 믿고 있는 독수리도 설화 속에는 샤먼으로 나온다. 이러한 설화를 구체적으로 소개하면 다음과 같다.

하늘의 1천 보르항이 처음 사람을 창조할 때, 솔개로 하여금 아드 추트구르(악마)가 접근하지 못하게 지키도록 했다. 만약 적(악마)이 사람들을 해치러 오면, 즉시 보르항에게 알리도록 당부했다. 솔개 역시 보르항의 칙령대로 울타리 위에 앉아 사람들을 지켰다. 그러나 사람들 자식들이 활로 솔개를 쏘려고 하였으므로 그는 편히 있을 수가 없었다. 그래서 보르항 앞으로 나아가서 말했다. "이 사람들을 제대로 지킬 수가 없습니다. 그들은 나를 쏘아 죽이려고 합니다." 그러자 보르항이 대답했다. "일이 그렇다면 사람들에게 가서 마력을 주어라!" 하루는 솔개가 먼 데까지 날아가 양을 돌보고 있었다. 그 때 마침 먼 곳에서 길을 잃고 헤매던 어린 소녀 앞에 있는 나무 위에 앉게 되었다. 그리고 솔개는 그 소녀에게 마력을 주었다. 얼마나 시간이 흐른 것일까. 몽롱하던 순간이 지나고 소녀가 집으로 돌아오자마자 오빠의 질책이 쏟아졌다. "너, 사흘씩이나 양떼를 데리고 어디 갔다 이제 나타났느냐? 내 너를 당장 죽여버리겠다. 껍질을 벗겨 주마." 이런 저런 말을 들어보지도 않고 오빠가 심하게 꾸짖자, 소녀에게 오빠를 증오하는 마음이 생겨났다. 그리고 밉다고 생각하는 순간, 오빠는 곧바로 실신하여 쓰러지더니, 오줌이 막히는 병에 걸렸다. 어린 소녀가 오빠에게 말했다. "내가 오빠를 낫게 하겠다." 오빠를 하얀 펠트에 눕혀 집안으로 데리고 간 다음, 끝이 두 갈래인 지주(支柱) 위에 배를 깔고 엎드리게 하자, 소녀의 오빠는 그 즉시 병이 나았다. 그후, 어린 소녀는 오드강(여샤먼)이 되었다. 그녀가 바로 쇼쇼록(인명)이라는 몽골 최초의 오드강이다.

—체렌소드놈, 2001 : 187-188

설화 속에는 설화를 전승하는 사람들의 생활문화가 녹아 있다. 이러한 생활문화 속에는 생업환경과 더불어서 주어진 자연환경이 곁들어져 있는 것은 물론이다. 또한 몽골의 설화 속에는 몽골인들이 가지고 있는 전통적인 우주관과 민간신앙도 들어 있다. 아마도 위에서 기술한 몽골의 샤머니즘과 관련된 설화 속에는 샤머니즘을 대하는 몽골인들의 의식세계가 투영되어 있다고도 볼 수 있다. 설화를 통하여 우주라는 대자연 속에서 신과 인간과 동물 그리고 악령들의 세계가 간접적으로 묘사되고 있다. 비록 신은 절대적이고 초월적인 힘을 가지고 있지만 사악하고 영리한 악령이 또한 존재하기도 한다. 동물은 신과 인간을 매개하기도 하며 신의 매개자로서 인간을 악령으로부터 보호해주기도 한다. 그러나 일부 인간들은 그러한 동물들의 역할을 외면한 채 동물을 활로 위협하게 되면서 인간 중에서 신의 매개자 역할을 할 수 있는 마력을 가진 샤먼이 등장하

몽골의 옛 수도인 하라호름(Harahorum)에 있는 에르덴조(Erdenezuu) 불교사원

게 된다는 설화의 구도를 통하여 샤먼이 생겨나게 된 이유와 배경을 잘 설명해 주고 있다.

한편 다음에 소개할 설화는 불교가 몽골에 전해지면서 기존에 영향력을 가지고 있었던 샤머니즘이 점차로 영향력을 상실하게 되는 과정 속에서 샤먼이 가진 이중적이고도 세속적인 속내를 보여주고 있다. 이러한 설화의 내용은 19세기말에서 20세기 초까지 활동한 몽골의 대표적인 민속화가인 샤라브(B. Sharav, 1869~1939)의 작품『몽골의 하루』에 나타나는 샤머니즘과 관련된 그림과 비교할 만하다. 즉 샤라브의 그림에 보면 한쪽에서는 샤먼과 샤먼의 신봉자들이 열심히 굿을 진행하고 있는데, 바로 굿판이 벌어지는 그 뒤편에서는 한 몽골인이 태연히 담배를 피우고 앉아서는 냄새를 풍기면서 초원에서 배설행위를 하고 있는데, 이 그림은 당시 몽골의 샤머니즘을 대하는 몽골인들의 입장을 잘 대변해주고 있는 것이다.[15] 다시 말해서 한쪽에서는 샤머니즘을 신봉하고 여전히 전통적인 믿음세계를 가지고 있으며, 또 다른 한쪽에서는 샤머니즘을 천대하고 무시했던 것이다.

아주 오래 전, 이 고장에 아홉 명의 하르 뷔가 있었다. 그들의 선생이 성인을 만나기 위해 라싸를 향해 떠나게 되었다. 그런데 사람들이 그 샤먼을 사원 안으로 들여보내는 대신, 라마승의 재고(財庫)에 가두어 버렸다. 어느 날 고승이 샤먼을 데려다 승복을 입히고 교의를 가르친 뒤, 그를 다시 고향으로 보냈다. 그러나 샤먼은 승복을 입는 것이 부끄러웠으므로, 전에 입던 옷으로 갈아입고 고향으로 돌아갔다. 샤먼은 고향 땅에 돌아와 오란 두쉬산에 있는 칭기스의 집을 방문했다. 칭기스가 큰 부인에게 말했다. "나가서 이 사람의 말의 발목을 묶어 놓으시오." 부인이 나가서 말이 있는 곳으로 갔을 때, 말의 콧구멍에서 뱀

---

15) 西村幹也(1999 : 71) 참조.

이 나타나는 바람에 발목을 묶지 못했다. 샤먼이 자신이 해 보겠노라고 밖으로 나아가는 체하다 부인을 데리고 도망쳐 버렸다. 칭기스가 곧바로 추격하여 붙잡아 긴 칼로 내리치자, 샤먼은 석상(石像)으로 변해 버렸다. 이것이 지금의 다얀 데레흐의 석상이다.

―체렌소드놈, 2001 : 188-189

위의 설화는 몽골의 샤머니즘이 불교와 융합되는 과정을 보여준다. 특히 불교의 영향력이 저변에까지 확대된 이후에 보이는 흑무당과 백무당의 구분 혹은 흑무당과 황무당의 구분 속에서 불교의 영향을 받지 않고 순수하게 전통적인 몽골의 샤머니즘을 고수하고 유지하던 흑무당에 대한 언급이 나오는데 설화 속에서는 불교의 영향을 받게 되고 그것도 모자라

몽골의 수도인 울란바타르(Ulaanbaatar)에 있는 간단 불교사원

에르덴조(Erdenzuu) 불교사원에 있는 코끼리 장식

서 칭기스의 부인을 납치하는 샤먼으로 묘사되고 있어서 불교의 전래와 함께 몽골에서 샤머니즘이 타락하고, 약화되었던 시대상을 반영해 준다고 할 수 있다. 또한 설화 속에는 뱀이 말의 콧구멍에서 나와서 칭기스의 부인이 샤먼의 말(馬)의 발목을 묶지 못하게 하는 대목이 나오는데 뱀과 샤먼의 친연적인 관계를 보여주는 대목이라 하겠다. 뱀과 샤먼의 밀접한 관계는 샤먼의 무복(巫服)에서도 찾아볼 수 있다. 가령 샤먼이 굿을 할 때 입는 의복의 뒷부분을 보면 가늘게 잘려진 천이 있는데 이것은 뱀

을 상징하며 외부로부터 들어오는 악령으로부터 샤먼을 보호하는 갑옷 역할을 한다.16) 따라서 뱀은 몽골의 샤머니즘에서 샤먼을 악령으로부터 지키고 보호하는 동물로 상징되기도 한다.

또한 몽골의 샤먼이 하늘을 날아다니는 새 중에서 특히 독수리와 관련되어 있음을 보여주는 설화가 있다. 부리야트 몽골인들 사이에서 주로 전승되고 있는 이러한 설화는 몽골의 샤머니즘 속에 자주 등장하는 독수리를 비롯한 새와 관련된 동물상징과 밀접한 연관성이 있다고 볼 수 있다.

먼 옛날 독수리는 사람이었다. 어떤 젊은 뵈(샤먼)가 독수리로 변신하여 서쪽 끝까지 날아갔다가 집에 돌아와서는 예전처럼 사람이 되곤 했다. 다음에 그는 다시 독수리로 변신하여 동쪽 끝까지 날아갔다. 그곳에서 한참 머문 다음 집으로 돌아오던 길에 몹시 배가 고파진 그는 어떤 동물의 주검에 앉아 발바닥을 쪼아 먹었다. 그는 동물의 시체를 실컷 먹은 후 집을 향해 날아갔다. 하지만 독수리는 이처럼 더러운 시체를 먹었기 때문에 집에 돌아와서도 다시는 사람으로 변하지 못하고 그대로 독수리가 되었다. 독수리는 부리야트인(바이칼호 주변의 몽골족)의 수호신이다. 그래서 그들은 독수리를 숭배하고 사냥하지 않는다. 만약 사람이 두 마리 독수리 중 한 마리를 잡으면 남은 독수리는 올리한섬 위를 밤새도록 날아다닌다. 그곳에서 독수리는 짝을 구한다. 그리고 다음날 다시 보면 정말로 두 마리가 되어 날아다니는 것이다.

— 체렌소드놈, 2001 : 141

위의 설화를 보면 샤먼과 독수리와의 밀접한 관계를 보여준다. 특히 부리야트 몽골의 샤먼이 입는 무복(巫服)의 소매에 보면 날개처럼 생긴 장식이 있는데 이것은 샤먼이 굿을 하게 되면 새와 같이 날 수 있는 능력

16) 西村幹也, 위의 논문, 70쪽.

을 가지고 있음을 상징한다. 특히 몽골의 샤머니즘을 보면 샤먼이 신령과 직접 교류하기도 하지만 때로는 샤먼이 중간적인 매개자를 필요로 하기도 한다. 즉 천상의 존재인 신령과 지상의 존재인 인간(즉 샤먼)을 매개해 주는 독수리, 까치, 까마귀 등과 같은 새의 존재는 몽골의 샤머니즘을 이해하는데 중요한 요소가 될 수 있는 것이다.

4 샤머니즘 속에 내재된 동물상징의 민속학적 의미

몽골의 샤머니즘은 주변의 자연환경 속에서 몽골인들의 생활문화와 아우러져서 만들어진 몽골인들의 토착종교이다. 따라서 몽골의 샤머니즘 속에는 몽골인들이 이어온 생활문화와 이러한 생활문화 속에서 만들어진 넓은 의미에서는 대자연이라는 영역에서부터 좁은 의미에서는 겔(ger)을 중심으로 하는 가족에 이르기까지 몽골인들이 가지고 있는 일상적인 생활의 방식과 삶의 가치관을 잘 보여주고 있다. 이러한 입장에서 보면 몽골의 샤머니즘 속에 투영되어 있는 동물상징은 몽골의 유목문화를 유목문화답게 하는 특징을 가지고 있다고 볼 수 있다. 다시 말해서 몽골의 샤머니즘이 몽골이라는 자연환경과 몽골인들의 독특한 생활문화 속에서 전승되면서 아마도 가장 몽골적인 특징을 가지고 있는 부분이 바로 동물상징이라고 할 수 있는 것이다. 몽골의 샤머니즘 속에 들어 있는 동물상징이 가지는 민속학적 의미는 다음과 같이 몇 가지 측면에서 살펴볼 수 있을 것 같다.

첫째로 토테미즘과 애니미즘의 요소를 부분적이지만 몽골의 샤머니즘 속에서 발견할 수 있다는 점이다. 즉 몽골의 샤머니즘을 살펴보면 특정한 동물은 몽골인들에게 신령스러운 존재로 인식되기도 한다. 가령 역사적인 문헌자료에서도 일부 동물이 언급되고 있는데 『몽골비사』에 기술되고 있는 회색빛 이리는 넓은 의미에서 늑대로도 볼 수 있는데, 늑대는 동몽골 부리야트 몽골인들 사이에서 토템신앙의 대상이 되기도 한다. 또한 몽골의 대표적인 민속화가인 **샤라브**의 그림에 보면 곰을 토템으로 숭배하는 그림이 나오기도 한다.

이러한 토템신앙은 몽골의 **샤머니즘** 속에서 늑대와 독수리를 통하여 부분적으로 반영되어서 **나타난다.** 토테미즘과 더불어서 애니미즘적인 요소도 몽골의 샤머니즘 속에 들어 있다. 특히 몽골인들은 모든 자연물에도 생명이 있다고 믿는데 **이러한** 자연물 중에서도 대지와 물의 주인인 로스-사브다크(Lus-Savdag)는 샤먼들의 눈에 인간이나 동물, 소와 같은 가축의 형상으로 보인다고 한다. 또한 몽골인들은 곳곳에 오보를 만들어서 자연의 신을 모시고 있는데 오보는 대지와 물의 수호신, 귀신, 하늘의 용과 같은 주술적인 존재들이 찾아와 그 지역의 많은 사람들을 구제하는 곳이며, 사람들도 그에 대한 보답으로 제물을 바치고 숭배하는 장소인 셈이다. 그리고 그곳에 흙과 돌을 쌓고 갑옷과 투구, 무기, 의복, 다양한 식기나 그릇, 통, 비단 천, 평범한 물건들을 올리며 여러 가지 장식을 걸어 놓는다. 주변에는 나무를 심거나 혹은 항가리드새(시조새)를 조각한 것을 두기도 한다.[17] 오보제는 지역에 따라서 불교 승려가 행하기도 하지만 전통적으로는 지역의 샤먼이 주관하여 행하는 경우도 많았다. 이러한 이유는 샤먼이 보통 조상신을 모셨고, 죽은 샤먼의 조상신은 산에 있다고 여겼기 때문이다(西村幹也, 1999 : 72). 오보제가 끝나면 제의(祭儀)에 모인 사람들은 제의적인 의례를 장식하고, 모두가 하나가 되기 위한 놀이적인 기능에서 몽골의 씨름과 말달리기와 같은 민속놀이를 행하기도 한

---

17) 마르마호(2001a : 56-58) 참조.

다. 오보제를 통하여 자연에 깃든 다양한 정령 중의 주인인 로스-사브다크에게 음식을 올리고 새로운 축복을 기원하는 것이다.

두 번째는 몽골의 샤머니즘에서 중요한 부분인 옹고드와 무복 그리고 무구에 나타난 동물상징이 가지는 민속학적 의미이다. 그런데 몽골의 옹고드는 단지 정령(精靈)을 상징하는 신체(神體)로서 외부로부터 들어오는 악령으로부터 샤먼을 보호하고 샤먼과 일반인들을 도와주는 기능 외에도 모셔져 있는 영역과 공간에 머물러 있지 않고 적극적으로 활동을 할 수 있는 소위 옹고드의 영역이라고 하는 특정한 구역이 설정되어 있다고 한다. 예를 들어서,

여행객들이 잠시 멈추어 서서 여행의 안전을 기원하는 몽골의 오보

옹고드의 달리기는 무당이 굿을 할 때 치는 북소리, 무복에 달린 방울이 부딪혀 나는 방울소리, 휘파람소리 등으로 사람들에게 느껴지기도 하지만 어슬렁 어슬렁 걸어가는 늑대, 거러스(사슴류) 등의 동물들의 행동거지를 통해서도 알 수 있다. 그래서 "옹고드 구역"에서 가까운 곳이나 "달리기"를 하는 길 위에서 잠을 잔다거나 특히 야생동물들이 어슬렁거리며 느리게 걸어갈 때 사냥을 하며 겁을 주고 놀래키는 것을 엄격하게 금기시 한다.

— 마르하호, 2001b : 77

이상에서 알 수 있는 바와 같이 이러한 옹고드의 달리기는 늑대와 사슴과 같은 야생 동물은 잘 느낄 수 있기 때문에 동물의 움직임을 통하여 옹고드의 상태를 파악할 수 있는 것이다. 또한 몽골의 샤머니즘에서 흔히 볼 수 있는 옹고드는 지역에 따라서, 모셔지는 정령에 따라서, 그리고 샤면에 따라서 너무나도 다양한 편이며 종류와 형태도 많은 편이다. 가령 예를 들어서, 홉스굴 지역의 샤면은 새머리를 한 사람 모습의 '아홉개의 샘'(ösön bülgiin yom)이란 옹고드를 가지고 있다. 이것은 아홉 개의 작은 동산(ovgor)에서 나온 아주 힘이 센 옹고드라고 한다. 이는 가죽으로 만들었다고 한다(이필영, 2001 : 100-101).

세 번째는 몽골의 설화 속에 들어 있는 몽골의 샤머니즘과 동물상징이 가지는 민속학적 의미 부분이다. 몽골의 샤머니즘과 관련된 몽골의 설화를 보면 몽골 최초의 샤면은 여샤면(오드강)으로 솔개가 길 잃은 어린 소녀에게 마력을 주어서 소녀가 샤면이 되었다는 이야기이다. 그리고 부리야트 몽골을 배경으로 하고 있는 설화는 샤면이 독수리로 변하기도 하고 독수리가 다시 샤면으로 변하기도 하는데 하루는 동쪽 끝까지 날아서 갔다 오다가 죽은 동물의 고기를 먹고는 다시는 샤면으로 돌아오지 못하고 영원히 독수리로 남게 되었다는 내용이 들어 있다. 몽골의 민속에서 동쪽은 서쪽에 비하여 부정적인 의미를 가지는 방향이다. 또한 동몽골의 부리야트 몽골 샤먼은 성무(成巫)의식인 차나르(chanar) 의식을 행하면서 좋은 샤먼이 되기 위하여 몇 가지 맹세를 하는데 그중에 다음과 같은 내용이 들어 있다.

> … 여덟, 남의 고통을 이용해서 나쁜 짓을 하지 않는다. … 열, 거짓 말하지 않고 거짓 점을 치지 않으며, 도둑질하지 않는다… 열둘, 죽은 사람의 장례식에 가지 않고, 술을 마시지 않으며, 바람 피우지 않고 나쁜 일을 하지 않으며, 낙타 고기나 발굽 갈린 짐승의 고기를 먹지 않는다.
>
> ─ 장장식 · 전경욱, 2001 : 197

이러한 내용을 보면 몽골의 설화 속에서 묘사된 내용과 연계해서 몽골의 샤먼이 행하여서는 안 되는 금기(禁忌)가 들어 있다. 즉 설화의 내용 중에서 샤먼이 독수리가 되어서 마음대로 날아다니다가 배가 고파서 죽은 동물의 시체를 먹었는데, 결국 더러운 시체를 먹었기 때문에 다시 샤먼으로 돌아가지 못하고 영원히 독수리가 되었다는 내용이 있는데 이 부분은 샤먼이 좋은 샤먼이 되기 위한 맹세를 어겼기 때문이라고 볼 수 있다. 다시 말해서 비록 설화를 통하여 상징적으로 기술하고는 있지만 샤먼이 자신의 힘과 능력을 과신해서 선과 악을 구분하지 못하고 또한 자신의 지나친 욕구를 절제하지 못해서 마치 야생동물과 같이 마음대로 행동하면 결국 야생동물로 남을 정도로 큰 벌을 받게 된다는 교훈을 제시하고 있는 것이다.

5 동물상징 속에 숨어 있는 몽골인들의 자연관과 믿음세계

몽골의 샤머니즘에 나타나는 동물상징은 몽골인들이 가지고 있는 자연관이나 믿음세계 그리고 설화와 같은 몽골의 민속문학 속에도 잘 투영되어 있다. 몽골의 샤머니즘과 관련해서 보면 대지와 물의 수호신인 로스-사브다크(Lus-Savdag)가 동물의 모습으로 나타나기도 하며, 늑대와 독수리 그리고 곰과 같은 몽골의 토템신앙이 샤머니즘 속에 내재되어 있기도 하다. 또한 몽골의 샤머니즘 속에서 뱀의 상징이 중요하게 다루어지는데, 불교의 영향으로 조금 약화는 되었지만 민간에서는 여전히 뱀과 관련된 다양한 속신(俗信)이 전해져 내려오고 있다. 한편 샤먼이 입는 무복(巫服)의 소매에 새의 날개와 같이 생긴 장식을 달아서 굿을 하게 되면 샤먼이 새처럼 날 수 있다고 믿기도 하며, 무복과 무구(巫具)에도 많은 동물들이 상징화되어 있을 정도로 몽골의 샤머니즘은 동물과 많은 연관성을 가지고 있다.

몽골의 샤머니즘은 몽골의 설화 속에서도 쉽게 찾아볼 수 있다. 즉 몽골의 설화는 몽골 최초의 여자샤먼과 관련한 솔개의 이야기와 불교의 영향으로 세속화된 샤먼을 비꼬는 이야기, 그리고 독수리로 변한 샤먼의 이야기를 통하여 어떻게 샤먼이 몽골에서 생겨났으며, 불교의 영향으로 조금의 변화를 가졌지만 여전히 샤먼은 샤먼으로서 의무와 책임감을 가지고 있음을 잘 묘사해 주고 있다.

이러한 논의를 통하여 몽골의 샤머니즘이 가지는 애니미즘과 토테미즘적인 요소와 옹고드, 무복(巫服), 무구(巫具)에 숨어 있는 동물상징 그리고 설화 속에 투영되어 있는 동물상징이 가지는 민속학적인 의미를 다시 한번 짚어보았다. 이러한 연구를 토대로 하여 향후 몽골의 설화를 좀 더 분석하여 몽골의 샤머니즘에서 동물이 가지는 기능에 대하여 다양한 접근이 필요한 것 같다. 예를 들어서 몽골의 '호리 투메드 메르겡' 설화에 보면 우리의 '선녀와 나무꾼' 설화와 마찬가지로 천상의 존재인 백조와 지상의 존재인 사냥꾼이 등장하며, 백조가 부리야트 샤먼의 조상이 되었다는 무가(巫歌)와 연결시키고 있다. 반면에 우리의 '선녀와 나무꾼' 설화에는 천상의 존재인 선녀와 지상의 존재인 나무꾼을 매개하는 사슴이 등장한다. 백조와 같은 새는 천상의 동물이면서 천상의 세계와 지상의 세계를 매개하는 동물이기도 하다. 한편 사슴과 같은 동물은 지상의 동물이면서 역시 지상의 세계와 천상의 세계를 매개하는 동물이기도 하다. 따라서 설화 속에 녹아 있는 동물상징은 샤머니즘을 이해하는데 중요한 부분이다. 특히 고도로 압축되어서 오랜 시간 동안 전승되어 오는 수수께끼와 같이 설화 속에 반영되어 있는 몽골의 샤머니즘은 동물상징에 대한 해석을 통하여 올바른 해답을 구할 수 있는 것이다.

—『몽골학』 26집, 한국몽골학회, 2009

강정원, 「민속학과 현대사회, 도시」, 『한국문화연구』 제7집, 경희대학교 민속학연
　　　구소, 2003.

＿＿＿, 「현대 도시인의 시간관과 세시 : 서울을 중심으로」, 『제179차 연례학술대
　　　회 발표논문집』, 한국민속학회, 2007a.

＿＿＿, 「재미 한인 사회 무속의 적응과 변화」, 『한국민속학』 제45집, 한국민속학
　　　회, 2007b.

강토그토흐, 게, 「몽골 보리야드 족 샤머니즘의 이해」, 고려대 민속학연구소(편),
　　　『몽골의 무속과 민속』, 월인, 2001.

게리안 갈라티니(저), 김주희(역), 『문화와 간호』, 현문사, 1998.

고려대 민족문화연구소(편), 『한국민속대관 1』, 고려대 민족문화연구소, 1980.

고려대 민족문화연구원(편), 『한국 민속의 세계 1』, 고려대 민족문화연구원, 2001.

고황경 외, 『한국농촌가족의 연구』, 서울대출판부, 1963.

괴대신(蒯大申) 外, 박현규(역), 『중국 민속학』, 백산자료원, 1999.

구미래, 『한국인의 상징세계』, 교보문고, 2000.

국립민속박물관(편), 『아현동 사람들 이야기』, 도시민속조사보고서 1, 국립민속박
　　　물관, 2008a.

＿＿＿＿＿＿＿＿, 『김종호・김복순 부부의 물건 이야기』, 도시민속조사보고서
　　　2, 국립민속박물관, 2008b.

宮田 登 外, 『日本民俗學槪論』, 吉川弘文館, 1983.

권오석(역해), 『부모은중경(父母恩重經)』, 홍신문화사, 1994.

김계곤, 『경기도 사투리 연구』, 박이정, 2001.

金光植, 『生活氣象과 日氣俗談』, 鄕文社, 1979.

김근수, 『훈몽자회연구』, 청록출판사, 1979.

김광억(외 공저), 『종족과 민족 : 그 단일과 보편의 신화를 넘어서』, 아카넷, 2005.

김기덕(외 공저), 『한국전통문화론』, 북코리아, 2006.

김기선, 『한·몽 문화교류사』, 민속원, 2008.

김기태, 「드라마 "왕꽃선녀님"의 대중적 의미와 공과(功過)」, 『한국의 민속과 문화』 제10집, 경희대학교 민속학연구소, 2005.

김동욱 외, 『한국민속학』, 새문사, 1996(1988).

김동일 외, 『한국농촌 주민의 삶의 질』, 한국농촌경제연구원, 1982.

김두헌, 『한국가족제도사연구』, 을유문화사, 1949.

_____, 『한국가족제도연구』, 서울대출판부, 1980.

김명자, 「송파의 세시풍속」, 『한국민속학』 제15집, 민속학회, 1982.

_____, 「세시풍속의 교육적인 접근에 대한 시각」, 비교민속학회(편), 『민속과 교육』, 민속원, 2003.

_____, 「도시생활과 세시풍속」, 『한국민속학』 제41집, 한국민속학회, 2005.

김미경, 「여가문화로서 민속축제 활성화 방안 : 진도 민속축제를 중심으로」, 『제22회 실천민속학회 발표논문집』, 실천민속학회, 2008.

김미영, 「마을공동체와 친족생활」, 최인학 외, 『한국민속학 새로 읽기』, 민속원, 2000.

김민정(외 공저), 「국제결혼 이주여성의 딜레마와 선택 : 베트남과 필리핀 아내의 사례를 중심으로」, 『한국문화인류학』 39(1), 한국문화인류학회, 2006.

김상(편), 『조선민족의 성씨와 본』, 연변인민출판사, 1993.

김선풍(외 공저), 『동작구의 민속문학』, 한국민속문화 연구총서 7, 중앙대학교 한국민속학연구소, 민속원, 1997a.

김선풍, 「韓·蒙 俗談의 對比」, 임동권 외, 『비교민속론』, 민속원, 1997b.

김선풍(외 공저), 『한국축제의 이론과 현장』, 월인, 2000.

김선호, 「몽골 '한류'의 문화사회학적 분석」, 『몽골학』 20호, 한국몽골학회, 2006

김시덕, 「현대 도시공간의 상장례 문화」, 『한국민속학』 제41집, 한국민속학회, 2005.

김열규, 「동북아인(東北亞人)에게 샤머니즘은 무엇인가?」, 전북대 인문학연구소(편), 소명, 2000.

金右臨,『朝鮮時代 神道碑・墓碑 研究 : 京畿地域 및 園과 士大夫를 中心으로』, 高麗大 教育大學院 歷史教育科 碩士學位論文, 1998.

김의숙, 이창식(공저),『민속학이란 무엇인가』, 청문각, 1998.

김이숙,「경기 북부의 민속놀이」,『경기민속지』III (세시풍속, 놀이, 예술 편), 경기도박물관, 2000.

김인회,「민속(무속)과 교육」, 비교민속학회(편)『민속과 교육』, 민속원, 2003.

김정현,『흥하는 성씨 사라진 성씨』, 조선일보사, 2001.

김종대,『한국의 학교괴담』, 다른세상, 2002.

_____,「도시에서 유행한 <빨간 마스크>의 변이와 속성에 대한 시론」,『한국민속학』제41집, 한국민속학회, 2005.

_____,『도시, 학교, 괴담』, 민속원, 2008.

김주희,「한국 전통사회에 있어서의 2차 집단의 성격 : 그 연속 및 변화」,『한국문화인류학』15, 한국문화인류학회, 1983.

김춘동,「친족과 신분제 : 심리인류학적 접근」,『한국문화인류학』20, 한국문화인류학회, 1988.

김태곤,『한국민속학원론』, 시인사, 1984.

김택규,『동족부락의 생활구조 연구』, 대구 : 청구대출판부, 1964.

_____,「한국의 혈연관습에 대한 일고찰(1) : 가족 및 동성집단의 민족지적 성격을 중심으로」,『동양문화』16, 영남대 동양문화연구소, 1975.

_____,『씨족부락의 구조연구』, 일조각, 1979.

김택규, 성병희(공편),『한국민속연구논문선』1, 일조각, 1982.

나경수,「한국의 전통적 생활문화에 기반한 생태문화적 체계의 확산」,『제2회 아시아 생태문화 컨프런스 발표논문집』, 문화체육관광부, 2009.

남근우,「도시민속학에서 포클로리즘 연구로 : 임재해의 '비판적 성찰'에 부쳐」,『한국민속학』제47집, 2008.

도립번(陶立璠), 김종식(역),『中國民俗學의 理解』, 집문당, 1997.

리영순,『동물과 수로 본 우리문화의 상징세계』, 훈민, 2006.

리처드 도슨(저), 임돈희(역),「민속학 연구의 현 위치 : 미국의 경우」,『제9회 국제학술대회강연회 논문집』, 대한민국학술원, 1981.

마르하오, 데,「몽골 샤마니즘의 초원제(草原祭)에 대하여」, 고려대 민속학연구소

(편), 『몽골의 무속과 민속』, 월인, 2001a.

_____, 「초원의 옹고드에게 올리는 제사의식」, 고려대 민속학연구소(편), 『몽골의 무속과 민속』, 월인, 2001b.

민속학회(편), 『한국민속학의 이해』, 문학아카데미, 1994.

박계홍, 「일본의 도시민속학」, 『한국민속학』 제16집, 한국민속학회, 1983a.

_____, 『한국민속학개론』, 형설출판사, 1983b.

박기혁, 「한국 씨족부락의 사회경제연구」, 『延大 80주년 기념논문집』, 1965.

박부진, 「상속에 있어서 여성의 권리와 실제」, 『한국문화인류학』 19, 한국문화인류학회, 1987.

_____, 『한국농촌가족의 문화적 의미와 가족관계의 변화에 관한 연구』, 서울대 박사학위논문, 1994.

박용구, 『한국풍속사화』, 을유문화사, 1975.

박원길, 『북방민족의 샤마니즘과 제사습속』, 국립민속박물관, 1998.

_____, 『유라시아 초원제국의 샤머니즘』, 민속원, 2002a.

_____, 『유라시아 초원제국의 역사와 민속』, 민속원, 2002b.

박정석, 「도시지역의 장례공간과 장례방식에 대한 사례연구 : 광주지역을 중심으로」, 『비교민속학』 제25집, 비교민속학회, 2003.

박진규, 「'미디어와 종교' 관점에서 본 TV 드라마와 "왕꽃선녀님"」, 『한국의 민속과 문화』 제10집, 경희대학교 민속학연구소, 2005.

박환영, 「사회·경제적인 측면에서 본 현대몽골의 가족과 민속에 대한 일 고찰」, 『한국문화인류학』 33집(2호), 2000a.

_____, 「경기지역의 축제」, 김선풍 외, 『한국축제의 이론과 현장』, 월인, 2000b.

_____, 「몽골의 人名에 대하여」, 『몽골학』 제10호, 2000c.

_____, 「속담과 수수께끼에 나타난 한국인의 환경관」, 『제4차 국제아세아민속학회 학술발표논문집』, 일본 나고야 대학교, 2001a.

_____, 「몽골의 야스(뼈)와 초스(피)」, 『비교문화연구』 제7집 1호, 2001b.

_____, 「현대 몽골 인명(人名)의 민속학적 일고찰」, 『한국민속학』 제36호, 한국민속학회, 2002a.

_____, 「몽골의 속담과 수수께끼에 대한 일 고찰」, 『Journal of Korean Studies』, vol. 3, Central Asian Association for Korean Studies, 2002b.

_____, 「몽골 샤머니즘에 나타나는 색깔상징에 대한 일 고찰」, 『한국무속학』 제5집, 한국무속학회, 2002c.

_____, 「사회공동체를 통한 민속 보기」, 김선풍 외, 『우리 민속학의 이해』, 월인, 2002d.

_____, 「민속학은 현지조사로부터」, 김선풍(외 공저), 『우리 민속학의 이해』, 월인, 2002e.

_____, 「민속학과 민속의 현장」, 실천민속학회(편), 『민속문화의 자료와 현장』, 집문당, 2003.

_____, 「1980년대 영국민속학의 동향에 관한 연구」, 『강원민속학』 제18집, 강원도민속학회, 2004a.

_____, 「몽어유해(蒙語類解)에 나타난 친족어휘의 민속학적 고찰」, 『알타이학보』 제14호, 한국알타이학회, 2004b.

_____, 「영국의 도시민속학 경향에 대한 연구」, 『한국민속학』 제41집, 한국민속학회, 2005a.

_____, 「"왕꽃선녀님"의 드라마 소재와 구성의 학문적 적확성 고찰」, 『한국의 민속과 문화』 제10집, 경희대학교 민속학연구소, 2005b.

_____, 『몽골의 유목문화와 민속 읽기』, 민속원, 2005c.

_____, 「현대 몽골의 질병과 관련된 어휘의 민속학적 연구」, 『몽골학』 제18호, 한국몽골학회, 2005d.

_____, 「현대 몽골어 동식물명의 민속학적 연구」, 『알타이학보』 제15호, 한국알타이학회, 2005e.

_____, 『도시민속학』, 역락, 2006a.

_____, 「탈사회주의 몽골에서 과거의 이해와 친족관계」, 『한국문화인류학』 39(1), 한국문화인류학회, 2006b.

_____, 『한국민속학의 새로운 지평』, 역락, 2007a.

_____, 「몽골의 나담축제와 유래담 고찰」, 『구비문학연구』 24호, 한국구비문학회, 2007b.

_____, 「훈몽자회(訓蒙字會)에 나타나는 민속 고찰」, 『동양예학』 18, 동양예학회, 2008a.

_____, 『몽골의 전통과 민속보기』, 박이정, 2008b.

참고문헌

/

259

박홍주, 『서울의 마을굿』, 서문당, 2001.

반 겐넵(저), 전경수(역), 『통과의례』, 을유문화사, 2000.

발터 하이시히(저), 이평래(역), 『몽골의 종교』, 소나무, 2003.

西村幹也, 「부활하는 전통종교」, 경기도박물관(편), 『몽골 유목문화』, 경기도박물관, 1999.

방종현, 『훈몽자회고』, 홍문각, 1983.

변시민, 「한국사회구조론」, 『신세계』, 연재 1956. 6~1957. 1.

변희룡(외 공저), 『일상생활의 기상학』, 시그마프레스, 2000.

봉천놀이마당(엮음), 『민속교육자료집』, 우리교육, 1994.

비교민속학회(편), 『민속과 교육』, 민속원, 2003.

산림청 임업연수원(편), 『산과 나무의 전설』, 산림청 임업연수원, 1988.

서울역사박물관(편), 『보광동 사람들, 보광동 1』, 서울역사박물관, 2008a.

서울역사박물관(편), 『보광동 사람들, 보광동 2』, 서울역사박물관, 2008b.

생티브(Saintyves, P), 심우성(역), 『민속학개론』, 대광문화사, 1981.

소브드, 체, 「'에르히 메르겡(名弓)' 전설과 무속신앙과의 관련성」, 전북대 인문학연구소(편), 소명, 2000.

松原正毅, 「유목의 메시지」, 경기도박물관(편), 『몽골 유목문화』, 경기도박물관, 1999.

손인수, 『한국인의 교육 세시풍속』, 문음사, 1991.

_____, 『신토불이와 학토불이』, 문음사, 2000.

송재선(엮음), 『우리말 속담 큰사전』, 서문당, 2006.

송현동, 「한국 민속학계의 연구 경향과 과제 : 방법론을 중심으로」, 『한국민속학』 제47집, 한국민속학회, 2008.

심후섭, 『한국의 속담』, 이상사, 2006.

아키바 다카시(秋葉隆)(저), 심우성(역), 『朝鮮民俗誌』, 동문선, 1993(1954).

안동대학교 민속학연구소(편), 『마을민속조사 어떻게 할 것인가』, 민속원, 2002.

_____, 『마을민속보고 어떻게 할 것인가』, 민속원, 2003.

_____, 『마을민속전승 어떻게 할 것인가』, 민속원, 2004.

_____, 『마을민속연구 어떻게 할 것인가』, 민속원, 2005.

_____, 『마을민속비교 어떻게 할 것인가』, 민속원, 2006.

_____,『마을민속자원화 어떻게 할 것인가』, 민속원, 2007.

양종승, 「무속 소재 TV 드라마와 한국사회」,『한국의 민속과 문화』제10집, 경희
　　　대학교 민속학연구소, 2005.

양희수,『한국농촌의 촌락구조』, 고려대출판부, 1967.

여중철, 「한국 농촌의 가족주기와 가족유형」,『한국문화인류학』9, 한국문화인류
　　　학회, 1977.

오경석(외 공저),『한국에서의 다문화주의 : 현실과 쟁점』, 한울아카데미, 2007.

오문선, 「서울지역 공동체 신앙 전승과정 고찰을 위한 시론」,『제179차 연례학술
　　　대회 발표논문집』, 한국민속학회, 2007.

烏丙安,『中國民俗學』, 遼寧大學出版社, 1985.

오수길(편),『고양시 : 향토의 얼과 역사』, 고양문화원, 1999.

오출세,『한국불교민속문학연구』, 집문당, 2008.

왕한석,『또 다른 한국어 : 국제결혼 이주여성의 언어 적응에 관한 인류학적 연구』,
　　　교문사, 2007.

원영섭,『우리속담사전 』, 세창미디어, 2003.

외교통상부(편),『몽골개황』, 외교통상부, 2006.

유광수, 김연호(공저),『한국 전통문화의 이해』, MJ미디어, 2003.

유덕선(편저),『훈몽자회』, 동방인, 1998.

유용태,『문화란 무엇인가』, 학연문화사, 1999.

유원수,『몽골비사』, 사계절, 2004.

윤인진,『코리안 디아스포라』, 고려대학교 출판부, 2004.

이건욱, 「도시민속조사 방법론과 실제」,『제179차 연례학술대회 발표논문집』, 한
　　　국민속학회, 2007.

이광규, 「한국가족의 기본적 성격」,『한국문화인류학』4, 한국문화인류학회, 1971.

_____,『한국가족의 구조분석』, 일지사, 1975.

_____,『한국 가족의 사적 연구』, 일지사, 1978.

_____,『한국 가족의 심리문제』, 일지사, 1981.

_____,『한국의 가족과 종족』, 민음사, 1990.

_____, 「마을과 가족생활」, 이두현 외,『한국민속학개설』, 일조각, 1991.

_____,『재외 한인의 인류학적 연구』, 집문당, 1997.

_____, 『재외동포』, 서울대학교 출판부, 2000.

이기문, 『훈몽자회연구』, 서울대 출판부, 1985.

_____, 『속담사전』, 일조각, 1997.

이기백, 『한국전통문화론』, 이기백 한국사학논집 11, 일조각, 2002.

이기석(역해), 『동몽선습(童蒙先習)』, 홍신문화사, 2001.

이두현, 「영미의 민속학」, 성병희, 임재해(편저), 『한국민속학의 과제와 방법』, 정
　　음사, 1986.

이만갑, 『한국 농촌사회 연구』, 다락원, 1981.

이상우, 박광희(외 공편), 『새몽골이 온다』, 기파랑, 2006.

이상일, 「현대 민속학의 대상과 과제」, 『한국민속학』 제4집, 한국민속학회, 1971.

이상현, 「독일 민속학의 이론적 체계와 응용성」, 『비교민속학』 22집, 비교민속학
　　회, 2002.

이안나(편저), 『몽골의 생활과 풍속』, 울란바타르, 2001.

이용범, 『사람의 도리 효』, 바움, 2004.

이정재, 「드라마 "왕꽃선녀님"과 현대 무속문화의 이해」, 『한국의 민속과 문화』
　　제10집, 경희대학교 민속학연구소, 2005a.

_____, 「독일민속학의 연구 경향」, 『한국민속학』 제41집, 한국민속학회, 2005b.

이정희, 『재미있는 몽골 민담』, 백산자료원, 2000.

이종각, 『교육인류학의 탐색』, 하부, 2004.

이종택, 『고사숙어사전』, 유한, 2005.

이필영, 「몽골 홉스굴 지역의 샤마니즘」, 고려대 민속학연구소(편) 『몽골의 무속
　　과 민속』, 월인, 2001.

이한수, 『고려에 시집온 칭기스칸의 딸들』, 김영사, 2006.

인권환, 『한국민속학사』, 열화당, 1978.

일연(저), 최호(역해), 『삼국유사』, 홍신문화사, 1999.

임경택, 「이벤트성 외래축제를 통해서 본 일본의 소비문화 양상」, 『비교문화연구』
　　vol. 12, no. 2, 서울대학교 비교문화연구소, 2006.

임돈희, 「전통사회와 현대사회에서의 효의 의미」, 『정신문화』 14, 한국정신문화
　　연구원, 1982.

_____, 「가족관계」, 『여성학의 이론과 실제』, 동국대출판부, 1986a.

_____, 「한국 조상숭배의 미래상」, 『한국문화인류학』 18, 한국문화인류학회, 1986b.

임돈희, 로저 자넬리, 「한국 전통사회의 가족 연구」, 최인학 외, 『한국민속연구사』, 지식산업사, 1994.

임동권, 『한국세시풍속』, 서문당, 1973.

_____, 「한국민속학계의 현황」, 『박물관신문』, 1982.

_____(엮음), 『한국의 민담』, 서문당, 1996.

임동권 (외 공저), 『세시풍속』, 한국문화재보호재단, 2000.

임장혁, 「서울지역의 축제」, 김선풍(외 공저), 『한국축제의 이론과 현장』, 월인, 2000.

임재해, 『한국민속과 전통의 세계』, 지식산업사, 1991.

_____, 「민속학과 도시민속학」, 김선풍(외 공저), 『한국민속학의 새로운 인식과 과제』, 집문당, 1996.

_____, 「20세기 민속학을 보는 '현재학' 논의의 비판적 인식」, 『남도민속연구』 제11집, 남도민속학회, 2005.

_____, 「도시 속의 민속문화 전승양상과 도시민속학의 새 지평」, 『실천민속학연구』 제9집, 실천민속학회, 2007a.

_____, 『마을민속 조사연구 방법』, 민속원, 2007b.

임재해, 한양명(엮음), 『한국민속사입문』, 지식산업사. 1996.

임종국, 『한국사회풍속야사』, 서문당, 1980.

장장식, 「몽골 금기어의 원리와 몇 가지 특징」, 『몽골학』 제9호, 한국몽골학회, 2000.

_____, 『몽골민속기행』, 자우, 2002.

_____, 『몽골 유목민의 삶과 민속』, 민속원, 2005.

장장식・전경욱, 「동몽골 보리야드 족의 샤머니즘」, 고려대 민속학연구소(편), 『몽골의 무속과 민속』, 월인, 2001.

장철수, 『한국 민속학의 체계적 접근』, 민속원, 2000.

佐野賢治 外, 『現代民俗學入門』, 吉川弘文館, 2000.

전경수, 『문화의 이해』, 일지사, 1994.

_____, 『한국문화론 : 해외편』, 일지사, 1995.

_____, 『문화시대의 문화학』, 일지사, 2000.

_____, 「석주명의 학문세계 : 나비학과 에스페란토, 그리고 제주학」, 『민속학연구』 제8호, 국립민속박물관, 2001.

전국문화원연합회 경기도지회(편), 「통진두레놀이」, 『경기도의 민속예술』, 전국문화원연합회, 1997.

전라남도 농촌진흥원, 『농사속담집』, 전라남도농촌진흥원, 1979.

정가영, 『재한 몽골이주 청소년의 생활세계와 인정의 정치』, 연세대학교 사회학과 석사학위 논문, 2008.

정용숙, 『고려의 후비』, 민음사, 1992.

정형호, 「20c 용산 지역의 도시화 과정 속에서 동제당의 전승과 변모 양상」, 『한국민속학』 제41집, 한국민속학회, 2005.

조경구, 『한문에게 말 걸기』, 다락원, 2007.

조성국(엮음), 『영축설화』, 고려동, 2006.

조혜정, 『한국의 여성과 남성』, 문학과지성사, 1988.

주강현, 『한국의 두레 1』, 집문당, 1997.

_____, 『한국민속학 연구방법론 비판』, 민속원, 1999.

지교헌, 『한국의 효사상』, 민속원, 1997.

차종환, 『고사성어대사전』, 예가, 2003.

천진기, 「도시민의 세시풍속 : 세시풍속의 미래전설」, 『경희대 민속학연구소 춘계 학술대회 발표논문집』, 경희대 민속학연구소, 2003.

체렌소트놈, 데, 「몽골비사(蒙古秘史)의 무속신화(巫俗神話)」, 전북대 인문학연구소(편), 소명, 2000.

체렌소드놈(저), 이평래(역), 『몽골 민간신화』, 대원사, 2001.

최기숙, 『문밖을 나서니 갈곳이 없구나』, 서해문집, 2007.

최운식 외, 『한국 민속학 개론』, 민속원, 1999(1998).

최원오, 「살아있는 자들의 배열 공간, 골목길에 대한 문화론적 접근」, 『제179차 연례학술대회 발표논문집』, 한국민속학회, 2007.

최인학(외 공저), 『한국민속연구사』, 지식산업사, 1994.

최인학, 「비교민속학적 방법 : 조왕의 성격 규명을 위하여」, 성병희·임재해(편저), 『한국민속학의 과제와 방법』, 정음사, 1986.

_____, 『민속학의 이해』, 밀알, 1995.

최인학(외 공저), 『한국민속학 새로읽기』, 민속원, 2001.

최재석, 『한국가족연구』, 민중서관, 1966.

_____, 『한국농촌사회연구』, 일지사, 1975.

_____, 『제주도의 친족조직』, 일지사, 1979.

_____, 『개정 한국가족연구』, 일지사, 1982.

_____, 『한국 가족제도사연구』, 일지사, 1983.

_____, 『한국 고대 사회사 연구』, 일지사, 1987.

_____, 『한국의 친족용어』, 민음사, 1988.

_____, 『한국인의 사회적 성격』, 현음사, 1994.

푸레브, 어트거니, 「몽골 巫敎의 전반적 성격」, 고려대 민속학연구소(편), 『몽골의
무속과 민속』, 월인, 2001a.

_____, 「몽골의 무교(巫敎)의 신령(神靈), 옹고드(Ongod)의 특징」, 고려대 민속
학연구소(편), 『몽골의 무속과 민속』, 월인, 2001b.

_____, 「홉스굴 호수 인근 지역의 신당과 그 위치」, 고려대 민속학연구소(편),
『몽골의 무속과 민속』, 월인, 2001c.

한건수, 「농촌지역 결혼 이민자 여성의 가족생활과 갈등 및 적응」, 『한국문화인
류학』 39(1), 한국문화인류학회, 2006.

한국문화인류학회(편), 『처음 만나는 문화인류학』, 일조각, 2003.

한상복(외 공저), 『문화인류학개론』, 서울대학교 출판부, 1993.

한정섭, 『불교설화대사전 상(上)』, 이화문화출판사, 2003a.

_____, 『불교설화대사전 하(下)』, 이화문화출판사, 2003b.

홍석모(저) 최대림(역주), 『동국세시기』, 홍신문화사, 1989.

홍태한, 「가족과 마을생활」, 최운식 외, 『한국민속학개론』, 민속원, 1998.

황경숙, 「영업용 차량 운전자들의 자동차 고사와 속신 : 부산지역을 중심으로」, 『한
국민속학』 제42집, 한국민속학회, 2005.

Akim, G, *Pearl Rosary of Wisdom*, Ulaanbaatar, 1995.

Bawden, Charles, *Mongolian-English Dictionary*, London and New York : Kegan Paul,
1989.

Bloch, Maurice, "The Moral and Tactical Meaning of Kinship Terms", *Man* 1, 1971.

참
고
문
헌

_____, "The Long Term and the Short Term : the Economic and Political Significance of Morality of Kinship", in Jack Goody ed. *The Character of Kinship*, Cambridge : Cambridge University Press, 1973.

Burne, C. P, *The Handbook of Folklore : Traditional Beliefs, Practices, Customs, Stories and Sayings*, Senate, 1995(1913).

Carmichael, Peter, *Nomads*, London : Collins and Brown, 1991.

Cohen, Anthony, *The Symbolic Construction of Community*, London : Routledge,

Dorson, Richard, "Is There a Folklore in the City", *Folklore : Selected Essays*, Indiana University Press, 1972.

_____, *Folklore and Folklife*, Chicago : U.C.P, 1973.

Eberly, Susan, "Fairies and the Folklore of Disability : Changeling, Hybridity and the Solitary", *Folklore*, vol. 99 : 1, 1988.

Fortes, Meyer, *The Web of Kinship among the Tallensi*, London : Oxford University Press, 1949.

Hamayon, R, 'pourquoi un Mongol doit-il etre nomme', *Turcica*, 1973.

Hansen, H, *Mongol Costumes*, etnografisk bamling, 1950.

Hatori, 'Mongolian Ghost', *Occasional Papers in Mongolian Studies*, Indiana University, 1971.

Humphrey, C, 'women, taboo and the superstition of attention', in S. Ardener(ed.) *Defining Females*, Crom Helm Ltd, 1978.

Humphrey, C and Onon, U, *Shamans and Elders : Experience, Knowledge, and Power among the Daur Mongols*, Oxford : Clarendon Press, 1996.

Hurelbat, B and A. Narain, *Folktales of Mongolia*, New Delhi : Learners Press, 1996.

Janeli, D. Y, 'Ancestors, Women, and Korean Family', in Walter H. Slote(ed.), *The Psycho-Cultural Dynamics of the Confucian Family : Past and Present*, Seoul : International Cultural Society of Korea, 1986.

Janeli, R. L and D. Y. Janeli, *Ancestor Worship and Korean Society*, Stanford : Stanford University Press, 1982.

Kendall, L, *Shamans, Housewives, and Other Restless Sprits : Women in Korean Ritual Life*, Honolulu : University of Hawaii Press, 1985.

Lee, Kwang Kyu, *Overseas Koreans*, Seoul : Jimoondang, 2000.

Lombo, Janchivdorj, *Mongol uls bügd nairamdah ardchilsan solongos ard uls'in hariltsaa negen jaran*, Pheniyan, 2007.

Monger, George, "Car Boot sales", *Folk Life*, vol. 29, 1991.

Mongush, M and Humphrey, C, 'Tuvinian Lama-Shamans : Some Stories from Möngün Taiga', *Journal of the Anglo-Mongolian Society*, vol. XII, no. 1 & 2, 1991.

Pao, K-Y, 'The life of a Mongol woman in Khorchin Mongol village', *Mongolian Studies*, vol. 13, 1990.

Peterson, M, 'Women without Sons : A Measure of Social Change in Yi Dynasty', in Laurel Kendall and Mark Peterson(eds.), *Korean Women : View from the Inner Room*, New Haven : East Rock Press, 1983.

Poppe, Nicholas, *Introduction to Mongolian Comparative Studies*, Helsinki : Suomalais-Ugrilainen Seur, 1955.

Purev, O, *The Religion of Mongolian Shamanism*, Ulaanbaatar, 2002.

Ramstedt, Gustaf John, *Einfuhrung in die Altaischen Sprachwissenschaft*, Helsinki, 1952.

Seitel, P, "Proverbs : A Social Use of Metaphor", in Dan Baen-Amos(ed.), *Folklore Genres*, Austin : University of Texas Press, 1976.

Simpson, Jacqueline & Roud, Steve, *Oxford Dictionary of English Folklore*, Oxford University Press, 2000.

Smith, Anthony, "The politics of culture : ethnicity and nationalism", in Tim Ingold(ed.), *Companion Encyclopedia of Anthropology*, London & New York : Routledge, 1994.

Taylor, A, *An Annotated Collection of Mongolian Riddles*, The American Philosophical Society, 1954.

Vitebsky, P, 'Some Medieval European Views on Mongolian Shamanism', *Journal of the Anglo-Mongolian Society*, vol. 1, no. 1, 1974.

Wagner, E. W, 'Two Early Genealogies and Women's Status in Early Yi Dynasty Korea', in Laurel Kendall and Mark Peterson(eds.), *Korean Women : View from the Inner Room*, New Haven : East Rock Press, 1983.

참
고
문
헌

/

ㄱ •••

찾아보기

271

찾아보기 /

275

저자 박환영(朴奐榮, Hwan-Young Park)

1965년 부산 출생
중앙대학교 국어국문학과 졸업
영국 리즈(Leeds) 대학교 몽골학 석사
영국 케임브리지(Cambridge) 대학교 사회인류학 석사
영국 케임브리지(Cambridge) 대학교 사회인류학 박사
(현재) 중앙대학교 민속학과 교수, 비교민속학회 이사, 한국몽골학회 이사,
    한국사상문화학회 편집위원

저서 『도시민속학』, 『부탄의 문화민속 엿보기』, 『몽골의 유목문화와 민속 읽기』, 『한국민속학의
    새로운 지평』, 『몽골의 전통과 민속보기』 등 다수

논문 「도시와 민속의 현장」, 「민속학과 민속의 현장」, 「속담과 수수께끼에 나타난 한국인의 환
    경관」, 「속담과 수수께끼 속에 보이는 가족과 친족의 민속학적 연구」, 「한국과 몽골의 민
    속학적 동질성」, 「한·몽 주거공간의 비교민속학적 고찰」, 「몽골의 나담축제와 유래담 고
    찰」, 「민속조사와 인터뷰」, 「영국의 도시민속학 경향에 대한 연구」, 「몽골샤머니즘에 나타
    나는 색깔 상징에 대한 일고찰」 등 다수

현대민속학 연구
Contemporary Folklore Studies

초판 인쇄 2009년 12월 4일
초판 발행 2009년 12월 14일

지은이 박환영
펴낸이 이대현
편 집 권분옥
펴낸곳 도서출판 역락
    서울 서초구 반포4동 577-25 문창빌딩 2층
    전화 3409-2058, 3409-2060 I FAX 3409-2059
    이메일 youkrack@hanmail.net
    등록 1999년 4월 19일 제303-2002-000014호

ISBN 978-89-5556-747-2 93380
정 가 18,000원

* 잘못된 책은 교환해 드립니다.